大学生
心理健康教程

第2版

王金凤 柴义江◎主编

人民邮电出版社
北京

图书在版编目（CIP）数据

大学生心理健康教程 / 王金凤，柴义江主编. -- 2
版. -- 北京：人民邮电出版社，2024.2
高等院校通识教育新形态系列教材
ISBN 978-7-115-63783-3

Ⅰ. ①大… Ⅱ. ①王… ②柴… Ⅲ. ①大学生－心理
健康－健康教育－高等学校－教材 Ⅳ. ①G444

中国国家版本馆CIP数据核字(2024)第023634号

内 容 提 要

本书根据中共教育部党组印发的《高等学校学生心理健康教育指导纲要》的要求，结合大学生的身心特点和实际情况编写，涉及心理健康入门、自我意识认知、情绪管理、学习潜能开发、人际关系优化、恋爱与性解密、网络心理透视、压力管理与挫折应对、心理问题识别与应对，以及生命的探索与成长等内容。

本书采用项目编写法，设有 10 个项目，每个项目都设置了固定模块。书中配有丰富的多媒体教学资源，读者扫描二维码即可观看。本书还有配套的 PPT、在线开放课程等数字化资源。

本书既可以作为高等院校大学生心理健康课程的教材，也可以作为教育学和心理学工作者的参考用书。

◆ 主　　编　王金凤　柴义江
　　责任编辑　张　斌
　　责任印制　胡　南
◆ 人民邮电出版社出版发行　　北京市丰台区成寿寺路 11 号
　　邮编　100164　电子邮件　315@ptpress.com.cn
　　网址　https://www.ptpress.com.cn
　　三河市兴达印务有限公司印刷
◆ 开本：787×1092　1/16
　　印张：12.25　　　　　　　　　　2024 年 2 月第 2 版
　　字数：327 千字　　　　　　　　2025 年 1 月河北第 4 次印刷

定价：48.00 元

读者服务热线：(010)81055256　印装质量热线：(010)81055316
反盗版热线：(010)81055315
广告经营许可证：京东市监广登字 20170147 号

党的二十大报告提出"重视心理健康和精神卫生"。根据中共教育部党组 2018 年印发的《高等学校学生心理健康教育指导纲要》等文件要求，结合党的二十大报告精神，我们对 2019 年编写的《大学生心理健康教程》一书进行了修订。

本次修订的教材具有以下 5 个特色。

（1）内容更贴近学生实际。本书针对大学生的身心特点和实际情况编写，内容涉及大学生在校期间面临的环境适应、学习适应、自我认知、情绪管理、人际交往、恋爱及性心理、挫折应对和对生命价值的认识等。修订版吸收了大学生心理健康教育新的教学和科研成果，使用了权威部门公开的统计数据，选用了新的案例，实用性和可读性进一步增强。

（2）注重应用技能培养。本书坚持"以能力为本位、以学生成长为先"的编写理念，每个项目既有抽象的理论探讨，又有可操作性强的预防或调适心理问题的方法，还有与教学内容匹配的名人名言、心理训练游戏和心理测试，注重培养大学生对心理健康的正确认知，提高大学生对心理问题的预防和调适能力。

（3）多媒体资源丰富。为适应"互联网＋职业教育"的需求，推进教育数字化，本书配有丰富的"互联网＋心理健康教育"产品，读者通过扫描书中的二维码即可观看配套的多媒体资源，如微课、经典心理学图片等。本书还提供配套的 PPT 课件、在线开放课程等数字化资源。

（4）融入价值教育元素。心理健康教育是大学生价值观教育工作的重要组成部分，本书在每个项目中恰当地融入价值教育元素。例如，让学生学会正确评价自我，自尊、自信、自强；形成积极的人生态度和协调的人际关系，培养集体主义和团结合作精神；树立健康的恋爱观，为培育家庭美德打下良好基础；培养符合现代文明、遵循社会规范的性道德和网络道德；等等。

（5）体例新颖，版面活泼。本书采用项目编写法，共设有10个项目，每个项目包括项目目标、导学案例、知识讲坛、心理训练营、心理测试、项目思考等模块。每个模块都进行了精心设计，重点突出，条理分明。

参加本书撰写、修订的人员及具体分工如下：项目一，王金凤；项目二，赵建梅；项目三，郑之左；项目四，谢鑫建、土珊；项目五，张小光；项目六，柴义江；项目七，肖震；项目八，蒋桂萍；项目九，解光夫；项目十，尤晓燕、张琦云。全书由王金凤统稿审稿。本书编者都具有长期在高校从事心理健康教育、思想政治教育和学生管理工作的经历，其中有教授2名、副教授5名、心理咨询师4名。本书编写团队的主编和核心成员编写的《大学生心理健康教育》一书被评为江苏省评优精品教材和普通高等教育"十一五"国家级规划教材。2021年，本书第一版被评为江苏省高等学校重点教材。

本书的出版得到了江苏经贸职业技术学院的关心与支持，在此表示衷心感谢！同时，我们对书中所引用资料的原作者致以真诚的谢意！由于编者水平有限，书中难免存在不足之处，敬请广大读者批评指正。

王金凤

2024年1月

目 录

CONTENTS

目录

CONTENTS

04 项目四

学海无涯"乐"作舟——学习潜能开发　　　/ 56

05 项目五

莫愁前路无知己——人际关系优化　　　　/ 74

06 项目六

心有千千结——恋爱与性解密　/ 93

目　　录

CONTENTS

07 项目七

一"网"情深——网络心理透视　/110

08 项目八

长风破浪会有时——压力管理与挫折应对　/126

目 录

CONTENTS

项目一
一切从"心"开始——心理健康入门

 项目目标

理解心理健康内涵，把握心理健康标准。

梳理心理健康问题，探究问题形成原因。

关注心理健康教育，提高心理健康水平。

 导学案例

小李是大一新生，在家深受父母宠爱。入学后，每日的学习很紧张，小李还要料理自己的生活琐事，她手忙脚乱、心烦意乱。加上过不惯宿舍的集体生活，她非常想家，每天都要给父母打很长时间电话，晚上经常失眠，上课难以集中精力，学习效率低下。

小刘是某高职院校大二女生，她的男朋友因有了新恋人而主动提出分手。小刘极力挽回，但未能如愿。她感到非常羞愤，一直处于情绪低落状态，有时独自流泪，做事提不起精神，容易急躁，总莫名发脾气，对生活悲观失望。

小徐是大二学生，他曾以优异的成绩考入某重点高职院校，获得学校颁发的优秀考生奖。经过一年的学习，他却未能如愿以偿地获得学校的奖学金。为此，他整天郁郁寡欢，有时候很想哭，做事没了积极性，不想见人，也不想说话。

案例分析

小李、小刘和小徐的心理困扰是大学生普遍存在的问题。一些大学生因社会经验不足、依赖性强、心理承受能力差，面对学业、人际交往、经济、情感、就业、家庭变故等诸多因素，容易产生自卑、焦虑、抑郁等心理问题。调查显示，大学生中存在心理问题的占 32.60%。特别是近几年，大学生因为心理障碍和心理疾病而被迫休学、退学的现象时有发生。所以，大学生要关注自身的心理健康，及时了解大学生常见的心理健康问题的成因和对策，积极做好预防和调适，才能不断提高身心素质。让我们从"心"开始，一起走进心理健康。

 知识讲坛

 任务一 ## 心理健康认知

良好的心理健康状况和由之而来的愉快的情绪是幸福的最好资本。

——赫伯特·斯宾塞

一、健康与心理健康

世界卫生组织（Word Health Organization，WHO）前总干事哈夫丹·马勒（Halfdan Mahler）博士曾指出："必须让每个人认识到，健康并不代表一切，但失去了健康，便丧失了一切。"那么，什么是健康？什么是心理健康呢？

（一）健康新概念

世界卫生组织在 1946 年将健康定义为："健康是指身体上、心理上和社会上的完美状态，而不仅是没有疾病和虚弱的现象。"1989 年，世界卫生组织进一步深化了健康的概念，认为健康不仅是没有疾病，而且包括躯体健康、心理健康、社会适应良好及道德健康（见表 1-1）。这种健康新概念，要求人们从 4 个方面综合评价一个人的健康状况，它把人的健康从生物学的意义拓展到了精神和社会关系两个层面，人的身心、家庭、社会生活的健康状况均包含在其中。

表 1-1　健康新概念

分类	表述
躯体健康	人体的结构完整，生理功能正常
心理健康	在与他人的心理健康不矛盾的范围内，个人心境发展的最佳状态
社会适应良好	能扮演好个人在社会生活中的各种角色，能立足角色创造性地开展工作并取得成就、贡献社会、实现自我价值
道德健康	在稳定的道德观念支配下表现出来的一贯的符合社会道德规范的行为

躯体健康是其他健康的基础；心理健康与躯体健康相互作用；以心理健康为基础发展起来的道德健康高于单纯的心理健康；社会适应良好是心理健康的充分体现，是健康的最高境界。

因此，健康不只是指身体无疾病。牙齿棒、吃饭香、身体壮的人不一定就健康。"身体是革命的本钱"，身体健康是基础，是"硬实力"，心理健康则是"软实力"。无论是追求幸福还是追求成就，健康的心理和良好的心理素质都是必不可少的条件。

（二）心理健康

心理健康有广义和狭义之分。广义的心理健康是指一种积极向上的高效而满意的持续的心理状态。在这种状态下，人能对外界变化做出良好的反应，具有生命的活力，而且能充分发挥身心潜能。狭义的心理健康是指人的心理活动和社会适应良好的一种状态，是人的基本心理活动与社会适应协调一致的过程，即认知、情感、意志、行为和人格完整协调，能顺应社会，与社会同步。

心理健康的定义

灰色理论讲述的是心理状态变化（见表 1-2），它可以帮助大家理解心理健康的含义。

表 1-2　心理状态变化

区域	人员特征	服务人员
纯白色区	健康的人格（环境适应能力强，人际关系良好，自信心强）	不需要
浅灰色区	由于生活、人际关系等各种压力而产生的心理冲突	心理咨询师
深灰色区	人格障碍、神经症等	心理医生
纯黑色区	精神疾病	精神科医生

一般情况下，人们的心理状态都在纯白色区和浅灰色区之间变化。当某个人的心理状态处于浅灰色区时，若不及时自我调适或找专业人士帮助疏解，其心理状态可能会转到深灰色区；转到深灰色区后再不调整，就可能转到纯黑色区。所以，心理状态不是稳定的，每个人都不能保证自己一辈子都保持心理健康。

 小贴士

亚健康和心理亚健康

亚健康是一种非病、非健康状态。处于亚健康状态的人，虽没有疾病，但他们的精神活力和适应能力会下降，常伴有失眠、胃口差、情绪不稳定等状况。心理亚健康是介于心理健康和心理疾病之间的状态，主要表现为情绪低落、心烦意乱、急躁易怒、恐惧胆怯、记忆力下降、注意力不能集中、精力不足、反应迟钝、缺乏自信心及安全感不够等症状。

二、心理健康的标准

人的生理健康是有衡量指标的，心理健康也是有标准的，但心理健康的标准不如生理健康的标准那样客观具体。美国心理学家马斯洛（Maslow）和米特尔曼（Mittelman）提出了 10 条心理健康的标准。

（1）有充分的自我安全感。

（2）能充分了解自己，并能恰当评估自己的能力。

（3）生活理想切合实际。

（4）不脱离周围现实环境。

（5）能保持人格的完整与和谐。

（6）善于从经验中学习。

（7）能保持良好的人际关系。

（8）能适度地宣泄情绪和控制情绪。

（9）在符合团体要求的前提下，能有限度地发挥个性。

（10）在不违背社会规范的前提下，能适当地满足个人的基本需要。

我国绝大多数学者认为心理健康的标准包括以下 8 个方面。

（1）智力正常。一般智商在 80 分以上。这是人们学习、生活与工作的基本条件，也是人们适应周围环境变化所必需的保证。

（2）情绪健康。其标志是情绪稳定和心情愉快，包括：愉快情绪多于负面情绪，乐观开朗，富有朝气，对生活充满希望；情绪较稳定，善于控制与调节自己的情绪，既能克制情绪，又能合理宣泄情绪；情绪反应与环境相适应。

（3）意志健全。意志是人在完成一种有目的的活动时，所进行的选择、决定与执行的心理过程。意志健全者在行动的自觉性、果断性、顽强性和自制力等方面都表现出较高的水平。意志健全的大学生在各种活动中都有自觉的目的性，能适时地做出决定并运用切实有效的方法解决所遇到的问题；

在困难和挫折面前，能采取合理的应对方式；能在行动中控制情绪和行为，而不是盲目行动、畏惧困难、顽固执拗。

（4）人格完整。人格指的是个体比较稳定的心理特征的总和。人格完整就是指有健全统一的人格，即个人的所想、所说、所做都是协调一致的。个人具有正确的自我意识，能以积极进取的人生观作为人格的核心，并以此为中心把自己的需要、目标和行动统一起来。

（5）自我评价正确。正确的自我评价乃是大学生心理健康的重要条件。大学生要学会自我观察、自我认定、自我判断和自我评价；恰如其分地认识自己，摆正自己的位置，既不以自己在某些方面强于别人而自傲，也不以某些方面弱于别人而自卑；要做到自尊、自强、自制、自爱，正视现实，积极进取。

（6）人际关系和谐。其表现为：乐于与人交往，既有广泛的人际关系，又有知心朋友；在交往中保持独立而完整的人格，有自知之明，不卑不亢；能客观评价别人和自己，善于取长补短，宽以待人，乐于助人；积极的交往态度多于消极的交往态度，交往动机端正。

（7）社会适应正常。个体与客观现实环境保持良好秩序。个体能客观地认识现实环境，以有效的办法应对环境中的各种困难，不退缩；还要根据环境的特点和自我意识的情况努力进行协调，或改善环境适应个体需要，或改造自我适应环境。

（8）心理行为符合年龄特征。不同年龄阶段有不同的心理行为，心理健康者应具有与多数同龄人相符合的心理行为特征，如果严重偏离，就是心理不健康的表现。

在理解心理健康的标准时，应注意把握以下3点。

（1）"心理健康"和"心理不健康"不是泾渭分明的。人的心理健康水平可以分为不同等级，从严重的心理疾病、轻度的心理障碍、心理健康状况一般到心理健康状况良好，这是一个连续的过程。在许多情况下，异常心理与正常心理、变态心理与常态心理之间只有相对标准，没有绝对的界限。

（2）心理健康状态具有动态性。如果人们不注意心理保健，经常处于焦虑、抑郁的心理状态，那么心理健康水平就会下降，甚至出现心理变态或患上心理疾病；反过来，如果人们有了心理困扰或出现心理失衡，能及时自我调整和寻求心理咨询师的帮助，就会很快恢复到心理健康良好的状态。随着人的成长、经验的积累、环境的改变，心理健康状况也会有所改变。

（3）一个人心理不健康与有不健康的心理活动和行为表现不能等同。例如，一个平时活泼可爱的大学生，近来突然变得忧郁寡欢，有时半夜啼哭，她的表现正常吗？她心理健康吗？如果告诉你，她的亲人刚去世了，或者她最近失恋了，你又会怎么想？所以，心理不健康是指一种持续的不良状态。异常心理或行为的偶尔出现及短暂的情绪失调，不能用于认定一个人心理不健康。

心理健康，说到底是一种人生态度。时刻拥有乐观的心态和快乐的心境也是一种能力。心理健康的人，一般能以积极的眼光、心态看待周围的人和事，富有利他精神，能在付出的过程中增强自我价值感。

📖 拓展阅读　　　　　**两个赶考秀才的故事**

古时候，有两个赶考的秀才，刚一出家门就遇到了送葬的队伍。其中一个秀才就想："怎么今天一出门就遇到了棺材，看起来今天我去考试凶多吉少啊！"于是，他就心烦意乱起来。另一个秀才则想："哎呀，又有'官'又有'财'，这肯定是个好兆头！"结果，一个考上了，另一个没考上。最后，两个人得出同样一个结论：这都是因为考前遇到了棺材。

4张图让人
豁然开朗

三、心理健康的意义

（一）心理健康促进躯体健康

心理健康和躯体健康是相辅相成的。有时，会有这样一种现象：患者自觉有很严重的躯体症状，如头痛、乏力、失眠、身体不舒服等，但在相应的医学检查中却没有发现明显的病理改变；又或者临床检查中发现的病理改变不足以解释患者自觉症状的严重程度。出现这种躯体症状的深层次原因可能在于心理问题长期存在且得不到解决。这就是所谓的心理问题躯体化。我国中医认为"怒伤肝、喜伤心、思伤脾、忧伤肺、恐伤肾。七情失调，从而引起阴阳失调，气血不和，经络阻塞，脏腑功能失常而患病。"可见，心理健康有利于躯体健康。

（二）心理健康影响行为选择

美国哈佛大学的一位教授曾经做过一个"9 人过桥"的实验。

第一次，教授把 9 个人领到一间黑屋子里，然后跟这 9 个人说："你们 9 人听我的指挥，走过这个弯弯曲曲的小桥，千万别掉下去，不过掉下去也没有关系，底下只有一点水。"9 个人心里没有顾忌，都顺利走过了小桥。

第二次，在大家都过去以后，教授打开一盏黄灯，借助黄灯，9 个人往桥下一看，顿时吓了一跳，原来桥下不仅有水，还有好几条鳄鱼在爬动！教授问："现在你们谁敢走回去？"没人敢走了。教授说："现在你们就想象自己走在坚固的铁桥上，用这种积极的心理暗示来诱导自己。"最终只有 3 个人说可以试试。第一个人颤颤巍巍走了过去，时间多花了一倍；第二个人胆战心惊地走到中间，吓得呆站在桥上；第三个人只走了 3 步，就再也不敢走了。这次大家发现了危险，心里感到害怕，即使教授诱导，还是有 6 个人不敢尝试。

第三次，教授打开了所有的灯，9 个人这才看清楚，鳄鱼是真的，但在鳄鱼和桥之间有一层网，这层网是黄色的，在黄灯下看不到。大家一看有网，胆子就大了，其中 8 个人过了桥，剩下一个人仍然不敢过。教授问："你在想什么呢？"这个人回答："我担心那层网不结实，我还是会掉下去喂鳄鱼。"可见这个人心理素质较差，不敢再次尝试。

这个实验说明，心态、心理状况会影响人的行为决策和能力的发挥。

（三）心理健康有利于个人的全面发展

所谓人的全面发展，是指人在德、智、体、美、劳等方面的和谐发展。健康的心理品质是个人全面发展的基本要求。在通往成功的途中，许多大学生不能充分挖掘自己的潜能而取得成就，心理健康问题往往是其最大的阻碍。心理健康有助于大学生积极应对心理冲突，排解心理压力；有助于大学生开发潜能、完善人格；有助于大学生将来走向社会，在工作岗位上发挥智力水平，积极从事社会活动，不断向更高层次发展。

任务二　大学生常见心理健康问题及成因

心灵上的疾病比机体上的疾病更危险、更常见。

——西塞罗

一、大学生常见的心理健康问题

调查结果表明：环境适应问题、学业问题、情绪问题、人际关系问题、恋爱与性心理问题、求职与择业问题、网络心理问题和特殊群体的心理健康问题是目前大学生中常见的心理健康问题。

（一）环境适应问题

大学和高中相比，社会环境、学习环境、人际交往环境都发生了很大变化。大学生如果不能用一种平和的心态去面对大学的生活，接纳现有的同学和老师，熟悉学校的管理制度和管理方式，很可能会因为难以适应而产生心理矛盾和困惑。

> **拓展阅读**
>
> 在心理咨询中，有一位姓林的大一新生，向心理咨询师倾诉她的心理问题。她上大学前没有住过校，一般22:30前睡觉，习惯了早睡早起。她上大学后，有5个舍友，有的是学生干部，经常忙到很晚才回宿舍；有的喜欢和男友"煲电话粥"；有的晚上熄灯后还打游戏、看视频。这些舍友的行为严重影响了她休息。为此，喜欢安静的她开始厌恶集体生活。
>
> 还有的新生，以前在家是饭来张口、衣来伸手，上大学后，饭菜要自己买，衣服要自己洗，钱要计划着用，很不习惯。环境适应问题在大一新生中是比较常见的。

（二）学业问题

学习是学生的天职，"会学"比"学会"更重要。学业问题分为3类。第一是学习动力问题。一方面是缺乏学习动力，表现为无明确的学习目标，学习时注意力分散，有厌学情绪，等等；另一方面是学习动机过强，表现为自我期望值过高，学习过于勤奋，有强烈的争强好胜心理，精神紧张，等等。第二是学习焦虑。由于精神过于紧张，顾虑的问题多，表现在学习上就是注意力涣散、记忆力减退、思维混乱、烦躁、易怒等。学习焦虑的突出表现是考试焦虑。第三是学习畏难。这是指大学生在学习活动中遇到某些阻碍和干扰，使学习需要难以满足，于是产生害怕学习的心理，进而产生某些逃避学习的行为。

（三）情绪问题

情绪问题主要表现为抑郁症和情绪失衡。抑郁症也称为"心理感冒"。抑郁症患者主要表现为持久的情绪低落，常伴有身体不适、睡眠不足等现象，且易心情压抑、沮丧，无精打采，什么活动都懒于参加。情绪失衡是指有的大学生的社会情感丰富而强烈，具有一定的不稳定性与内敛性，表现为情绪波动大。

（四）人际关系问题

同高中生相比，大学生一方面渴望真诚的友谊，另一方面，因缺乏交往的技巧和能力而常常陷入人际交往的困惑之中。大学生常遇到的人际关系问题主要表现为：人际关系不适、社交不良和个体心灵闭锁等。面对新的人际群体，部分大学生显得很不适应。有的大学生缺乏在公众场合表现自己的能力与勇气，面对各种各样的活动，他们充满了兴趣，却又担心失败，所以只是羡慕，而积极参与的不多，他们常感叹"外面的世界很精彩，外面的世界很无奈"；有的大学生缺乏人际交往经验，加上在人际交往中不自信，不能形成良好的人际交往圈；有的大学生由于个体间正常的交往不够，易引发猜疑、妒忌等情绪。

（五）恋爱与性心理问题

时下的大学校园内，恋爱已是普遍现象，但有的大学生形成了"不在乎天长地久，只在乎曾经拥有""预约失恋"等不正确的恋爱观。这些大学生由于缺乏正确的恋爱动机，同时对爱与被爱缺乏正确的理解，导致单相思、三角恋、网恋等现象时常发生，有的大学生常常陷入感情的旋涡而难以自拔。性好奇、性无知、性与爱的困惑等，又使大学生饱受恐惧、焦虑、自责等不良情绪的困扰。

（六）求职与择业问题

随着我国高等教育体制的改革，大学生已走上自主择业的道路，大学生在择业准备期往往存在不同程度的焦虑心理、挫折心理、嫉妒心理、攀高心理、自卑心理等。如今的用人单位非常重视求职者的心理素质。大学生如果心理十分脆弱，就算专业成绩再好，也可能会错失良机。

> **拓展阅读**
>
> 　　小李和小张是同班同学，他们所学的专业是市场营销。在一次应聘中，两人都通过了笔试，并同时收到了面试通知。
>
> 　　面试时，他们被分在不同的会议室。主考官问了他们一些关于市场营销的问题，两人回答得都很流畅，主考官表示十分满意。就在面试要结束时，主考官向小李和小张说了同样的话："对不起，我们公司的计算机出了故障，参加面试的名单里没有你的名字，非常抱歉！"
>
> 　　胜利在望的小李听了主考官的话，马上就变了脸色，也失去了风度。他有些生气，质问主考官为什么会出现这样的事，他成绩优秀，怎么会没有进入面试，这是公司成心在耍他。这时，主考官对他说："你别生气。其实，我们的计算机并没有出故障，你是以笔试第一名的成绩进入我们的面试的，刚才的插曲不过是我们给你出的最后一道题。你感到惶恐和不安是正常的，但是，你的心理承受能力实在是太差了，市场营销部是全公司最有可能经历风险的部门，作为这个部门的工作人员，我们需要你具备良好的心理素质。"
>
> 　　小李愣住了，没想到这也是一道考题！他前功尽弃了！
>
> 　　而在另一间会议室里，小张在听完了同样的话之后，面带微笑，十分镇定地说："我对贵公司发生的这个错误感到十分遗憾，但是我今天既然来了，就说明我和公司有缘分，我想请您给我一次机会。这个计算机的失误，对于我来说，有可能让我失去一个难得的机遇；对于公司来说，或许就是意外地失去了一名优秀的员工。"听后，主考官露出了满意的神情："你真是一个不错的小伙子！我愿意给你这个机会。"
>
> 　　可见，大学生的心理素质在择业过程中多么重要。

（七）网络心理问题

"互联网+"时代，网络成为大学生生活、学习和工作中必不可少的一部分。据调查，大学生中每天上网 2 ~ 4 小时的占比为 67.7%，4 小时以上的占比为 17.7%，这高于我国网民上网时间的平均水平。网络是一把"双刃剑"，它给大学生学习及生活提供了新动能，同时也带来了网络心理问题。大学生网络成瘾、网络孤独、网络人格障碍、网络犯罪现象时有发生。

（八）特殊群体的心理健康问题

一些家庭经济状况存在问题的学生，在建立健康的心态之前常常表现出自卑而敏感、人际交往困难等状况。尤其是"双困生"（有经济上的困难和心理上的困难的学生），学业成绩不理想，家庭经济又很困难，心理负担很重。

二、影响大学生心理健康的因素

影响大学生心理健康的因素主要有两大方面：一是自身因素；二是环境因素，环境因素包括家庭环境、社会环境和学校环境。

（一）自身因素

我国大学生群体的特征相对突出，表现为年龄段相对集中（一般在 18 ~ 23 岁）、学习和生活环境相对封闭、学习条件相似等。大学生的生理特点主要表现为体、力、脑、性 4 个方面的变化。一是身高和体重急剧变化，大学生在体形上加入成人的行列；二是大学生的生命力处于最旺盛时期，他们充满了生机和活力；三是大脑和神经系统处于最发达状态，使大学生能够理智地走向社会；四是第一、第二性征变化突出，性别差异明显，大学生进入性萌发和性成熟阶段。

大学生心理发展呈现出过渡性、可塑性、矛盾性 3 个特征。

1. 心理发展的过渡性

青年期是少年向成人转变的过渡期，也是少年心理向成人心理过渡的关键期。从心理发展水平来看，多数大学生的心理正处于走向成熟又没有完全成熟的时期。从心理发展过程来看，大学生的认知迅速发展，达到了相对成熟状态。大学生认知的核心要素思维已由经验型向理论型转化。大学生的情感也从易感状态逐步升华过渡到富于热情。同时，大学生的社会道德感和社会责任感增强。在意志行动上，他们则从容易冲动发展到具有一定的自控力，形成相对稳定的行为习惯。从个性发展看，大学生的性格、能力等个性心理特征都达到相对稳定和渐至成熟的水平。

2. 心理发展的可塑性

大学时期是人的心理品质全面发展、急剧变化的时期。大学生在这一时期心理发展存在不稳定、可塑性强的特点。例如，大学生在认知方面容易偏执；在情绪方面容易走极端；在意志方面有时较执拗；在个性方面，虽然许多个性品质已基本形成，却容易受外界的影响。

3. 心理发展的矛盾性

当代大学生由于在学校受教育时间长，基本没有社会生活经验，心理成熟滞后于生理成熟。经济上不独立、现代价值观多元化的影响等，使大学生的心理既存在积极的一面，又存在消极的一面。这样就必然导致各种矛盾和冲突的产生。大学生常见的心理矛盾有以下 7 种。

（1）理想与现实的矛盾。大学生对未来有自己的设想，希望将来能发挥自己的才能，成为对社会有用之人。然而，由于在现实生活中往往难以找到实现理想的途径，有的大学生面对前进道路上的障碍没了信心和方法；有的大学生只有美好的向往而没有切实的行动；有的大学生眼高手低，只想做大事而一鸣惊人。这就必然产生理想与现实的矛盾。

（2）情绪与理智的矛盾。大学生的情绪是丰富而多变的，大学生往往容易激动、兴奋，也容易转向消沉、失望。特别是在挫折面前，大学生的情绪容易走向极端。其原因是大学生的心理发育相对滞后，大学生往往会从某种感性认识或经验直觉出发来评价自己及周围的人和事情，以个人的好恶为标准处理问题。

（3）独立与依赖的矛盾。从中学进入大学，大学生的生理逐渐成熟，在心理上则表现为增强了独立的倾向。大学生的独立意识、自我意识大大加强，他们渴望摆脱家庭和老师的束缚。但是，大学生还处于学习阶段，经济上往往依赖家人，而且缺乏独立生活的经验，还不能真正依靠自己的力量来独立解决生活中遇到的一些问题，不能恰当处理社会交往中的各种关系。因此，大学生一时难以摆脱对家庭、老师的依赖，这就不可避免地造成独立与依赖的矛盾。

（4）乐群与防范的矛盾。大学生一般渴望交友，乐于参加群体活动。但大学生彼此之间相处的时间较短，一时难以建立起心贴心的友谊，因此，大学生在与他人的交往中，总是带有试探和防范的心理，这就产生了乐群与防范的矛盾。很多大学生经常感叹接触的人很多，信得过的人却很少；同学很多，知心朋友却很少。

（5）自尊与自卑的矛盾。大学生往往经过激烈的竞争才进入大学校园，是青年中的佼佼者，他们受到社会的称赞、父母的宠爱，容易产生一种优越感和自豪感，表现出强烈的自尊心。然而，大学里人才济济，许多高中时期的尖子生在大学里的优势不再明显，失去了往日的荣耀，易心理失衡。有的大学生因此怀疑自己、否定自己，产生自卑感、挫折感和焦虑感，表现为自我评价过低、丧失信心、悲观失望、不求进取，甚至走向退学和轻生等极端。

（6）竞争与求稳的矛盾。当代大学生平等竞争意识较强，渴望在平等的条件下参与竞争，以便充分发挥自己的能力，实现自己的奋斗目标。他们对那些投机取巧、靠侵害别人的利益获取好处的行为深恶痛绝。但在实际竞争中他们又害怕风险，抱怨竞争的残酷性，出现求稳心态。竞争与求稳的矛盾在择业时表现得尤为突出。

（7）性冲动与性压抑的矛盾。青春期的大学生性生理已成熟，有了性的欲望和冲动。多数大学生通过学习、工作、文体活动和社交活动等途径，可以使之得到某种程度的转移和升华。但也有一部分大学生由于缺乏性知识，对性问题有偏见，性冲动得不到正常的转移，久而久之造成性冲动与性压抑的尖锐矛盾。

这些心理矛盾如果得不到正确引导和合理解决，将很容易导致心理问题。调查显示，大学生心理发展有差异性，不同年级的大学生心理发展的特点不同。在大一新生中，有适应不良和人际交往问题的大学生占比为 68.7%。他们的心理特点主要是自豪感和自卑感交织、新鲜感和恋旧感交织、轻松感和紧张感交织、奋发感和被动感交织等。大二时期大学生关注的主要是成才道路的选择与理想的树立，学习目标的实现，学习态度、学习方法的掌握，以及学习心理结构的形成，等等。大三时期是大学生从学生生活向职业生活过渡的阶段，他们又要面临新的心理适应问题，例如，是继续深造，还是就业？是留在国内深造，还是选择出国？求职择业中双向选择的压力，使大学生的心中掀起波澜。这时大学生的心理特点主要是有紧迫感、责任感和忧虑感。

（二）环境因素

1. 家庭环境

家庭的影响主要包括家庭的情绪氛围、父母的教养态度和教育方法、家庭结构、家庭经济状况 4 个方面。家庭是人生的奠基石，父母是孩子的第一任老师，原生家庭对孩子成长与成才的影响是长久而深远的。家庭的情绪氛围是孩子良好心理素质形成的前提，家庭成员间的语言及人际氛围直接影响家庭中每个成员的心理状况，对个性逐渐成熟的大学生更具有特别的意义。父母的教养态度和教育方法直接影响孩子的行为和心理。家庭结构的变化，如单亲家庭、重组家庭等对正在读书的大学生的心理有一定影响。部分大学生在幼年甚至青少年时期的生活中，曾经历过不幸的事件，并造成了严重的伤害性体验，这种经历和体验会对他们的行为模式、生活态度、个性产生恶劣影响。家庭经济状况不良，特别是家庭经济状况长期严重困难的特困生的身心健康也值得重视。

🔖 拓展阅读　　　　　　　原生家庭的概念

原生家庭特指父母和未婚的子女住在一起组成的家庭，即每个人出生和成长的地方。我们和我们的父母组成我们的原生家庭，父母和他们各自的父母组成他们各自的原生家庭。作为每个人出生和成长的地方，原生家庭不断刻画和塑造着每个人。

家庭氛围影响人的心理健康

敌意中长大的孩子，学会了争斗；

虐待中长大的孩子，学会了伤害；

支配中长大的孩子，学会了依赖；

干涉中长大的孩子，被动和胆怯；

娇宠中长大的孩子，学会了任性；

否决中长大的孩子，反对社会；

忽视中长大的孩子，性情孤僻；

专制中长大的孩子，喜欢反抗；

民主中长大的孩子，领导能力强；

鼓励中长大的孩子，学会了自信；

公平中长大的孩子，富有正义感；

宽容中长大的孩子，学会了耐心；

赞赏中长大的孩子，学会喜欢自己；

爱之中长大的孩子，会爱人如己。

2. 社会环境

社会环境因素包括经济、文化、科技等诸多因素。改革开放以来，我国社会发生了巨大变化。在社会物质方面，物质利益格局的重新调整、贫富差距的加大，对人们的心理产生了很大影响。在社会文化方面，当代大学生处在东西方文化交融、多种价值观冲突的时代。随着改革开放的深化，面对不同的文化背景和多种价值选择，大学生常常会感到茫然、疑虑、混乱，如对个人利益与个人主义、个性发展与个性放纵、自我意识与自我中心等没有明确的认识。求新求异的心理可能使大学生盲目追求西方的文化，而有时这些文化与我国现实社会在许多方面格格不入，这使大学生陷入空虚、混乱、压抑、紧张等状态，在人生道路的选择上处于两难或多难的境地。长时间的心理失调必然带来心理上的冲突，使大学生出现适应不良的种种反应。此外，随着互联网的普遍应用，大众传播媒介对大学生心理健康的影响越来越大。大学生一般求知欲强但辨别力弱，崇尚科学但欠缺辩证思维。当前一些格调低下、观念错误的媒体信息，给大学生的思想及行为带来了消极的影响。与此同时，社会风气、社会舆论也会给成长中的大学生留下心理积淀。

3. 学校环境

学校、班集体、宿舍是大学生生活的"小社会"，校园氛围对大学生有很大影响。学校环境主要包括资源环境、学业压力、负性事件和适应等方面。资源环境指大学校园的教育教学、学习和生活环境，大学管理制度和方式方法，教师的素养，等等；学业压力指大学生的评优、过关考试等，其核心是对未来就业的焦虑；负性事件指受惩罚或批评、人际紧张等校园生活事件；适应主要指人际关系调整、学习适应和社会适应等。

任务三　了解高校心理健康教育工作

一、高校立体化的大学生心理健康教育体系

我国高校心理健康教育起步于 20 世纪 80 年代中期。关注大学生心理发展、呵护大学生心理健康是高校德育工作的重要组成部分。目前，高校心理健康教育工作不断向纵深推进，已经从关注大学生"心理问题"转变为关注大学生"心理发展"，心理健康教育的领域从人格辅导扩展到学习辅导、职业辅导、生活辅导等方面。很多高校建立了集教学、咨询、活动、服务于一体的立体化的心理健康教育体系，主要包括 4 个方面。

（一）开设"大学生心理健康教育"课程

《教育部关于加强普通高等学校大学生心理健康教育工作的意见》明确指出，高等学校要"根据大学生的心理特点，有针对性地讲授心理健康知识，开展辅导或咨询活动，帮助大学生树立心理健康意识，优化心理品质，增强心理调适能力和社会生活的适应能力，预防和缓解心理问题。帮助他们处理好环境适应、自我管理、学习成才、人际交往、交友恋爱、求职择业、人格发展和情绪调节等方面的困惑，提高健康水平，促进德智体美等全面发展"。目前，绝大多数高校都将"大学生心理健康教育"课程列入教学计划，作为必修课程。"恋爱心理学""心理咨询与心理健康""大学生职业生涯规划""社会心理学""电影中的人类心理"等选修课也相继开设。课堂教学旨在系统阐述大学生心理健康的概念和标准、大学生的身心发展状况和特点，以及大学生在校期间面临的环境适应、学习适应、人际交往、性与爱、理想与现实、升学与就业等方面的心理压力与冲突。课堂教学的目的是帮助大学生及时察觉自身存在的心理和行为问题，让大学生学会自我调适，有效消除心理困惑，及时调节负性情绪；帮助大学生养成良好的学习习惯，掌握科学的学习方法，提高学习能力，让大学生自觉地开发智力潜能；帮助大学生掌握人际沟通的技巧，增强建立和谐人际关系和适应社会的能力；帮助大学生培养坚忍不拔的意志品质和艰苦奋斗的精神，提高其承受和应对挫折的能力。课堂教学是学校实施心理健康教育的主渠道、主阵地。

（二）实施心理健康普查，建立心理档案

在大学中实施心理健康普查、建立心理档案是加强大学生心理健康教育工作的重要内容，其中对大一新生的心理健康普查更为关键。目前许多高校在广泛应用心理测量进行学生心理健康普查，力图通过科学的方法和手段，有效地将可能存在心理问题的学生筛查出来，并根据其严重程度进行分类，对问题较为严重的学生进行跟踪、控制和帮助，以达到及时发现大学生的心理问题，进而进

行早期干预和有效控制的目的。实践证明，心理测量应用得当，确实能够提高大学生心理健康教育工作的针对性，有效地降低大学生心理障碍的发生率。

（三）提供个体咨询、在线咨询和团体心理咨询

心理咨询是由受过心理咨询训练的专业人员，运用心理学知识、技术和方法，对心理适应方面出现问题并企求解决问题的求询者提供心理援助的过程。

个体咨询和在线咨询是高校为学生提供心理健康服务的常用形式。许多高校设有专门的心理咨询室，心理健康中心会定期安排专业的心理咨询师现场接受学生个体咨询，还有电话咨询、信函咨询，也有通过微信、微博和QQ等实施的在线咨询。个体咨询和在线咨询既可以保护大学生的隐私，让大学生敞开心扉诉说心理困惑，又可以让大学生接受专业指导，精准破解心理问题。

团体心理咨询又称团体辅导、集体咨询、群体咨询、小组咨询，是一种在团体情境中提供心理学帮助与指导的重要方式。它是通过团体内人际交互作用，促使个体在交往中通过观察、学习、体验、认识自我、探讨自我、接纳自我，调整和改善与他人的关系，学习新的态度和行为方式，以发展良好的生活适应的助人过程。

（四）开展各类心理健康主题教育活动

心理健康主题教育活动是一种以活动为主要载体，使学生的内心在自然、安全、开放、尊重的氛围中得到释放，最终达到自我教育效果的心理健康教育途径。各高校相继成立心理社团，开展实践活动。例如，有的学校成立了大学生心理协会、心灵俱乐部等心理社团，为大学生心理互动交流提供平台。心理社团通过开展心理健康主题教育活动，组织观看与心理学相关的影视作品、心理剧展演等，向大学生传递心理健康教育理念，这对大学生缓解心理压力、放松心情、舒缓情绪、维护心理健康具有重要作用。

二、我国高校大学生心理健康教育发展趋势

我国高校心理健康教育经历了起步、形成、不断发展和逐步完善的历程。基于社会发展对人才培养的要求，我国高校心理健康教育呈现以下6种发展趋势。一是高校大学生心理健康教育理念将成为高校教育内在的基本要求，渗透在教育观、人才观和学生观中。二是心理健康教育的师资队伍专兼结合，专业化的师资队伍必将成为大学生心理健康教育的主力军。三是各种先进的科学技术手段将越来越迅速地运用于高校大学生心理健康教育。例如，生物工程的分子技术被运用于大学生心理健康教育中的生理机制研究，计算机技术在大学生心理测试、心理分析中得到广泛的运用。四是心理健康教育的模式将从补救性为主转变为发展性为主。随着对心理健康教育认识的深化，越来越多的人认识到高校心理健康教育对每一个大学生成长发展的重要意义，以全体大学生为服务对象，"发展为主、治疗为辅"已成为共识。五是心理健康教育的内容从心理适应教育转变为潜能开发。随着心理健康教育的普及与深化，开发大学生心理潜能、为大学生今后的发展打下良好的基础的理念将受到重视。高校心理健康教育的内容将侧重于对大学生创造力的培养、心理潜能的开发、健康自我形象的确立、情绪的管理、压力的处理、人际交往的训练等方面。六是心理健康教育的方法从个别辅导为主转变为团体辅导为主。团体辅导重在团体成员的互动，实践性强，形式多样，生动有趣，适用面广。社交技巧训练营、自信增强小组、"做情绪的主人"团体训练、压力处理工作坊、领导才能拓展小组等形式的团体辅导深受学生欢迎。

心理训练营

心理训练游戏一：大树与松鼠

活动目的：通过本游戏活动，让学生明白环境变化很快，人要么改变环境适应个体需要，要么改造自我适应环境；人要善于抓住机遇，找准自己在社会上的目标位置。

活动形式：集体活动。

活动时间：15 分钟。

活动准备：全体人员分为若干小组，每组三人。其中两人扮演大树，这两人站着并手拉手围成一个小椭圆形，另一人扮演松鼠，站在小椭圆形里面。

场地要求：可移动桌椅的大教室或室外。

活动步骤：

（1）随口令"松鼠"，大树不动，松鼠重新找大树。

（2）随口令"大树"，松鼠不动，大树重新找大树。

（3）随口令"地震"，大树与松鼠全部重新组合。

（4）请参与人员谈谈参与活动的心理感受。

心理训练游戏二：滚雪球

活动目的：促进同学之间的了解，扩大人际认识范围，为新生融入新的人际环境打下基础。

活动时间：8 ～ 10 分钟。

活动准备：全体人员分为若干小组，每组 6 ～ 8 人。

场地要求：可移动桌椅的大教室或室外。

活动步骤：

（1）以小组为单位，小组中每人用一句话介绍自己，一句话中必须包括姓名、所属（系、班级）、个人特征、性格、爱好（如喜欢唱歌、爱读书等）。

（2）在依次介绍中，每个人介绍自己之前要附带前面已介绍过的同学的所有信息。格式如："我是来自 ×× 学院 ×× 专业的爱说爱笑的王 ×× 同学，左边的是来自 ×× 专业的喜欢踢球的李 ×× 同学，右边的是来自 ×× 专业说话嗓门特别大的张 ×× 同学。"

（3）当小组全体同学顺利做完这种滚雪球式的自我介绍后，全组鼓掌以示鼓励。

（4）老师请每组选出一位代表将全组成员的情况向全班同学做介绍，并谈谈参与活动的心理感受。

 心理测试

心理健康测试

测试要求：

（1）独立、不受任何人影响地进行自我评定。

（2）评定的时间范围是"现在或最近一周"。

（3）每次评定一般在 20 分钟内完成。

表 1-3 中列出了有些人可能会有的问题，请仔细阅读每一条，然后根据最近一周自己的感觉来进行评价。其中"无"记 1 分，"轻度"记 2 分，"中度"记 3 分，"偏重"记 4 分，"严重"记 5 分。

表 1-3　SCL-90 症状自评量表（问卷）

症状	分值／分				
	无	轻度	中度	偏重	严重
1. 头痛					
2. 神经过敏，心里不踏实					
3. 头脑中有不必要的想法或字句盘旋					
4. 头晕和易昏倒					
5. 对异性的兴趣减退					
6. 对旁人求全责备					
7. 感到别人能控制我的思想					
8. 责怪别人制造麻烦					
9. 忘性大					
10. 担心自己的衣饰不整齐、仪态不端正					
11. 容易烦恼和激动					
12. 胸痛					
13. 害怕空旷的场所或街道					
14. 感到自己的精力下降、活动减慢					
15. 想结束自己的生命					
16. 听到旁人听不到的声音					
17. 发抖					
18. 感到大多数人都不可信任					
19. 胃口不好					
20. 容易哭泣					
21. 同异性相处时感到害羞、不自在					
22. 感到受骗、中了圈套或有人想抓住我					
23. 无缘无故地突然感到害怕					
24. 自己不能控制地发脾气					

续表

症状	分值 / 分				
	无	轻度	中度	偏重	严重
25. 怕单独出门					
26. 经常责怪自己					
27. 腰痛					
28. 感到难以完成任务					
29. 感到孤独					
30. 感到苦闷					
31. 过分担忧					
32. 对事物不感兴趣					
33. 感到害怕					
34. 我的感情容易受到伤害					
35. 旁人能知道我私下的想法					
36. 感到别人不理解我、不同情我					
37. 感到人们对我不友好、不喜欢我					
38. 做事必须做得很慢以保证做得正确					
39. 心跳得很厉害					
40. 恶心或胃部不舒服					
41. 感到比不上他人					
42. 肌肉酸痛					
43. 感到有人在监视我、谈论我					
44. 难以入睡					
45. 做事必须反复检查					
46. 难以做出决定					
47. 怕乘电车、公共汽车、地铁或火车					
48. 呼吸有困难					
49. 一阵阵发冷或发热					
50. 因为感到害怕而避开某些东西、场合或活动					
51. 脑子变空了					
52. 身体发麻或刺痛					
53. 喉咙有梗塞感					
54. 感到没有前途、没有希望					
55. 不能集中注意力					
56. 感到身体的某一部分软弱无力					
57. 感到紧张或容易紧张					
58. 感到手或脚发沉					

续表

症状	分值／分				
	无	轻度	中度	偏重	严重
59. 想到有关死亡的事					
60. 吃得太多					
61. 当别人看着我或谈论我时感到不自在					
62. 有一些不属于自己的想法					
63. 有想打人或伤害他人的冲动					
64. 醒得太早					
65. 必须反复洗手、清点数目或触摸某些东西					
66. 睡得不稳、不深					
67. 有想摔坏或破坏东西的冲动					
68. 有一些别人没有的想法或念头					
69. 感到对别人神经过敏					
70. 在商店或电影院等人多的地方感到不自在					
71. 感到做任何事情都很困难					
72. 一阵阵恐惧或惊恐					
73. 感到在公共场合吃东西很不舒服					
74. 经常与人争论					
75. 单独一人时神经很紧张					
76. 认为别人对自己的成绩没有做出恰当的评价					
77. 即使和别人在一起也感到孤单					
78. 感到坐立不安、心神不定					
79. 感到自己没有什么价值					
80. 感到熟悉的东西变得陌生或不像真的					
81. 大叫或者摔东西					
82. 害怕会在公共场合昏倒					
83. 感到别人想占我的便宜					
84. 为一些有关性的想法感到苦恼					
85. 认为应该因为自己的过错而受到惩罚					
86. 感到要赶快把事情做完					
87. 感到自己的身体有严重问题					
88. 从未感到和其他人很亲近					
89. 感到自己有罪					
90. 感到自己的脑子有毛病					

评分规则：将因子 F1（躯体化）、F2（强迫）、F3（人际关系敏感）、F4（抑郁）、F5（焦虑）、F6（敌意）、F7（恐怖）、F8（偏执）、F9（精神病性）、

F10（睡眠及饮食）各自所包含项目的得分分别相加，即可得到各个因子的累计得分。将各个因子的累计得分除以其相应的项目数，即得到各个因子的因子分数——T 分数，如表 1-4 所示。

表 1-4　SCL-90 测验答卷得分换算

因子	因子含义	项目	T 分数 = 项目总分 / 项目数	T 分数 / 分
F1	躯体化	1、4、12、27、40、42、48、49、52、53、56、58	/12	
F2	强迫	3、9、10、28、38、45、46、51、55、56、65	/11	
F3	人际关系敏感	6、21、34、36、37、41、61、69、73	/9	
F4	抑郁	5、14、15、20、22、26、29、30、31、32、54、71、79	/13	
F5	焦虑	2、17、23、33、39、57、72、78、80、86	/10	
F6	敌意	11、24、63、67、74、81	/6	
F7	恐怖	13、25、47、50、70、75、82	/7	
F8	偏执	8、18、43、68、76、83	/6	
F9	精神病性	7、16、35、62、77、84、85、87、88、90	/10	
F10	睡眠及饮食	19、44、59、60、64、66、89	/7	

　　结果解释：在对大学生进行心理健康测试和心理咨询的过程中，比较粗略、简便、直观的判断方法是看各因子的 T 分数是否超过 3 分（1～5 分评分制）。当 $T \geq 3$ 时，即表明该因子的症状已经达到中等以上严重程度。

　　说明：这个自测仅仅是根据现在或最近一周的感觉进行的评估，其结果只表明短期内的心理状况，很容易进行调整，被测者不必产生心理负担。

 项目思考

1. 应如何科学地理解“健康”的概念？
2. 大学生心理健康的标准有哪些？
3. 用表 1-3 为自己做一次心理健康测试，并进行简单的自我评价。

项目二
遇见最美的自己——自我意识认知

02

📖 项目目标

了解自我意识，正确认识自我。

对照认识偏差，积极调控自我。

掌握健全标准，不断完善自我。

📖 导学案例

小超是大学一年级学生，来自农村，家里生活一直很苦，父母期盼他能够考上一所好大学，到大城市里生活和发展。他是个很孝顺、很听话的好孩子，知道父母对自己的期望，他以为只要考上了大学，父母就能开心起来，家里的境况也会很快好起来，因此上大学成了他唯一的目标。入学前，妈妈对他说："到了大学要好好学习，不要贪玩把学业给荒废了！"进入大学后，老师和学长对他说，"在大学里，除了搞好学习外，还要学会如何适应这个社会，以及如何与人相处"。他慢慢意识到，如果还像以前一样死读书，那么将来就不能更好地适应社会。他开始寻找生活的目标，到底什么才是他应该追求的呢？从此，他平静的大学生活起了波澜。他发现自己没有办法再像以前那样专心于学习了，更没有从前的雄心壮志了。他这样描述："我看到一些同学，他们整天吃喝玩乐、泡网吧，却能顺利通过考试；我还看到一些社会上的有钱人，他们没什么文凭，却能创办、领导公司或企业。有同学说，在大学里，如果不做这三件事就枉来大学来一趟：找女朋友、挂科、做兼职赚钱。从报纸杂志上，我知道这个世界上还有许多伟大的人物，他们能够抵抗各种诱惑、耐得住寂寞，在自己的专业领域勇往直前，最终取得举世瞩目的成就。他们都是令我羡慕的人，因为我觉得他们要么过得很开心，要么过得很有成就感。"

刚刚认识社会的他陷入迷茫和困惑之中，"很多时候，"他说，"我明明想这样做，可实际上却那样做了。真不知道自己怎么了，我越来越认不清自己，更不知道自己的生活目标是什么。我感到内心冲突和失衡，我是不是得了什么病？"

案例分析

这个案例中的小超存在的心理问题在一定程度上反映了大学生"自我认同的烦恼"。著名的心理学家埃里克森曾说过，每个人个性的发展具有明显的阶段性，但都要受社会文化的制约。处于青年期的大学生也不例外，他们在这一年龄阶段便开始建立一种新的自我认同感。具有这种自我认同感的人会不断通过自己的行为进行自我肯定和形成积极的人生观；相反，缺乏自我认同感的人则会进行自我否定并形成消极的人生观，甚至错误地扮演角色造成对人和事物认知的混乱。就拿案例中的这位同学来说，虽然有很多外在原因，如环境的变迁、周围人的影响等在起诱导作用，但最根本的原因却在于他自身的观念。人们对待各种不同的事物，都可以凭借观念的转变而形成不同的感受。所以，要拥有健康的心态，就得改变对生活的态度，改变不合理的信念，重新确立自我认同感。

知识讲坛

任务一　了解自我意识的含义及内容

一切的成就、一切的财富，都始于一个意念，那就是自我意识。

——拿破仑·希尔

 拓展阅读　　　　　　斯芬克斯之谜

　　斯芬克斯是希腊神话中一个长着狮子躯干、女人头面的有翼怪兽。斯芬克斯坐在忒拜城附近的悬崖上，向过路人出一个谜语："什么东西早晨用四条腿走路，中午用两条腿走路，晚上用三条腿走路？"如果过路人猜错，就会被害死。俄狄浦斯猜中了谜底是人，斯芬克斯羞惭跳崖而死。

　　对"斯芬克斯之谜"的深度阐释表明：俄狄浦斯对"斯芬克斯之谜"的解答是"表象"的、"动物"层面的，换言之，他并没有真正地解开"斯芬克斯之谜"。对于今天的我们来说，德尔菲神庙前石碑上镌刻着的"认识你自己"几个大字仍然是一个"谜"，迄今，它仍是横亘在当代人类面前的一个严峻课题。

　　人生活在世界上，总要同周围的各种事物发生这样或那样的联系。为了使个人与周围世界保持平衡，使周围世界服务于人生存与发展的需要，人必须对周围世界进行探究和发现，这就形成了对外部世界的一些看法。同时，为了使自己能适应这个社会发展的要求，能在社会中更好地发挥作用，每个人又不得不对自身进行反思，以了解自己是一个什么样的人，有什么样的特点和能力，能在社会中发挥怎样的作用，这样就形成了人对自身的意识，即自我意识。

　　那自我意识的本质是什么？它是怎样形成的？它对人格的形成和发展有何作用和意义？

 一、自我意识的含义

　　你喜欢照镜子吗？我想你的回答是肯定的："哪个少男少女不喜欢照镜子呢？"那你在照镜子时在镜子里看到了什么，发现了什么呢？或许你会说，怎么会问这么傻的问题，当然是我看到我自己了，难道还会看到妖怪？你随意的一句回答，却准确地指出了"自我"的两者状态，即"我"可以分成一个扮演观察者角色的"我"和一个扮演被观察者角色的"我"。很明显，在"我看到我自己"这句话里，前一个"我"处于观察者的地位，后一个"我"处于被观察者的地位。这就是我们经常讲的自我的两种分类。

　　先回答一个问题："镜子中的你是否长得很漂亮？"对于这个问题，你肯定也会有个答案，你会说"我长得很漂亮，貌似潘安（貂蝉）"，或者"我长得很丑"，或者"我长得还可以"，等等。你的这个自我评价，就是自我意识，它反映的是对生理的自我，即对自我相貌特征的评价。

　　那什么是自我意识呢？自我意识也称自我或者自我概念，是意识的核心部分。它是人对自身及

自己同客观世界关系的认识。自我意识是人的意识活动的一种形式，也是人的心理区别于动物心理的一大特征。它同时是一个复杂、多层次的心理系统。

从其内容上来看，自我意识又可分为生理自我、社会自我和心理自我。

（一）生理自我

生理自我是指个体对自己身体的意识，如前面所举的例子"我长得很漂亮，貌似潘安（貂蝉）"。

生理自我又称为物质的自我，是个体对自我生理属性的意识，包括对自己身体、外貌、生理状态的认识和体验，如身高、体重、容貌及温饱感、舒适感、疼痛等。它是自我意识最原始的形态，是与生俱来的。它使我们将自我和非我区别开来，使我们意识到自我的生存是依托于自己的躯体的，包括占有感、支配感和爱护感。

心理学家奥尔波特等人认为，婴儿出生后，最初不能区分属于自己与不属于自己的东西。婴儿将自己的手、脚和周围的玩具，都视为同样性质的东西加以摆弄。3 个月的婴儿能对人微笑，这表示婴儿对外界的刺激有了反应。8 个月的婴儿开始关心自己在镜子里的形象，但直至 10 个月他们仍然不知道镜子里的形象就是自己。心理学家大多认为儿童要到 3 岁，自我意识中的生理自我才能形成，同时也开始更多地使用人称代词"我"。这个时候儿童所表现出来的行为大多是以自我为中心的，所以有些心理学家称这一时期为"自我中心期"。

（二）社会自我

所谓社会自我，就是个人对自己在社会关系、人际关系中的角色的意识，包括个人对自己在社会关系、人际关系中作用和地位的意识，对自己所承担的社会义务和所享有的权利的意识等，如"我是一个人缘好的人""我是一个有责任心的人"。

社会自我时期也称为个体客观化时期。这个阶段大约从 3 岁到青春期之前，是个体接受社会影响的重要时期，也是个体实现社会自我的最关键阶段。这期间，游戏是儿童学习角色行为的一种方式，他们在游戏中扮演某种社会角色，并揣摩角色的心理状态，体验角色与角色间的相互关系。特别是学校中的社会化生活，更加速了他们社会自我的形成。

（三）心理自我

社会自我出现的同时，心理自我也开始形成和发展。所谓心理自我，就是个人对自己心理的意识，包括个人对自己的性格、智力、态度、信念、理想和行为等的意识，如"我的性格是内向型的""我的信念很坚定"。个人对自己生理、社会、心理的种种意识，是密切联系在一起的。因而，每一个人都有对他自己的看法和态度，并有其独特的形式和内容。

就自我认知中的自我观念来看，自我意识又可分为现实的自我、投射的自我、理想的自我。现实的自我也称现实我，是个人从自己的立场出发对自己目前实际状况的看法。投射的自我也称镜中自我，是个人想象中他人对自己的看法、想象中他人心目中自己的形象、想象中他人对自己的评价，以及由此而产生的自我感，如"大家都说我长得很漂亮"就是投射的自我的表现。现实我即个人对自己现实的观感，不一定与想象中他人对自己的观感完全相同，两者之间可能有距离。当这段距离加大时，个人便会感到自己不为别人所了解。理想的自我也称理想我，是指个人想要达到的完善的形象，如"我想成为一名医生""我想做一个诚实的人"等。理想我是个人追求的目标，不一定与现实我是一致的。理想我虽非现实，但它对个人的认识、情绪和行为的影响很大，是个人行为的动力和参照系。

二、自我意识的结构

自我意识是一种多维度、多层次的复杂心理现象，它由自我认识、自我体验和自我控制3种心理成分构成。这3种心理成分相互联系、相互制约，统一于个体的自我意识之中。

（一）自我认识

自我认识是自我意识的认知部分，它是主体我对客体我的认知和评价，即自我认知和自我评价。其中自我认知是自己对自己身心特征的认识，自我评价是在自我认知的基础上对自己做出的某种判断。

自我认识主要解决"我是一个什么样的人"的问题，例如有人观察自己的形体，认为自己属于"健壮型"；分析自己的为人处世，认为自己是热情友善的；用批评的眼光审视自己时，觉得自己脾气暴躁、容易冲动；等等。可见，自我认识涉及个人的自我感觉、自我观察、自我分析和自我批评等。

在客观的自我认知基础上做出正确的自我评价，对于个人的心理活动、行为表现及个人在社会群体中人际关系的协调，都具有重大的影响。如果一个人在社会生活中把自己看得低人一等、没有价值，那么，他就会产生自卑感，做事缺乏信心，没有主动性和积极性，其结果是无论做什么事情都难以保证质量。相反，如果一个人只看到自己的长处，他就会产生盲目乐观的情绪，自我欣赏，自以为是，结果往往不能处理好人际关系，难以与人合作，或被他人拒绝、被群体孤立。可见，对自我的客观认知和评价，对个人的健康发展有不可忽视的影响。

（二）自我体验

自我体验是通过认识和评价而表现出来的情绪上的感受，其中包括满意或不满意、自尊、自爱、责任感、义务感、优越感、羞怯、自卑等。在个人的生活体验中，不仅有肯定的情绪体验，也有否定的情绪体验，个人还要按照自己在社会中的地位或角色体验多种不同的情绪。

自我体验的产生是环境与个人内部的心理因素相互作用的结果，它是由外在环境的变化引起的，而外在环境能引起一定的情绪状态，又是与情绪经验的积累与概括相联系的。尤其是个人的动机活动受到环境的阻碍或干扰但又无法克服时，情绪就容易激动，这种激动水平的高低，又可能随着受到挫折的强弱、范围，过去受挫折次数和可能受到的压力的不同而使人有不同的情绪体验。愉快、兴奋、愤怒、恐惧与羞怯都是以动机的形式对自我知觉发生作用，激起人们的行动的。情绪有更明显的适应环境变化的特点。行动的成功与失败，总是引起一定的积极与消极的情绪反应：如果学生把考试的优良成绩归因于自己的努力和能力，就能提高自我价值并增强自尊心；如果把考试的失败归因于自己不努力和能力不足这些内部因素，则会降低自我价值并挫伤自尊心。这说明行动原因与情绪有密切的联系。

（三）自我控制

自我控制是主体对自身心理行为的主动的掌握。自我控制表现在意志方面，就是对自己的行为和活动进行调节，从而了解自己在达到目的的过程中，如何克服外部障碍与内部困难，采取什么手段实现自己的目标。

一个具有坚强意志的人，在自我控制方面就会表现出自立、自主、自制、自强、自信、自律，发挥独立性、坚定性，增强责任感；遇到挫折时，沉着冷静；做事果断而有韧性，执行计划时，决不半途而废；不说空话，不炫耀自己，不哗众取宠。而一个意志薄弱的人则缺乏主见，容易受暗示，随波逐流，不能自制，情绪不稳定，不努力思考；面对困难，畏缩不前，缺乏竞争意识；有的人怯懦，有的人爱冲动，轻易地或随便地违背自己应遵守的原则，不负责任，不尽义务；有的人在人际关系中有更多的防卫心理，嫉妒或提防他人，或者害怕与他人发生冲突，忍让退缩。因而进行自我监督、自我命令。但自我监督的执行要与个人具体特点相结合，当缺乏某种知识或技能时，个人不能取得积极的成果，因而对自我产生不满。自我监督的实际意义在于根据个人能力水平确定任务和目标，实现计划时不受其他事件的引诱与干扰，防止改变决定。对各方面的条件估计越全面，接受的信息越多，越有利于实现自我监督。例如有的学生由于阅读文艺作品，注意到作者表达思想的论证方法，而改变了读书的目的，从过去注意有趣情节转向思维与论证，并学会监督自己。自我命令不限于自我强制或自我压抑，它的实际作用取决于个人的信念，使自己的决定符合生活的主要目标和信念。自我命令有时由于迁就自己的惰性而不能执行，在这种情况下，首先要求有意识地养成严于律己的习惯，不随便纵容自己，不轻易地改变决定；其次提高责任感水平，进行自我说服。由于青年期思维与论证能力的发展，青年有足够的理由，从认识与信念的增强上改正自己的缺点，加强果断执行的意志力。

综上所述，自我意识包括自我认识、自我体验、自我控制，三者有机统一，不可分割。通过自我认识，可以明确"我是一个怎样的人？"的问题；通过自我体验，可以解决"我这个人怎样？""我是否接受自己？"的问题；通过自我控制，可以最终解决"我应当成为一个怎样的人"的问题。

三、自我意识的特点

自我意识是人对自己身心状态及自己同客观世界的关系的意识。自我意识不仅是人脑对主体自身的意识与反映，而且人的发展离不开周围环境，特别是受到人与人之间关系的制约和影响，所以自我意识也反映人与周围现实之间的关系。自我意识具有意识性、社会性、能动性、同一性等特点。

（一）意识性

意识性是指个体对自己及自己与周围世界的关系有清晰、明确的理解和自觉的态度，而不是无意识或潜意识的。从马克思主义哲学的角度来看，这种自我意识是主体我对客体我的一切主观能动的反映。

（二）社会性

自我意识是个体长期社会化的产物。这不仅因为它是在社会实践中产生的，而且因为它的主要内容是个体社会属性的反映。对自我本质的意识，不是意识到个体的生理特性，而是意识到个体的社会特性，意识到个体的社会角色，意识到个体在一定的社会关系中的地位和作用，这是自我意识发展成熟的重要标志。

（三）能动性

自我意识的能动性表现在个体不仅能根据社会或他人的评价、态度和自己实践所反馈的信息来形成自我意识，还能根据自我意识调控自己的心理和行为。这种自我调节能力的发展，使自我由意识的客体转化成意识的主体，也是自我意识发展成熟的重要标志。

（四）同一性

心理学研究表明，自我意识一般需要经过 20 多年的发展，直到青年中后期才能逐渐稳定、成熟。

虽然这种自我意识有可能因个体实践的成败和他人的评价的改变而发生变化，但到青年中后期以后，个体对自己的基本认识和态度会保持同一性。正因为自我意识的同一性，个体才会表现出前后一致的心理面貌，从而使自己与其他人的个性区别开来。

四、正确认识自我

我国有句古话，叫"知人者智，自知者明"。对于自我的认识之所以是件困难的事情，这是因为，其一，人对自己的心理不能像测量血压、身高一样有客观尺度，即使是心理测量，一般人也较难掌握结果背后的真实情况；其二，人对自身的认识往往缺乏一定的积极性和坚持性，容易产生"当局者迷"的情况。

正确认识自我，就是要全面地了解自我，其中特别重要的是要了解自己的长处和短处，把握自己与群体的关系、自己在社会生活中所处的位置，对自我做出恰如其分的评价。正确认识自我是建立健全自我意识的基础，有利于调适现在的我和构建未来的我。德国著名作家约翰·保罗曾说："一个人真正伟大之处，就在于他能够认识自己。"

如果一个人能对自己有全面、正确的认识和评价，就能够扬长避短、取长补短，根据自己的实际情况，选择相应的目标为之努力奋斗。要做到正确认识自我，有以下几种方法。

（一）在经常的自省中认识自我

孔子曰："吾日三省吾身。"要引导大学生学会自省，经常检查自己的行为和动机正确与否，行为过程中有什么不足，结果如何，有哪些收获和缺憾，从中发现长短得失，以便他们有的放矢地进行自我调整。

（二）通过他人的认识来认识自我

个体与社会、他人有密切的联系，个体要超出自身来认识自我，必须通过认识他人、认识外界来进行。所以，大学生应该积极地投身于认识世界、改造世界的社会实践，在其中不断丰富自己对自然、社会、他人的认识，并在此基础上进一步认识自我。深刻的自我认识是以深刻地认识和理解他人、社会为前提的。

（三）在他人的评价中认识自我

心理学家认为，当一个人的自我评价与别人对他的客观评价有较大程度的一致性时，表明他的自我意识较为成熟。了解他人对自己的看法，常有助于发现自己忽视的问题。唐太宗有句名言："以铜为鉴，可正衣冠；以古为鉴，可知兴替；以人为鉴，可明得失。"个体可以通过他人对自己的态度、期望、评价来进一步认识自己。当然，大学生不能简单地接受他人的评价，评价者的特点（是否学有专长，是否值得信任，是集体评价还是个人评价）、评价的特点（例行公事还是私人性质、与自我评价的差距大小、他人评价的一致性、评价是肯定还是否定）都会影响大学生对他人评价的接受。因此，值得注意的是，对别人的评价应有正确的态度：不因过高的评价而飘飘然，也不因过低的评价而失去信心。

（四）在与他人的比较中认识自我

有比较才有鉴别。人们在缺乏客观评价标准的情况下，可以通过与他人的比较来评价自己。与周围的普通人比较，能认识自己的实际水平及在群体中的地位；而与杰出人比较，则能找出自己的差距和努力方向。与他人比较，最重要的是要选定恰当的而不是盲目的参照系，同时还要学会用发展的眼光、辩证的方法去看待自己和他人。比较的视野越广阔，方法越科学，自我的位置就定得越恰当。恰当地与他人比较而正确地评价自己的人，能做到既不妄自尊大，也不妄自菲薄，从而能合乎实际地确定自己的奋斗目标和行动计划。

（五）通过自我比较来认识自我

了解自己的三个信息来源

人们不仅可以通过与他人比较来认识自我，还可以通过把目前的"自我"与过去或将来的"自我"相比较来进一步认识自我。心理学家曾提出"自尊 = 成就 /抱负"，这说明个体的自我评价不仅取决于他的成就水平，而且取决于他的抱负水平，取决于两者之间的比较。过去的成就水平越高，个体越容易积极地评价自己；而指向未来的抱负水平越高，个体越不容易满足，越难以对自己做出肯定的评价。因此，教育者在培养大学生正确的自我意识的过程中，一方面要鼓励学生超越自我，不满足现有的成绩；另一方面也应该引导学生确定能达到的目标，不一味跟自己过不去。

拓展阅读

　　美国从事个性分析的专家罗伯特·菲利普有一次在办公室接待了一个因自己开办的企业倒闭、负债累累，离开妻子女儿而到处流浪的流浪汉。那人进门打招呼说："我来这儿是想见到这本书的作者。"说着，他从口袋里拿出一本名为《自信心》的书，那是罗伯特许多年前写的。流浪汉继续说："一定是命运之神在昨天下午把这本书放入我的口袋中的，因为我当时决定跳进密歇根湖，了却残生。我已经看破一切，对一切已经绝望，所有的人都已经抛弃了我，但还好，我看到了这本书，它使我产生了新的想法，为我带来了勇气及希望，并支撑我度过昨晚。我坚信，只要我能见到这本书的作者，他一定能够协助我再度站起来。现在，我来了，我想知道你能替我这样的人做些什么。"在他说话的时候，罗伯特从头到脚打量他——茫然的眼神、沮丧的皱纹、十来天未刮的胡须及紧张的神态，他已经无可救药了，但罗伯特不忍心对他这样说。因此罗伯特请他坐下来，要他把他的故事完完整整地说出来。

　　听完流浪汉的故事，罗伯特想了想，说："虽然我没有办法帮助你，但如果你愿意的话，我可以介绍你去见本大楼的一个人，他可以帮助你赚回你所损失的钱，并且协助你东山再起。"罗伯特刚说完，流浪汉立刻跳了起来，抓住罗伯特的手，说道："看在老天爷的份上，请带我去见这个人。"他会为了"老天爷的份上"而提出此要求，表明他心中仍然存在着一丝希望。所以罗伯特拉着他的手，引导他来到从事个性分析的心理实验室里，和他一起站在一块像是挂在门口的窗帘布前。罗伯特把窗帘布拉开，露出一面高大的镜子，流浪汉可以从镜子里看到自己的全身。罗伯特指着镜子说："就是这个人。在这个世界上，只有一个人能够使你东山再起，除非你坐下来，彻底认识这个人，当作你从前并不认识他，否则你只能跳进密歇根湖里。因为在你对这个人做充分的认识之前，对于你自己或这个世界来说，你都是一个没有任何价值的废物。"流浪汉朝着镜子走了几步，用手摸摸自己长满胡须的脸，对着镜子里的人从头到脚打量了几分钟，然后后退几步，低下头，开始哭泣起来。过了一会儿，罗伯特领他走出心理实验室，送他离去。几天后，罗伯特在街上碰到了这个人，而他不再是一个流浪汉形象。他西装革履，步伐轻快有力，头抬得高高的，原来那种衰老、不安、紧张的姿态已经消失不见了。他说，他感谢罗伯特先生让他找回了自己，并很快地找到了工作。后来那个流浪汉真的东山再起，成为芝加哥的富翁。

任务二　调适大学生自我意识的冲突与偏差

在所有的知识中，智者与好人寻找最多的是了解他们自己。

——莎士比亚

大学阶段是广大青年学生积极探索、寻求自我的关键时期。在这一时期，大学生的自我意识高度发展，但还未完全成熟，常常会出现自我意识的冲突，表现为内心冲突，甚至有很强烈的内心痛苦和不安感。

一、大学生自我意识发展过程中的冲突

归纳起来，当代大学生自我意识的矛盾冲突主要表现在以下几个方面。

（一）理想我与现实我的冲突

理想我与现实我的冲突可以说是大学生自我意识矛盾最突出、最集中的表现。大学生对未来充满信心，抱负水平较高，成就欲望较强，但由于他们生活范围相对狭窄，社会交往比较单一，缺乏社会阅历，对自我认识的参照点较少，因此，不能很好地将理想与现实结合起来，从而使理想我与现实我之间产生较大差距。这种差距在给大学生带来苦恼和不满的同时，也会激发大学生奋发进取的积极性，但如果这种矛盾与冲突过于强烈，不能及时得到调适，则会导致自我意识的分裂，从而带来一系列心理问题。

（二）独立意向与依附心理的冲突

上大学后，大学生的独立意识迅速发展，他们希望能在经济、生活、学习、思想等方面独立，希望摆脱家长的管束，自主地处理所遇到的一些问题，但他们在心理上又依赖家长，无法真正做到人格上的独立，这种独立意向与依附心理的冲突也一直困扰着他们。

（三）交往需要与自我闭锁的冲突

大学生迫切需要友谊，渴望理解，寻求归属和爱。他们有强烈的交往需要，希望能向知心朋友倾吐对人生和生活的看法，盼望能有人分担痛苦、分享欢乐。但同时他们又存在自我闭锁的倾向，许多人往往不愿主动敞开自己的心扉，而把自己的心灵深藏起来，在公开场合很少发表个人的真实

意见。他们在与他人交往时存有较强的戒备心理，总是有意无意地与他人保持一定距离。正是这种交往需要与自我闭锁的冲突，使得不少大学生倍受"孤独"的煎熬。

（四）自信心与自卑感的冲突

大学生刚刚考上大学时，受到老师、家长、亲朋好友的赞赏，故而优越感和自尊心较强，对自己的能力、才华和未来都充满了自信。然而进入大学后，群英荟萃，许多大学生发现"山外有山"，尤其是当学习、文体、社交等方面显露出某些不足时，有些大学生就会陷入怀疑自己、否定自己的不良情绪中，于是产生自卑心理。在这些大学生的内心深处，自信心和自卑感常常处于冲突状态。

（五）追求上进与自我消沉的冲突

许多大学生都有较强的上进心，他们希望通过努力来实现自身的价值。但在追求上进时，困难、挫折在所难免，不少大学生常常出现情绪波动。在困难面前望而生畏，消极退缩，但又不甘放弃，心中依然想追求、想奋进，内心极为矛盾，困惑、烦躁、不安、焦虑也由此而生。

二、大学生自我意识发展中的偏差

个体的自我意识是在外部环境的影响作用下，通过自我的主观努力形成的。自我发展的历程是一个主观与客观、内在与外在双向互动的过程，自我意识的发展水平是个体主客观力量共同作用的结果。大学生正处于心理迅速成熟、又尚未完全成熟的时期，自我意识还在不断发展中，传统观念作用下的大学生，在当前多元化的人生观和价值观的冲击下，在复杂多变的社会环境的影响下，如果缺乏正确的引导和自省，容易出现各种发展的偏差，导致以下几个方面的问题。

（一）自卑心理

自卑指个体自我评价过低、自愧无能而丧失自信，并伴有自怨自艾、悲观失望等情绪体验的消极心理倾向，个体常常夸大自己的缺陷，以偏概全。不少大学生身上不同程度地存在着自卑心理，或认为自己其貌不扬，担心被人歧视；或认为自己天资愚钝，将来不能成器，对未来缺乏信心；或认为自己出身贫寒，担心被人看不起；等等。对那些稍加努力就可以完成的任务，也往往因自叹无能而轻易放弃。他们身上常常伴随一些特殊的情绪体验，如害羞、不安、内疚、忧伤、失望等，并出现自鄙、自怨、自馁、自弃等心理现象。

（二）虚荣心理

虚荣，是一种追求虚假荣誉，以期获得尊重的心理行为。社会生活中，人人都有被尊重的需要，都希望得到社会的认可。但好虚荣者不是通过实实在在的努力，而是利用吹牛、撒谎、作假、投机等非正常手段去沽名钓誉。"空袋不能直立"，追求虚假的荣誉，只是自欺欺人，不仅会使个体失去他人的尊重和友谊，失去诚信，而且会使之失去实在的追求，只留下空虚苍白的人生。

（三）从众心理

从众，是一种普遍存在的心理现象，它是在群体舆论的压力下，个体放弃个人意见而采取与大多数人一致意见的自我保护行为。从众心理人皆有之，但有过强从众心理的学生，没有独立思考意识，缺乏主见，丧失自我，有碍于心理发展。造成从众心理过强的原因是多方面的：一是为了求得小团体的认同、避免被孤立而放弃了主见，随大流，凑热闹，以求并无实际意义的"合群"；二是缺乏自信，有些大学生对自己的能力缺乏自信，不敢自己下判断、做决定，只好随大流；三是当今不少家庭和学校那种一味要求"听话""服从"的教育，使学生形成了一种极富惰性的人格特质，磨灭了他们的独立思考精神。

（四）逆反心理

青年大学生在家长眼里是孩子，在孩子眼里是大人。他们渴望在思想上、行为上乃至经济上尽快独立。这个时期，他们的智力发展虽已达到高峰，但他们阅历有限、感性经验不足，且情绪表现富于两极性，易感情用事，看问题往往主观片面、脱离实际，以至形成偏见。当他们带着这种偏见在现实生活中碰壁时，在青年期特有的强烈独立意识和批判精神的驱使下，他们就很容易出现逆反心理。

（五）自负心理

自负是个体自以为是、自命不凡的一种情感体验和情绪表现。随着改革开放的深入，人们的思想观念发生了巨变。自信成为这一代大学生较为普遍的优秀品质，他们有独立思考的精神，不唯书、不唯上、不唯师，更不唯一些陈规陋习，对自己的才学信心十足，对自己的未来踌躇满志。但有些同学自信过度、自我感觉太好就变得自负了，他们听不进师长的教诲，听不进同龄人的意见，一意孤行。

自负的定义

（六）自我中心

有的大学生是家中的独生子女，加上"大学生"这个头衔的光环，使得他们往往集家长的溺爱、老师的宠爱和社会的关爱于一身，在顺境中长大，缺乏挫折的磨炼。相当一部分大学生有任性孤傲的毛病，例如在人际交往中，不顾及他人的想法，而一味要求别人依着自己行事；没想过自我克制，而一味要求他人对自己忍让；在待人接物时，单从个人好恶出发，只凭一时意气用事，容易被本能的

自我中心的表现

欲望和偶然的动机以及不良的情绪所左右。社会上"跟着感觉走"、片面主张个性自由张扬的思潮，也使他们对自己的弱点不以为然，进而发展到以自我为中心、唯我独尊的境地。

三、调适自我意识偏差的方法

从总体来说，大学生自我意识发展水平较高，但尚未完全成熟，因而容易出现各种偏差，引起自我意识的发展问题，致使大学生的自我意识过强或过弱，影响他们的健康成长。因此，探究调适自我意识偏差的方法有助于促进大学生自我意识的健全发展。

（一）对于过度自卑心理的调适

为了克服过度自卑，应该做到以下几点。

第一，对过度自卑的危害性有清醒的认识，有勇气和决心改变自己；第二，客观、正确、自觉地认识自己，无条件地接受自己，欣赏自己的长处，接纳自己的短处，做到扬长避短；第三，正确地表达自己，对自己的经验持开放态度，同化自我但有限度；第四，根据经验，调整对自己的期望，确立合适的抱负水平，区分长期目标和近期目标，区分潜能和现有表现；第五，与外界保持适当距离，正确对待得失，勇于坚持正确的、改正错误的，同时保持一定程度的容忍。

（二）对于虚荣心理的调适

虚荣心往往与自尊心、自卑感联系在一起。没有自尊心，就没有虚荣心；而没有自卑感，也就不必用虚荣心来表现自尊心。虚荣心是自尊心和自卑感的混合物。对于虚荣心理的调适，从某种程度上讲，要从个人的实力上把握好自己比较的分寸。社会比较的尺度要由个人的价值观、人生观及世界观来控制。完善人格是正确进行社会比较、克服虚荣心的最好方法之一。有一定的荣誉与地位，这是心理的需要，每个人都应十分珍惜和爱护自己及他人的荣誉与地位，但是这种追求必须与个人的社会角色及才能一致。面子不可没有，但也不能强求，如果"打肿脸充胖子"，过分追求荣誉，显示自己，就会使自己的人格歪曲。每个人应正确看待失败与挫折，"失败乃成功之母"，必须从失败中总结经验，从挫折中悟出真谛，才能自信、自爱、自立、自强，从而消除虚荣心理。虚荣心理的存在，使人们的情绪受到影响，使人们在工作和生活中的积极性受到挫伤。然而从攀比心理的特点来看，它又是一种攀高的心理，即向上比，而不是向下比。虚荣心强的大学生一般性格内向、情感脆弱、多愁善感，虽然自惭形秽，却又害怕别人伤害自己的尊严，过分介意别人的评论与批评。他们与人交往时总有一种防御心理，不允许有一点侵犯，且常会千方百计地抬高自己的形象。他们捍卫的往往是虚假的、脆弱的、不健康的自我，以致无暇来丰富、壮大真实的自我。防止或改变过强的虚荣心，第一要对其危害性有清醒的认识，有勇气、有决心改变自己；第二应当努力认识自己，了解自己的长处与短处，扬长避短；第三要树立自信和健康的荣誉心，正确表现自己，不卑不亢；第四，不为外界的议论所左右，正确对待个人得失。

（三）对于从众心理的调适

首先，最重要的是要培养自己具有个体倾向性的正确的世界观、人生观、价值观。

其次，要有较强的独立性，不能总是有依赖别人的心理和想法，要用独立的思想使自己主动融入集体。当前大学生的独立意识较欠缺，他们在很多问题上没有自己的观点和立场，因此也容易在诸多事件面前发生盲目从众的现象。在集体中，一方面要融入集体，维护和遵守集体的规则；另一方面也要时刻保持自我个性，明确自己的位置和方向，保持一个独立而积极的精神世界。

最后，要树立正确的自我意识，即要正确地认识自己，愉悦地接纳自己，自觉地控制自己。实际上，每个人的行为都遵从各种各样的社会和文化规范。在这种特定的社会和文化规范中，个人要正确地认识到自己各方面的需求和潜能，根据自身条件取舍，更应该在实际生活中不断地进行积极的自我认同，给自己一个正确的定位。相信自己、欣赏自己，这样才会有信心、有动力保持立场和原则，避免从众行为的盲目发生，从而更好地驾驭自己的学习和生活。

（四）对于逆反心理的调适

逆反心理在本质上往往是孤陋寡闻、妄自尊大、偏激和头脑简单的产物，可以通过两条途径来克服。第一，认识到提高文化素质、广闻博见是克服逆反心理的根本道理。一个有着广博知识的人，凭直觉就能认识到逆反心理的荒谬之处，从而采用一种更科学、更宽容的思维方式。广闻博见能使我们避免固执和偏激，而逆反心理则会使我们在最终认识真理之前走许多弯路，我们醒悟过来时往往太迟了。第二，逆反心理之所以大行其道，往往是利用了人们缺乏多渠道解决问题的想象力。一般解决一个实际问题用一个办法就已足够，但在问题解决之前却存在着近乎无限的可能性。我们的思想一旦被逆反心理控制住，那么我们的视野就会变得狭窄。逆反心理会使我们无法进行正确的思维和判断，让思想仅仅是在"对着干"的轨道上盲目滑行。当我们冷静地进行分析的时候，我们就会发现，我们所强烈反对的意见虽不一定就是真理，但"对着干"也会使我们的思维同对方一样狭隘。

因此，对于总是怀有逆反心理的人来说，努力培养自己的想象力是十分必要的。它有助于我们开阔思路，从偏执的习惯中挣脱出来。宽容的思想维式和想象力可以通过自我不断的思维训练来获得，它们能激发出我们的创造力。逆反心理是一种近乎病态的心理状态，如果你想有所作为，就必须经常性地进行这种思维训练来调适逆反心理。

（五）对于自负心理的调适

自尊心和自信心、好胜心、独立感等都是大学生自我意识发展的主要表现，是要求尊重自己的言行和人格，维护一定荣誉和社会地位的一种自我意识倾向。每个大学生都有强烈的自尊心，好强、好胜、不甘落后。自尊心强的大学生对自己有信心，相信自己能克服缺点、取得进步，这不是自大。但过强的自尊心却和骄傲自大等联系在一起。有些大学生缺乏自我批评，而且不允许别人批评自己，以自我为中心，唯我独尊。这样的人回避或否认自己的缺点，缺乏自知能力，不能和他人和谐相处，容易失败，容易受伤害。要克服过度的自我接受，首先要看到自己的不足，承认自己也需要不断完善；其次要看到他人的长处，欣赏他人的独特性；再次要多与他人交往，以开放的心态尊重和认真对待来自他人的反馈意见。

（六）对于自我中心的调适

大学阶段是自我意识发展最强烈的阶段，这一阶段的大学生强烈关注自我，往往从自我的角度、标准去认识、评价和行动，这样做容易出现自我中心倾向。当这种倾向与某些不健康的思想（如个人主义、自私自利思想）和心理特征（过度的自我接受和自尊心等）结合时，大学生就会表现出过分的、扭曲的自我中心倾向。自我中心的人凡事从自我出发，不能设身处地进行客观思考，只关心自己，一事当前，他们往往先替自己打算，不顾及他人的感受和需要。他们往往以同学的导师或领袖身份出现，颐指气使、盛气凌人，为人处世中总认为自己对、别人错，好把自己的意志强加于人。因而他们不易赢得他人的好感和信任，人际关系多不和谐，很难得到他人的帮助，易遭受挫折。克服自我中心，首先要摆正自己的位置，既重视自己也不贬抑他人，自觉地把自己和他人、集体结合起来，走出自我的小天地；其次要实事求是、恰如其分地评价自己，既不高傲自大，也不妄自菲薄；最后要学会移情，多设身处地地从他人的角度思考问题，尊重他人的感受，关心他人。

从以上的分析我们可以看到，大学生的自我意识发展过程中出现的失误、偏差是心理还不成熟的表现。这是由其身心发展状况和成长背景决定的，并不是某个人的缺点，而是所有大学生或多或少都要亲身经历的，是他们这个年龄阶段的特征，因而是普遍的、正常的。但是这些失误和偏差必须得到调整。只有认识到这一点，才有可能去面对它、正视它，并争取解决它，以达到自我真正的统一、强大和健康。完善自我、超越自我并不是一帆风顺的，它需要付出艰辛的努力和沉重的代价，是一个"新我"形成的过程，是从"小我"走向"大我"，从"昨天之我"向"今日之我""明日之我"迈进的过程。

四、积极调控自我和悦纳自我

正确认识自我、悦纳自我，是一个人心理健康的重要表现。当一个人能够快乐地接受自己时，他的心胸会更加舒展和开阔，他也会更加容易接纳他人。良好的自我悦纳可以有效缓解个体发展中的矛盾冲突，使个体得到健康发展。马斯洛的需要层次理论认为，人有自尊的需要。这是仅次于自我实现需要的第二层次的需要。自我悦纳即产生高自尊。

在大学生自我意识的心理成分中，独立性、自尊、自信、理想自我等发展较快，而自制力发展较慢，往往出现自我体验与自我行为不协调的矛盾。大学生要使自我意识向健康积极的方向发展，就要增强自我调控的自觉性和主动性，将社会需要转化为主观上实现理想化的内在动机，不断地进行自我监督、自我说服、自我激励。

第一，建立合乎自身实际的抱负水平。大学生要面向现实，确定自己具体的奋斗目标，把远大的理想分解成一个个子目标，由近到远、由低到高，循序渐进，逐步加以实现。关键就是，每一个子目标都要制定得适当、合理。

第二，培养顽强的意志品质。对自我的有效监督和控制离不开意志的力量。只有意志品质顽强的个体才能做到对自我的有效控制，最终实现理想的自我。因此，每个大学生都应从培养顽强的意志品质做起，增强挫折承受力，提高自控能力，从而达到自我实现，使理想自我和现实自我相统一。

第三，理智对待挫折和失败。大学生应该认识到，每个人在成长过程中难免会有挫折和失败，关键是要正确对待；同时要树立不达目的不罢休的决心，认真总结经验教训，坚持不懈地追求实现积极向上、切实可行的目标。

任务三　完善自我意识

> 知人者智，自知者明。胜人者有力，自胜者强。
>
> ——老子

一、健全自我意识的标准

自我意识对人的心理健康起着非常重要的作用，它制约着人格的形成发展，在人格的优化中发挥着强大的动力功能。健全的自我意识是心理健康的重要标志，是人类内在的一种成功机制，在人才发展中发挥着重要作用。自我意识健全的人，应当符合如下标准。

第一，有整合的自我意识，即自我认识、自我体验和自我控制协调一致。

第二，有自知之明，既知道自己的优势，也知道自己的劣势，能够正确评价自我和自我发展。

第三，积极自我肯定，独立，并与外界保持一致。

第四，理想自我与现实自我统一，有积极的目标意识和内省意识，积极进取、永无止境。

二、完善自我

自我完善是个体在认识自我、悦纳自我的基础上，自觉规划行为目标，积极改造自己的个性，使个性全面和谐发展以适应社会要求的过程。自我完善是大学生个体自我教育最重要的方式，它实际上是一个确立正确的理想自我、努力提高现实自我的过程，也是一个主动改变现实自我以达到理想自我的过程。

（一）确立正确的理想自我

确立理想自我就是在自我认识、自我悦纳的基础上，按照社会的需要和个人的特点来确立自我教育的发展目标。确立正确的理想自我最为重要的是要了解和熟悉社会，认识社会发展的规律，为理想自我的确立寻找合适的社会坐标；积极探索人生、理解人生，树立正确的人生观，为理想自我的确立寻找合适的人生坐标。要完成这一任务，就必须认真学习科学理论知识，积极参加社会实践活动和人生实践活动，在理论和感性的结合中真正认识社会，在个人与社会的联系中认识有限人生的积极价值和意义。

在确立理想自我的过程中，离不开榜样的作用。在大学生自我教育的整个过程中，自我意识、自我教育和榜样作用三者有如下关系：产生自我意识→萌发自我发展意向→进行自我设计→寻找自我发展楷模→自觉学习楷模→发展完善自我。这也说明，学习有积极价值的榜样，可以促进大学生自我意识的发展。

（二）努力提高现实自我

提高现实自我就是大学生不断修正现实自我的行为和相应的心理活动，使之朝着正确理想自我的目标发展。为了不断战胜旧的自我、重塑新的自我，大学生首先应该注意从"小我"走向"大我"，既努力发展自我，又绝不固守自我，而是积极主动地为社会服务，勇担历史重任；既注重自我价值的实现，又不仅仅追求个人价值，而是在为他人和社会服务、为国家和民族做贡献的过程中实现自我的价值。

大学生只有坚持正确的方向，本着科学务实的态度，投身于火热的社会实践中，辩证地看待社会，客观分析自我，理智把握自我，才能从"昨天之我"向"今日之我""明日之我"迈进，努力追求更好、更高的自我，做一个自如、独特、最好的自我。

（三）积极追求自我实现

自我实现作为心理学的一个专业词汇，至今尚无统一的定义，不同的专家学者对此有着不同的理解。一般认为，自我实现有两方面的含义：完整而丰满的人性的实现以及个人潜能或特性的实现。按照美国人本主义心理学家马斯洛的说法，一个人力求变成他能变成的样子，这就是自我实现。

对那些希望自己的人生能臻于自我实现境界的人，马斯洛提出了以下7点建议：把自己的感情出口放宽，莫使心胸像个瓶颈；在任何情境中，都尝试从积极乐观的角度看问题，从长远的利害出发来做决定；对生活环境中的一切多欣赏、少抱怨，有不如意之处就设法改善，坐而空谈不如起而实行；设定积极而可行的生活目标，然后全力以赴求其实现，但不能期望未来的结果一定会是不失败；对是非之争辩，只要自己认清真理正义之所在，纵使违反众议，也应挺身而出，站在正义一边，坚持到底；莫使自己的生活僵化，为自己在思想与行动上留一点弹性空间，偶尔放松一下身心，将有助于自己潜力的发挥；与人坦诚相处，让别人看见你的长处和缺点，也让别人分享你的快乐，分担你的痛苦。

应该说明的是，面向知识经济和信息时代，为了积极应对21世纪全方位的挑战，当代大学生自然要重视个人的自我发展、自我实现，但也不能片面地强调追求个人实现，而更应当重视追求社会实现，促使个人实现与社会实现有机统一。这其中的道理是不言而喻的。

大学生自我意识的发展与健全并不是一帆风顺的，需要积极行动和努力付出。有心理学家用"4A"理论来表述其心路历程。第一，Acceptance：接纳，接纳自我与自我所在的现实环境。第二，Action：行动，对自己决定的事，付诸行动，并全力以赴。第三，Affection：情感，工作时投入情感，也可以收获情感，即工作活动中所得到的乐趣和兴趣，也就是所谓的乐在其中。第四，Achievement：成就，是以上三者完成后的自然结果，是为之努力奋斗的目标。如果一个大学生经历了"4A"理论的过程，就可以说他领到了一张健全自我意识的合格证。

大学生自我意识的发展，是一个不断进行自我认知、自我评价、自我改造与自我完善的持续的过程。正如雕琢一件精美工艺品一样，真正的匠人为了心中理想的目标追求，一定会开拓进取、求真务实、持之以恒。健全自我意识的形成与发展，同样是当代大学生追求卓越人生、追求自我实现必须面对的终生课题。

自我意识是一个人对自己的认识、评价和期望，是一种多维度、多层次的复杂的心理系统。健全的自我意识是大学生心理健康的重要标准之一，是大学生自身内在的一种成功心理机制，对大学生素质优化和成才发展有着重要影响。

青年期是个体自我意识迅速发展并趋向成熟的关键时期。在自我意识发展过程中出现分化、矛盾、统一、转化，这是大学生自我意识发展的重要特征之一。当代大学生自我意识发展的主旋律是积极的、健康向上的，但是在自我意识发展的过程中也存在一些冲突和偏差，需要进行一些积极的调适。

大学生自我意识发展与成长的心理策略是：全面客观地正确认识自我；自觉理智地调控自我；对照标准，科学地完善自我。

 心理训练营

心理训练游戏：理想的我

活动目的：寻找理想的我与现实的我之间存在的差距。

活动时间：约 30 分钟。

活动准备：笔和纸。

活动步骤：

（1）将班级中的学生按 3～4 人划分为若干小组。

（2）要求每个学生认真思考"理想的我"具有哪些特征，在 8 分钟内至少列举出 10 个"理想的我"的特征（越多越好）。

（3）每组学生分别轮流对每个组员的"现实的我"的特征进行评价，然后每个组员对同学的评价与自己所认为的"理想的我"进行比照，寻找自己存在的差距，时间大概 15 分钟。

（4）每个小组选派一名代表，谈谈参加此次活动的感受。

 心理测试

自我和谐测试量表

表 2-1 所示是一些个人对自己看法的陈述，评估时，看清每句话的意思，然后选择一个数字以代表该句话与你现在对自己的看法相符合的程度。每个人对自己的看法都有其独特性，因此答案没有对错，只要如实回答就行了。

表 2-1 自我和谐测试量表

个人对自己看法的陈述	分值				
	完全不符合	比较不符合	不确定	比较符合	完全符合
1. 我周围的人往往觉得我对自己的看法有些矛盾	1	2	3	4	5
2. 有时我会对自己在某方面的表现不满意	5	4	3	2	1
3. 每当遇到困难，我总是首先分析造成困难的原因	5	4	3	2	1
4. 我很难恰当地表达我对别人的情感反应	1	2	3	4	5
5. 我对很多事情都有自己的观点，但我并不要求别人也与我一样	5	4	3	2	1
6. 我一旦形成对事物的看法就不会再改变	1	2	3	4	5
7. 我经常对自己的行为不满意	1	2	3	4	5
8. 尽管有时得做一些不愿意做的事，但我基本上是按自己意愿办事的	5	4	3	2	1
9. 一件事好就是好，不好就是不好，没有什么可含糊的	1	2	3	4	5
10. 如果我在某件事上不顺利，我就往往会怀疑自己的能力	1	2	3	4	5
11. 我至少有几个知心朋友	5	4	3	2	1
12. 我觉得我所做的很多事情都是不该做的	1	2	3	4	5
13. 不论别人怎么说，我的观点决不改变	1	2	3	4	5
14. 别人常常会误解我对他们的好意	1	2	3	4	5
15. 很多情况下我不得不对自己的能力表示怀疑	1	2	3	4	5
16. 我的朋友中有些是与我截然不同的人，这并不影响我们的关系	5	4	3	2	1
17. 与朋友交往过多容易暴露自己的隐私	1	2	3	4	5
18. 我很了解自己对周围人的情感	5	4	3	2	1
19. 我觉得自己目前的处境与我的要求相距太远	1	2	3	4	5
20. 我很少去想自己所做的事是否应该	1	2	3	4	5
21. 我所遇到的很多问题都无法自己解决	1	2	3	4	5
22. 我很清楚自己是什么样的人	5	4	3	2	1
23. 我能很自如地表达我所要表达的	1	2	3	4	5
24. 如果有足够的证据，我也可以改变自己的观点	5	4	3	2	1
25. 我很少考虑自己是一个什么样的人	1	2	3	4	5
26. 把心里话告诉别人不仅得不到帮助，还可能招致麻烦	1	2	3	4	5
27. 在遇到问题时，我总觉得别人都离我很远	1	2	3	4	5
28. 我觉得很难发挥出自己应有的水平	1	2	3	4	5

续表

个人对自己看法的陈述	分值				
	完全 不符合	比较 不符合	不确定	比较 符合	完全 符合
29. 我很担心自己的所作所为会引起别人的误解	1	2	3	4	5
30. 如果我发现自己某些方面表现不佳，总希望尽快弥补	5	4	3	2	1
31. 每个人都在忙自己的事，我很难与他们沟通	1	2	3	4	5
32. 我认为能力再强的人也可能遇上难题	5	4	3	2	1
33. 我经常感到自己是孤立无援的	1	2	3	4	5
34. 一旦遇到麻烦，我无论怎样做都无济于事	1	2	3	4	5
35. 我总能清楚地了解自己的感受	5	4	3	2	1

评分说明

把分数直接相加，得分越高，自我和谐度越低。低于 74 分为低分组，75 ～ 102 分为中间组，103 分以上为高分组。

 项目思考

1. 从多个角度描述自己，可以从学业自我、人际自我，也可以从理想自我与现实自我的角度来进行。

2. 大学生健全自我意识的途径有哪些？

项目三
与自己和谐相处——情绪管理

03

 项目目标

学习情绪的内涵和种类，把握情绪的功能。

认识大学生的情绪特点，识别不良的情绪。

熟悉管理情绪的方法，形成健康的情绪。

 导学案例

袁某是计算机专业大三学生，家境贫寒，但她聪明伶俐，每次考试都名列前茅，19岁时以优异成绩考上一所重点大学。上大学后，面对繁华的都市、美丽的校园，袁某一下子就体会到了较大的压力，用她的话说：一边是富贵温柔之乡，衣食无忧；另一边则是苦海无边，整天为欠费而发愁，为争取一份勤工俭学或助学贷款而身心疲惫。可即使是这样，该同学依然年年都能争取得到奖学金。但随后，她的穿着打扮倾向于时尚体面，加上她比较自负，人际关系相当紧张。在一次全校性的课堂纪律大检查中，全班就她一个人因没有得到相关信息而继续在教室吃早餐，结果被学风纠察队抓个正着，并受到了处分，也因此失去了奖学金。被取消奖学金后，该同学曾到处哭闹，也曾得到一些老师和同学的同情，但处分决定并没有因此而取消。被学校处分后，该同学变得自卑胆怯，悲观消沉，并认定同学中有人忌恨她，并要加害于她，为此，她经常失眠，自言自语，甚至出现种种幻觉。

案例分析

情绪就是心魔，你不控制它，它便吞噬你。在这个案例中，袁某在经济上有压力，当她因违纪受处分而失去奖学金时，产生了悲观消沉等消极的情绪体验，甚至出现了失眠、幻觉等严重后果。可以看出，袁某缺乏释放负面情绪的方法，不会控制和调节自己的情绪。负面情绪如果不及时疏导，积压在心里，就会产生负面影响，给大学生的学习和生活造成不良后果。因此，如何形成正确的心理观念，如何认识和表达自己的情绪，养成良好的心理健康和情绪管理习惯，是每个大学生学会与自己和谐相处的人生必修课。

如果你是袁某，面对发生的这些事情，你会怎么管理和控制自己的情绪呢？

 知识讲坛

 任务一 解读情绪

愉快可以使你对生命的每一跳动，对于生活的每一印象易于感受，不管躯体或精神上的愉快都是如此，它可以使身体发展、身体强健。

——巴甫洛夫

客至

舍南舍北皆春水，但见群鸥日日来。

花径不曾缘客扫，蓬门今始为君开。

盘飧市远无兼味，樽酒家贫只旧醅。

肯与邻翁相对饮，隔篱呼取尽余杯。

这首《客至》是唐代大诗人杜甫创作的诗，作于杜甫安顿于草堂之后。有朋自远方来，不亦乐乎。杜甫能够在成都暂时有一个栖身之所，已经很满足了，而这时再有客人来访，那就更是锦上添花的事。这首诗流露出诗人诚朴恬淡的情怀和好客的心境、高兴的心情，表现出了浓郁的生活气息和人情味。

情绪伴随着我们日常生活的每一天，每天我们都会体验到各种各样的情绪。在开心的时候，人会手舞足蹈、捧腹大笑、合不拢嘴；在惊恐的时候，人会全身颤抖、目瞪口呆甚至大小便失禁；在愤怒的时候，人会紧握拳头、咬牙切齿、青筋暴出……心情好时，我们会觉得"山含情，水含笑"；心情不好时，我们会产生"感时花溅泪，恨别鸟惊心"的强烈心理体验。观看一场扣人心弦的体育比赛会令人感到兴奋和紧张，而在美好的期望未能变成现实时会出现失落感，在面临紧迫的任务时会感到焦虑。在生活中，情绪是人的心理状态的"晴雨表"，是我们"生命的指挥棒""健康的寒暑表"，情绪就好比一道影子，与我们形影不离。那么，什么是情绪呢？

一、情绪的含义

普通心理学认为，情绪是指伴随着认知和意识过程产生的对外界事物的态度，是对客观事物和主体需求之间关系的反应，是以个体的愿望和需要为中介的一种心理活动。情绪是一种内心体验。人的不同情绪或生理状态会反映在人的知觉上，反映到人的意识中，从而形成人的不同的内心感觉和体验。我们常说的喜、怒、哀、惧、爱、恶就是情绪。

就情绪的构成而言，它包括生理唤醒、认知解释、主观感受和行为表达4部分。

1. 生理唤醒

生理唤醒是指由情绪产生的生理反应。情绪反应伴随人的大脑、神经系统和激素的生理作用，一个人的情绪被唤醒的同时，其身体也被唤醒。不同情绪的生理反应模式均有所不同，涉及心脏节律、血压及呼吸频率的变化。强烈或持续的情绪反应会耗费个体的精力，从而削弱其对疾病的抵抗力。

2. 认知解释

认知解释就是对产生情绪之处境的解释。一个人的情绪涉及记忆、知觉、期望和解释等认知过程。个体对某个事件的认识会极大地影响他对该事件的看法和态度。

3. 主观感受

主观感受是个体对不同情绪的自我体察。情绪反映一个人的主观感受，即愉快或不愉快、喜欢或不喜欢等体验。因此，对一个人情绪的研究，在很大程度上要依靠主观感受。

4. 行为表达

在情绪产生时，人们会出现外部反应过程，这一过程也是情绪的表达过程，即情绪的外部表达。情绪的外部表达包括言语表达和非言语表达，而尤以非言语表达即表情为主。例如人悲伤时会痛哭流涕，激动时会手舞足蹈，高兴时会开怀大笑，表情经常成为人们判断和推测情绪的外部指标。表情是人际交往的一种形式，是表达思想、传递信息的重要手段，也是了解情绪、评估情感体验的客观指标。表情分为面部表情、姿态表情和语调表情。

下面以恐惧为例，来深入地说明情绪的构成。

假设你正在森林中欣赏周围的自然美景，突然，随着一声吼叫，一只熊出现在你面前。你马上停了下来，口干舌燥、肌肉紧张、心跳加快，感到非常害怕。在这个例子里，当你在树林里遇到熊时，你的情绪表现为害怕、恐惧，同时伴随着生理上的变化，如口干舌燥、肌肉紧张、心跳加快等。此外，你的害怕还以准备行动为特征——要么战斗，要么逃跑。此时的害怕还包含着主观体验，由于熊的出现，你在内心产生了不愉快的情绪感受。最后是认知成分，你之所以感到害怕是因为你意识到熊对你的生存构成了威胁。

相对于中学生来说，大学生在生理发育接近成熟的同时，心理上也经历着急剧的变化，情绪的内容趋向于深刻和丰富。了解情绪的构成，有助于大学生识别自己的情绪，提高情绪控制能力。

情绪的生理变化、情绪的外在表现和情绪的内心体验通常被称为情绪的3要素。

在日常生活中，人们往往把"情绪"与"情感"通用。其实情绪不同于情感，情绪具有较强的情境性和暂时性，情感则具有稳定性和深刻性，常常指高级的社会性情感。情感是个人内心的一种比较强烈的主观体验、主观态度或主观反映，它以个人对他人或事物的依赖度和联结度为标准。对他人或事物产生依恋并与之联结紧密的情感称为"爱"；反之，则称为"恨"。如一对恋人起初情意绵绵，后来因矛盾加深而不可调和，甚至反目成仇。常见的高级情感有道德感、理智感和美感。

情绪具有外显性和冲动性，而情感则较为内隐和深沉。情绪与情感虽有不同，却是相互依存、相互联系的，情感需要情绪来表达，情绪中蕴藏着情感。无论是情绪还是情感，它们指的都是同一过程和同一现象所侧重的不同方面。

二、情绪的种类

我们可以根据情绪的性质和情绪的基本状态对情绪进行分类。

（一）情绪的性质分类

《黄帝内经》将情绪（情志）归纳为"七情"，即喜、怒、忧、思、悲、恐、惊。近代常把快乐、愤怒、悲哀、恐惧列为情绪的基本形式。基于以上4种基本情绪，我们还可以派生出许多的复杂情绪，如厌恶、羞耻、悔恨、嫉妒、喜欢、同情等。

20世纪60年代末，美国心理学家普拉切克提出情绪具有强度（垂直）、相似性（相邻）和两极性（对角）3个维度，并用一个倒置的锥体说明这3个维度，如图3-1所示。锥体的每块截面代表一种原始情绪，共有8种原始情绪，每种原始情绪都随自下而上强度的增大而有不同的形式：截面上处于相邻位置的情绪是相似的，处于对角位置的情绪是相对立的；截面中心区域表示冲突，是由混合的动机卷入而形成的。普拉切克认为，所有情绪都表现出强度的不同，如从忧郁到悲痛；任何情绪与其他情绪相似的程度都有所不同，如憎恨与狂怒比厌恶与惊奇更为相似；任何情绪都有相对立的另外某种情绪，如憎恨与接受、狂喜与悲痛等。

图3-1 普拉切克情绪三维模型

（二）情绪的基本状态分类

情绪状态是情感在实践活动中的表现，它对人的生活有着重大的意义。根据情绪发生的强度、速度、紧张度和持续性，情绪可分为心境、激情、应激3种状态。

1. 心境

这是一种比较微弱、持久且具有渲染性的情绪状态。例如人逢喜事精神爽、遇到烦心事忧心忡忡等，均为心境的不同表现。大学生活中人际关系的远近、气温的高低、学习中遇到的困难均可能导致某种心境的产生。心境具有渲染性，当个体处于某种心境之中时，他的言行举止、心理活动都会蒙上一层相应的情绪色彩；同时也具有弥散性，此时心境不具有特定的对象，蔓延的范围较广，常常会影响大学生的整个言行。正如古语所说"忧者见之则忧，喜者见之则喜"，由于各自的心境不同，对其他的事会带着自己的渲染性、弥散性的心境去看，体验自然就是不同的。具体说来，假如某大学生学习好，获奖学金，又表现好，得到教师夸奖，心里当然乐滋滋的，在这一心境中，他上课会很有精神，思维敏捷，反应快，课后做事也轻松麻利，与同学交谈兴致勃勃，进出宿舍、课堂、食堂都哼着小调，脸上带着笑容，生活中的一切对他来说都是那么美好。这种愉快喜悦的体验使他在较长时间内都会感染上一种满意的、愉快的情绪色彩。反之，如果人际关系处理不好，或受到老师的批评，那么他在某段时间内都会感到心情压抑，愁眉苦脸，做什么事都打不起精神来。

心境持续的时间可长可短，短则几小时甚至更短，长则几个月甚至更长。心境持续时间的长短取决于产生该心境的客观环境和个体的个性特点。重大的生活事件导致的心境持久，性格内向、沉闷的人的心境持续时间可能更长。

心境都是由一定原因引起的，但有些原因通常是个人意识不到的。一般来说，个人生活中的重大事件，事业是否成功，工作是否顺利以及人际关系、健康状况、疲劳程度、环境事物、季节气候都可以引起心境的变化。

心境对人的生活、学习、工作和身体健康有很大影响。积极的心境使我们的生活、学习、工作等活动效率提高，有助于身心健康；而消极的心境使人悲观消沉，使活动效率降低，无益于身心健康。无论是在大学生活中，还是在今后的生活中，我们最常经历的情绪状态是心境，因此，要善于调节和控制自己的心境，保持积极、良好的心境。

2. 激情

这是一种强烈而短暂的、爆发式的情绪状态。比如欣喜若狂、悲痛欲绝、气急败坏、惊恐万分等均为激情的不同表现。

激情多是由重大事件（巨大成功、严重挫折等）的强烈刺激所致，总会引起人们强烈的生理反应和表情行为，有强烈的体内活动和明显的外部表现，因而激情具有爆发性和冲动性的特点。例如，狂喜时会手舞足蹈，发怒时会暴跳如雷，恐惧时则面如土色，有时则以一言不发、呆若木鸡、萎靡不振等极端形式表现出来。

激情也有积极和消极之分，积极的激情使人的感情完全投入当前活动中，激发个人的潜力，使人完成眼前的活动，如生活中的见义勇为的行为和观看一场精彩的足球比赛所带来的激情。消极的激情会产生很大的破坏性和危害性，如有的大学生一时"性"起，在激情中失去理智，而导致"一失足成千古恨"的后果。

需要指出的是，激情的爆发性、冲动性程度，因当时的情景和个体、群体的行为特征不同而有差异，所产生的积极或消极作用也不同。

3. 应激

应激是出乎意料的紧迫情况所引起的高度紧张的情绪状态。应激往往发生在出乎意料的危险情境或紧要关头，如司机在驾驶过程中突然出现危险情景的时刻、飞机在几千米的高空飞行时出现突如其来的故障、火灾、地震等，所有这些十万火急的情况中都会发生应激，需要人迅速判断情况，并在一瞬间采取果断措施做出决定。在应激状态下，人可能有两种表现：一种是目瞪口呆，手忙脚乱，陷入窘境，不知所措；一种是急中生智，及时行动，摆脱困境，做出平时不会做出的大胆、勇敢的行为。

应激状态下有积极反应与消极反应。积极反应表现为急中生智，力量倍增，体力和智力被充分调动起来，人会"超常发挥"；而消极反应表现为惊慌失措，四肢无力，眼界狭窄，思维阻塞，动作刻板或反复出错，正常处理事件的能力大大削弱。例如，失火时，屋子里的人可能会忘记平时开门的方向，而只会下意识地猛敲门或踢门。应激状态下，人会产生一系列的生理反应，即很快地改变机体的激活水平，使心率、血压及肌肉紧张度发生变化。1974年，加拿大生理学家谢耶（Selye）指出，长期的应激状态会降低人的抵抗力以至为疾病所侵袭。大学生在面对学习、生活中的应激事件时，应发挥积极作用，避免出现消极反应，并适度控制应激反应，以促进身心健康。

三、情绪的功能

在我们的生活中，情绪不是一种毫无目的、没有任何意义的伴随体验。相反，它是在适应外界变化的过程中产生的，具有重要的功能。一般而言，情绪具有以下四大功能：适应功能、动机功能、组织功能和信号功能。

（一）适应功能

情绪能够使个体针对不同的刺激事件产生灵活自如的适应性反应，并调节或保持自身与环境间的关系。情绪之所以具有灵活性的特征，是因为情绪的机能不仅来源于个体全部的先天机能，还来源于学习及认知活动。许多情绪都具有调控群体间互动的功能。例如，羞怯感可以加强个体与社会习俗的一致性。个体通过察言观色了解对方的情绪状态，以便采取适当的措施或对策。所以人们可以通过各种情绪了解自身或他人的处境与状况，适应社会的需要，求得更好的生存和发展。

（二）动力功能

情绪是动机系统的一个基本成分，对于人的行为活动具有增力或减力作用。比如自信、勇敢等令人心情舒畅的感受，会引导并维持人的行为达到特定的目标。研究表明，适度的紧张和焦虑能促使人们积极地思考和解决问题，使身心活动处于最佳状态，进而推动人们有效完成工作任务。现代科学清楚地揭示了在紧张情绪发生时，人会表现出一系列生理变化，如血压升高、呼吸频率提高、肾上腺素分泌增加等。这一切都有助于人充分调动体力去应付紧急状况。在生活中，我们也不可避免地会产生负面的情绪，比如愤怒、焦虑、嫉妒等耗损性情绪。但是，这些表面上负面的情绪若不过度，还是有积极价值的，因为在感受痛苦的同时，我们也得到了探索和成长的机会。

（三）组织功能

情绪具有组织功能，会对认知、记忆和决策等其他心理活动产生重要影响。这种作用表现为积极情绪的协调、组织，消极情绪的破坏、瓦解。一般而言，中等强度的愉快情绪有利于提高认知活动的效果。情绪的组织功能还表现在影响人的行为上：人们处在积极、乐观的情绪状态时，更容易注意事物美好的一面，其行为比较开放，愿意接纳外界的事物；而人们处在消极的情绪状态时，容易产生失望、悲观情绪或攻击性行为，思维也容易变得迟钝混乱。

（四）信号功能

情绪的信号功能主要表现在其能够在人与人之间传递信息。人的各种情绪都具有特定的表情、动作、神态及语调，这些构成了人们表达内心世界的信号系统。一个人不仅能凭借表情传递情感信息，而且也能凭借表情传递自己的某种思想和愿望。表情是思想的信号，如微笑表示赞赏，点头表示默认，摇头表示反对。中国有"出门看天色，进门看脸色"的俗语，意思是说通过别人的情绪得到反馈信息，领悟到别人对自己的态度。

情绪的表达方式会影响人际交往，有非常重要的信息传递和情感调节作用。比如轻松、热烈、喜悦、宽容和善意的情绪表达，会促进人际沟通和理解；而冷漠、猜疑、排斥、偏执、忌妒和轻视的情绪表达，则会构成人际交往的障碍。

 拓展阅读　　　　　　　　　踢猫效应

有这样一则故事。

一位公司的老板为了提高公司业绩，要求自己每天提早到办公室。但是有一天，他早晨看新闻看得太入迷以至忘了时间，为了不迟到，他在公路上超速驾驶，结果被交警开了罚单，最后还是误了时间。

这位老板很生气，回到办公室，他将销售经理叫到办公室训斥了一番。

销售经理挨训之后，气急败坏地走出领导办公室，将秘书叫到自己的办公室并对他挑剔了一番。秘书无缘无故被人挑剔，自然是一肚子气，回到家后看到儿子在沙发上跳来跳去，就对着自己的儿子大发雷霆。

儿子莫名其妙地被父亲训斥之后，也很恼火，便将自己家里的猫狠狠地踢了一脚。

这就是心理学上一个与情绪相关的心理效应——踢猫效应，它是指对弱于自己或者等级低于自己的对象发泄不满情绪而产生的连锁反应。

踢猫效应，描述的是一种典型的坏情绪的传染。人的不满情绪和糟糕心情一般会沿着由等级和强弱组成的社会关系链条依次传递，由金字塔尖一直扩散到最底层，无处发泄的最弱小的那一个元素，则成为最终的受害者。其实，这是一种心理疾病的传染。

踢猫效应在人类当中很常见。一般而言，人的情绪会受到环境以及一些偶然因素的影响。当一个人的情绪变坏时，潜意识会驱使他选择那些无法还击的弱者来发泄自己的情绪，这样就会形成一条清晰的愤怒传递链条。生活中，每个人都是踢猫效应长链条上的一个环节，遇到"低自己一等"的人，都有将愤怒转移出去的倾向。最终的承受者，即"猫"，是最弱小的群体，也是受气最多的群体。

当一个人沉溺于不快乐的事情时，他也会同时接收到不快乐的事情。当他把怒气转移给别人时，他还是把焦点放在不如意的事情上，久而久之，不止是踢猫效应在继续，他自身对于情绪的反应也会形成恶性循环，长此以往，就会影响他的心理健康。每个人都有情绪，每种情绪都不一样，所以学会如何更好地去控制情绪是十分重要的。

任务二　识别大学生的情绪问题

君子贫穷而志广，富贵而体恭，安燕而血气不惰，劳倦而容貌不枯，怒不过夺，喜不过予。

——荀子

一、大学生的情绪特点

大学时期是青年人心理成熟的重要时期，也是情绪丰富多变、相对不稳定的时期。随着阅历的丰富、知识素养的提高以及受到所处特定年龄阶段的影响，大学生的情绪带有鲜明的特点，具体表现在以下5方面。

（一）丰富性与复杂性

从生理发展阶段来看，大学生正处于多梦的年龄阶段，几乎人类所具有的各类情绪，都可在大学生身上体现出来，并且各类情绪的强度不一，例如有悲哀、遗憾、失望、难过、悲伤、哀痛、绝望之分；从自我意识的发展来看，大学生表现出较多自我体验、自我尊重的需要，易产生自卑、自负等情绪体验；从社交方面来看，大学生的交际范围日益扩大，与同学、朋友及师长之间的交往更细腻、更复杂，有的大学生还开始体验一种更突出的情感——开始恋爱，而恋爱活动往往又伴随着深刻的情绪体验，这种特殊的体验对大学生有十分重要的影响；从情绪体验的内容来看，大学生的情绪呈现出相当丰富多彩的特征，以惧怕情绪为例，大学生所怕的事物，主要与社会的、文化的、想象的、抽象复杂的事物和情势有关，如怕考试、怕陌生人、怕惩罚、怕寂寞等。

（二）波动性与两极性

大学生具有较高的文化修养，对情绪已有一定的控制力。但是，大学生年龄一般在 17～23 岁，身心发展处在走向成熟而又未完全成熟的阶段，情绪反应不稳定，有时易走极端。大学生情绪起伏波动的主要原因，是大学生在生理、社会和心理上发展的不平衡性导致了矛盾冲突，这常在情绪体验中得以表现。同时，大学生自尊心强，对一些事过于敏感，也增强了情绪的波动性。比如，学习成绩的优劣、同学关系的好坏、恋爱的成败，甚至同学间衣着、饮食的不同，都会引起大学生情绪的较大波动。

大学生正处于情绪表现的"动荡"时期，自我认知、职业生涯发展及心理发展还未成熟，因而他们的情绪起伏较大，带有明显的两极化特征：遇到挫折易灰心丧气，受到表扬则极其振奋。当考试失败、受到了批评、要求没被满足时，有可能懊悔、惆怅多时；当受到表扬、学习取得优异成绩、某项工作得到肯定时，则会手舞足蹈，甚至"大摆宴席"。有人对大学生进行调查，发现 70% 的人的情绪都是经常两极波动的，也就是像"波动曲线一样，忽高忽低，忽愉快忽愁闷"。

（三）冲动性与爆发性

心理学家霍尔认为青年期处于"蒙昧时代"向"文明时代"演化的过渡期，其特点是动摇的、起伏的，他把这一时期称为"狂风暴雨"时期。由于知识水平和认知能力的提高，大学生对自己的情绪能够有所控制，但由于他们兴趣广泛，对外界事物较为敏感，加之年轻气盛和从众心理，因而在许多情况下，其情绪易被激发，犹如狂风暴雨，带有很强的冲动性。他们往往对符合自己信念、观点和理想的事件或行为迅速产生热烈的情绪；对于不符合自己信念、观点和理想的事件或行为，则迅速产生不稳定情绪。个别的有时甚至会盲目地狂热，而一旦遇到挫折或失败又灰心丧气，情绪来得快，平息得也快。

大学生情绪的冲动性常与爆发性相连。大学生的自制力较弱，一旦出现某种强烈的外部刺激，情绪便会突然爆发。借助于冲动的力量驱使，大学生往往在语言、神态及动作等方面缺少理智的控制，忘却了其他任何事物的存在，极易产生破坏性的行为和后果。

（四）阶段性与层次性

由于大学阶段不同年级的培养目标和培养重点不同，教育方式和课程设置有所区别，各个年级面临的问题不同，大学生的情绪呈现出阶段性和层次性特点。大一新生面临的是环境适应、学习方法的改变、新交往对象的了解熟悉以及新目标的确立等问题。大一新生自豪感和自卑感混杂，放松感和压力感并存，新鲜感和恋旧感交替，情绪波动大。二、三年级的大学生经过了适应，能够融入校园生活，情绪较为稳定。毕业班学生面临毕业论文（毕业设计）及择业等方面的重大问题，一般压力大，情绪波动较大，消极情绪较多。另外，由于社会、家庭及自身要求、期望不同，以及能力、心理素质的差别，大学生在大学的不同阶段也会呈现出不同的情绪状态。

（五）外显性与内隐性

大学生思维敏捷，反应灵活，对外界刺激敏感，常喜怒哀乐形于色，呈现情绪外显性特点。但由于大学生的社会意识和自我意识的进一步发展，始发于青少年早期的心境化情绪得到继续发展，大学生出现比较微弱而持续时间较长的情绪状态——心境，避免了猛烈而短暂的激情现象的过多出现。同时，大学生在特定场合和特定问题上，情绪并不总是直接外露，而是通过文饰方式，隐藏自己内心真实的体验，用自己认为适当的形式表达自己的情绪，表现出隐蔽性。比如，在对待异性的态度上，明明对某位异性很爱慕，却偏偏表现出无所谓、回避的态度；明明讨厌某人，却可以强装笑脸；等等。这样，既可保持自己在他人心目中的良好的形象，又逐渐具有了情绪的自我控制能力，使强烈的情绪反应得到一定的调节。大学生的情绪也就表现为外显性与内隐性共存。

二、情绪对健康的影响

现代科学研究表明，情绪和健康的关系是非常密切的。情绪的骤然变化，如喜形于色、惊恐万状、焦躁不安、怒发冲冠等，都会引起一系列的生理变化。如果使一个健康的人处于舒适状态，并用语言暗示使之精神愉快，那么此人的动脉血压就可下降20毫米汞柱左右，脉搏每分钟也可减少8次；而精神焦虑则会导致血压上升、脉搏加快、胆固醇升高，即使咀嚼食物，也分泌不出唾液。

凡是乐观、开朗、心情舒畅的人，他们的各种内脏功能可以正常地运转，对外来不良因素的抵抗力也较强。只有在这种积极的情绪状态下，人才能持续从事智力活动。忧郁、焦急不安和烦恼的人，他们的内脏功能活动会受到阻碍，这种情况反复出现，就可能引起身心疾病。古人认为"怒伤肝，喜伤心，思伤脾，忧伤肺，恐伤肾"。临床也发现，急躁易怒、孤僻、爱生闷气的人易患高血压病；沉默忧郁、多愁善感的人容易生肺病。情绪的激烈变化，常常是许多疾病加剧和恶化的先兆。这是因为神经系统的正常机能是肌体健康的重要保证。一旦情绪剧烈变化，神经系统的功能失调，特别是大脑皮层细胞遭到破坏，必然会使肌体的正常功能发生紊乱，从而导致疾病。为了健康并保证工作、学习的顺利进行，我们必须始终保持乐观的情绪。

良好的、愉快的情绪有利于人的身心健康，它不仅是维护心理健康的保证，还是促进生理健康的有效途径。良好的情绪可以取代引起神经和精神紧张的不良情绪情感，减少和消除对肌体的不良刺激。良好的情绪可以直接作用于脑垂体，保持内分泌功能的适度平衡，从而使全身各系统、器官的功能更加协调、健全。

培养大学生良好的情绪有利于大学生的身心健康和心理发展，促进潜能开发，提高工作效率和生活质量。良好的情绪往往使大学生乐于行动，有兴趣学习、工作和活动，有积极与人交往的愿望；良好的情绪有助于开阔思路，能使大学生注意力集中，富有创造性。特别是大学生处于愉快、乐观的情绪状态时，容易感受到天地万物是那么美好，对生活充满信心。

不良情绪对大学生身心健康有很大危害。不良情绪主要有两种，即过度的情绪反应和持久的消极情绪。过度的情绪反应包括：因为一些重大的生活事件而情绪反应过于强烈，如狂喜、暴怒、悲痛欲绝等；也包括为一点小事而有过分的情绪反应，怒不可遏或激动不已；还包括情绪反应过于迟钝、无动于衷、冷漠无情；等等。（持久的消极情绪是指在引起忧、悲、恐、怒等消极情绪的因素消失以后，很长时间仍沉溺在消极状态中不能自拔）。

三、大学生常见的情绪困扰

（一）焦虑

大学生常见的焦虑情绪主要涉及以下几个方面。一是考试焦虑，即由于担心考试失败或达不到自己的预期而产生的一种忧虑、紧张的心理状态。二是身体健康焦虑，是指由于对身体健康过分关注而产生的焦虑不安，并有失眠、疲倦等症状。三是适应焦虑，即由于对大学的环境、学习方式和人际关系等不能很快适应而产生的焦虑。

 拓展阅读

　　21 岁的陈某是一名大四学生。从去年下学期开始，他忙于求职面试，但一直不顺利。因为家里条件不好，父母对他寄予很大期望，所以陈某心理压力极大，半年来经常失眠。

　　连续几天，他感觉头晕得厉害，到市中心医院检查，发现血压竟高达 160/100 毫米汞柱，24 小时动态血压监测结果也不理想，被确诊为原发性高血压。

　　得知此结果，陈某有些不敢相信：21 岁怎么会患上高血压？

由于求职屡屡碰壁，陈某紧张到睡不着觉的情绪就是焦虑。焦虑是个体主观上预料将会有某种不良后果产生或模糊的威胁出现时的一种不安情绪，并伴有忧虑、烦恼、害怕、紧张等情绪体验。焦虑会明显地影响一个人的精神状态、认知、行为和身体状况，被焦虑困扰的人常表现出烦躁不安、思维受阻、行为不灵活、动作不敏捷、身体不舒服、失眠、食欲不振等状况。严重的焦虑会使人失去一切情趣和希望，甚至导致心理疾病，在心理上压垮一个人。

（二）抑郁

抑郁是大学生中常见的情绪困扰，是一种感到无力应对外界压力而产生的消极情绪，常常伴有厌恶、痛苦、羞愧、自卑等情绪体验。

拓展阅读

　　计算机应用专业女生高某某，一直以来各方面表现得都还不错，性格十分活泼，积极热情，在学校活动和班级活动中都表现十分优秀，积极参加院系组织的朗诵比赛、合唱比赛等活动，并且一直在学生会中表现十分积极。然而在本学年期末前后，该生一直状态不佳，经常情绪低落、心情烦闷、郁郁寡欢、心烦意乱，不仅退出了学生会，并且在学习过程中也消极低落。辅导员通过走访以及到该女生宿舍多次与之谈心谈话，发现该女生出现这些情绪主要是因为网络直播引起情绪波动，以及对于未来社会竞争感到压力巨大，对未来的工作和以后的方向感到迷茫。

　　有些学生把生活看成非黑即白、非好即坏的，且多看其消极和阴暗面，因此容易悲观沮丧、情绪低落，当遭受突发事件打击后，可能产生抑郁情绪。此外，性格内向、眩惑多疑、依赖性强、容易悲观的大学生比其他同学更易陷入抑郁情绪。

　　抑郁情绪的主要表现是：情绪低落，思维迟缓，郁郁寡欢，闷闷不乐，兴趣丧失，缺乏活力，反应迟钝，干什么都打不起精神，不愿参加社交活动，故意回避熟人，对生活缺乏信心，体验不到生活的快乐，并伴有食欲减退、失眠，等等。长期的抑郁会使人的身心受到严重损害，使人无法有效地学习、工作和生活。严重者在抑郁的状态下不能自救，容易酿成自杀悲剧。

　　需要指出的是，抑郁情绪与抑郁症既相互联系，又有质的区别。前者属于一种不良情绪，需要的是心理上的调整；而后者则属于心理疾病，需要及时到医院就诊。二者的区别在于持续时间长短和对个人生活影响的大小，如果持续时间达到两周，且已难以维持正常的生活、学习，则应尽快寻求专业人士的帮助。

（三）愤怒

　　愤怒是当客观事物与人的主观愿望相悖时产生的强烈情绪反应。大学生正处在热情高涨、激情澎湃的青年时期，有时候激情似乎难以控制，因此它容易发展为消极激情。容易发怒便是大学生中常见的一种消极激情。有的大学生因一句刺耳的话、一件不顺心的事，就暴跳如雷，或出口伤人，或挥拳相向，以致铸成大错。

拓展阅读

　　某大学二年级学生赵某曾写信给心理老师说："不知道什么原因，我发现自己变得非常易怒，脾气不是很好。平时，在心情比较好的情况下，很多自己感觉不好的事情，我都可以忍受。但是如果心情不好，就算很小的事情，就算我强忍着，我也会流露出不耐烦的情绪。当然，我知道这样很不好。但是，最近发生这种事的频率非常高，同学们都不愿和我打交道了，我很苦恼。"

　　心理学界将人生气时的反应分为 3 类：第一类是攻击性反应（如辱骂、肢体暴力等）；第二类是消极攻击性反应（如沉默、讽刺、故意做错等，通常用于在敢怒不敢言时表达不满）；第三类是肯定积极的反应（如心平气和地沟通、清楚地表达自己的看法等），这是一种不以伤害、攻击对方为目的，而以成功地解决问题并达成共识为目的的反应模式。

事实上，前两种反应表面上是把怒气发泄出来了，实际上却会导致更大的压力。例如，在不知节制地发泄怒气之后，在暂时的爽快之后，我们往往会更焦躁不安，因为面对这一番动口动手之后的烂摊子，我们可能会害怕对方报复（他一定不会就此罢休），或可能担心自身利益受损（老师知道了这事会处分我吗？），或是产生罪恶感及内疚感（我怎么干了这样的事情，我并不想伤害他），等等。所以，持续性地发泄愤怒对自己的情绪毫无帮助，我们应当学会对愤怒进行肯定积极的反应。

（四）冷漠、嫉妒和压抑

冷漠是一种对人和事漠不关心的消极情绪体验，是一种个体对挫折环境的自我逃避式的退缩性心理反应，它带有一定的自我保护或自我防御性质。

嫉妒是大学生中有一定普遍性的不良情绪。容易引起大学生嫉妒的因素主要有：外表、成绩、能力、物质条件、恋人、运气等。而那些自尊心过强、虚荣心过盛、自信心不足、以自我为中心、认知有偏差、自控能力弱的大学生更易产生嫉妒，而且其程度也较一般人更重。嫉妒会影响大学生的人际关系，造成同学间的隔阂，甚至对立，同时使自己处于烦躁、痛苦的情绪中。

压抑也是大学生中常见的情绪问题，相当多的大学生常常感到自己的情绪不能得到尽情释放。近年来大学生中流行的"郁闷"情绪，就是压抑的表现。

任务三　学会管理自己的情绪

能控制好自己情绪的人，比能拿下一座城池的将军更伟大。

——拿破仑

南北朝时期的医药学家陶弘景在《养性延命录》中说："喜怒无常，过之为害。"情绪波动太大、太激烈，如狂喜、大怒、大恐等，或情绪波动持续时间太长、太久，如久思、久悲等，均可导致情志失常，进而引发身心疾病。这说明，只有控制好情绪，才能控制自己，促进身心健康。处于情绪多变期的大学生，要学会情绪管理与调节的方法，做情绪的主人，把握与自己和谐相处之道。

一、健康情绪的标准

一般而言，情绪健康的标志是情绪稳定和心情愉快。大学生正处于富有朝气的年龄阶段，应该是愉快情绪多于负面情绪，乐观开朗，勇于进取，对生活充满希望。健康情绪与不健康情绪是相对的，没有严格的界限。目前大多数学者所采用的一种观点认为，健康的情绪应当符合以下几个标准。

1. 情绪反应有适当的原因

根据心理学的研究，情绪的反应都是有其原因或对象的。同时，当事人一般都能觉察到，并且周围的人也能觉察到当事人情绪产生的原因，或赞同其对情绪反应做出的解释。毫无原因的情绪反应不是健康的情绪反应。

2. 情绪反应强度适中

情绪反应强度适中即情绪较稳定，善于控制与调节自己的情绪，既能克制又能合理地宣泄。情绪反应的强度应和引起它的情境相适应，过于强烈或淡漠的情绪反应都不是健康的情绪反应。

3. 情绪反应随情境变化而转移

在日常生活中，人们的情绪反应的持续时间是不同的。当引起情绪的因素消失后，情绪反应将在较短的时间内恢复平静，但有的情绪（如失恋后的难受、亲人死亡后的悲痛）则需要很长时间才能恢复到正常状态。不能随情境变化而变化的情绪反应，不是健康的情绪反应。

美国心理学家马斯洛曾经提出了健康情绪的几大特征：平和、稳定、愉悦和接纳自己，有清醒的理智、适度的欲望，对人类有深刻、诚挚的感情，有富于哲理、善意的幽默感，有丰富、深刻的自我情感体验。

对大学生来说，情绪健康的具体表现为：情绪的基调是积极、乐观、愉快、稳定的；对不良情绪具有自我调控能力，情绪反应适度；高级的社会情感（理智感、道德感、美感等）能得到良好的发展。

具体地说，一个情绪健康的大学生应该具有以下特征：

① 开朗、豁达，遇事不斤斤计较；

② 及时、准确、适当地表达自己的主观感受；

③ 情绪正常、稳定，能承受欢乐与痛苦的考验；

④ 充满爱心和同情心，乐于助人；

⑤ 正确地认识自己和他人，人际关系良好；

⑥ 对前途充满信心，富有朝气，勇于进取，坚忍不拔；

⑦ 善于寻找快乐，创造快乐；

⑧ 能面对现实、承认现实和接受现实，善于把个人需要与社会的需求协调起来。

二、情绪管理与调节的方法

（一）改变认知调节情绪

1. 正确评价自我

个体产生什么样的情绪，很大程度上与个体的认知评价有关。一个人对周围的事物、行为或价值形成负面的认识和评价时，他就会产生各种消极的情绪。例如，有的人有过一次失败的经历，就会在主观上认为自己能力不行，不能胜任该工作。以后在遇到类似情况时，这个人也会这样评价自己，以致产生畏难情绪。因此，要产生积极的情绪体验，首先要形成积极的自我认知，学会以正确的方式来看待自己。

大学生要正确地评价自我，首先要学会悦纳自我，接受自己所有的特性，包括相貌、身材、能力、性格、家庭背景等。只有从内心深处接受了自己，才会认识到自己的价值，对自己产生认同和欣赏。相反，如果不能接受自己，就会被消极的情绪所困扰。要正确地评价自我，还应当运用合理的方法进行比较。如果一味地与优势较大的人进行比较，就很容易产生消极情绪；如果改变比较的策略，和自己的过去比较或与自己类似的人比较，就容易获得心理上的平衡，从而增强自信心。

2. 积极的自我暗示

自我暗示是运用内部语言或书面语言，以隐含的方式来调节和控制情绪的方法。语言暗示对人的心理乃至行为都有着奇妙的作用。当不良情绪要爆发或感到心中十分压抑的时候，可以通过语言的暗示作用，来调整心理上的紧张情绪，使不良情绪得到缓解。当你将要发怒的时候，可以用语言来暗示自己："别做蠢事，发怒是无能的表现。发怒既伤自己，又伤别人，还于事无补。"这样的自我提醒就会使心情平静一些。达尔文说过："人要是发脾气就等于在人类进步的阶梯上倒退了一步。愤怒是以愚蠢开始，以后悔告终。"我国历史上的禁烟功臣林则徐脾气很大，他为了控制自己的怒气，在中堂挂了写有"制怒"两字的大条幅，以便随时提醒自己。另外，"不能恼火""不要紧张"，默读"1，2，3，4，5，6，7……"等，都是可以应对某些不良情绪的内部语言。日记中的自我激励、自我安慰等对情绪都能起到控制和调节作用。

运用积极的自我暗示要注意以下6点。

（1）暗示的语言要简洁，最好不多于5个字，如"别灰心""你是最好的"。

（2）暗示的语言要积极、肯定，千万不要用"我完了""我无能为力"之类消极、否定的语言。

（3）运用暗示的方式要温和，避免强制性。

（4）不重复使用暗示，等过一段时间再重新进行自我暗示。

（5）每次暗示时最好重复3～5次。

（6）在一段时间内，最好只用一种暗示语。

3. 合理情绪疗法

由美国临床心理学家埃里斯（Ellis）提出的合理情绪理论认为，在人们情绪产生的过程中有3个重要的因素，这就是诱发事件（Activating Events），人们对诱发事件所持的相应的信念、态度和解释（Beliefs），以及由此引发的人们的情绪和行为的结果（Consequences）。情绪并非由导致情绪发生的诱发事件直接引起，而是由人们对这一诱发事件的解释和评价引起的，即并非事件引起了情绪，而是人们对事件的认识引起了情绪。因此，对事件正确的认识一般会导致适当的行为和情绪反应，而错误的认知往往是导致不良情绪产生的直接原因。

导致人们对事件产生错误认识的，往往是某些不合理的信念，埃里斯称其为非理性观念。非理性观念会使人陷入情绪的逆境中而不能自拔，如提出"人活着是为了快乐"没错，但是提出"人怎样才能快乐？当然就是没有烦恼和痛苦……"本身就存在着不合理的观念。因为没有痛苦与烦恼并不等于快乐，如有的人并不痛苦，但是也不快乐；而且有了痛苦和烦恼，也不能说就一定没有快乐。

合理情绪理论认为，改变不合理的观念，建立合理的观念，这样就会产生积极的情绪反应。该理论通过对引起不良情绪的非理性观念的纠正，达到情绪改善的目的。那么，如何运用合理情绪理论来调适情绪呢？

（1）将引发不良情绪的事件和认识一一列出。

（2）找出引发不良情绪的非理性观念，主要有以下几种。

① 绝对化，即对什么事物都怀有认为必须或不会发生的信念，这种特征常常表现在日常生活中"应该""必须""一定""绝对"等用语上。具有绝对化非理性观念者，在生活和人际交往中刻板僵化，总是苛求完美，很容易陷入不良情绪的困扰。

② 过分概括化，即以偏概全，认为世界上的事物只有两类，要么正确，要么错误。一次的工作失误，就可被认为是不可救药了；朋友的一次失约，就被认为是不可信。

③ 灾难化，常会表现为"一旦出现了……那天就要塌了""再没有比这更可怕的人"等。例如，有的大学生因一次考试失利，就认为自己已经彻底失败了。

（3）通过对非理性观念的认识和纠正，找出合理的信念。

（4）通过建立合理的信念，最后实现情绪感受的改变。

例如，一位大学生叙述了被朋友伤害的一次经历："在我的朋友遇到困难时，我主动帮助了他，而当我遇到困难时，他却视而不见，为此我感到被欺骗了，我很愤怒。"通过对该学生认识的分析，我们发现其非理性观念是"我帮助了他，他就应该帮助我"。通过讨论，该学生将"应该"改成了

"希望",对事件的认识变成了"我的朋友遇到困难时,我帮助了他,是我主动而且愿意的,并且我也希望当我遇到困难时,他同样会帮助我;但后来,当我真的遇到了困难时,他却没帮我,我为此感到遗憾,我虽然很不高兴,但我不会感到生气"。

掌握合理情绪的理论和方法,不仅可以在我们遇到情绪困扰时帮助我们认识和摆脱不良情绪的困扰,更重要的是,它能使我们保持一种客观正确的认知心态,避免不良情绪的产生。

(二)行为训练调节情绪

1. 身心放松法

放松是对抗焦虑和缓解紧张等消极情绪的办法。人们可以通过各种放松训练抑制紧张的生理和心理反应,减轻紧张、焦虑的情绪。放松训练的方法主要有全身肌肉放松训练、深呼吸放松训练以及意象放松训练等。

(1)全身肌肉放松训练。训练者选择一个安静且不受干扰的地方躺着或坐着,闭上双眼,减少意识活动,把注意力从一块肌肉转移到另一块肌肉,自然而然地放松,体会肌肉紧张再松弛的感觉。训练者每天练习 1 ~ 2 次,每次 20 分钟,每块肌肉收缩 5 ~ 8 秒,然后放松 20 ~ 30 秒。

(2)深呼吸放松训练。深呼吸具有缓解精神紧张、压抑、焦虑和疲劳的作用。深呼吸放松训练简便易行,不受场所、时间等的限制,行、坐、站、卧时都能进行。在进行深呼吸放松训练时,训练者的呼吸应尽可能慢而深,训练者首先用鼻子慢慢地吸气,使之进入丹田,然后缓慢地呼气。呼吸时全身放松,体会腹部的上下起伏,注意力集中在呼吸时的气息及其通过的身体部位上。训练者每天练习 1 ~ 2 次,每次 5 ~ 10 分钟,1 ~ 2 周后可以将练习时间延长至 20 分钟。

(3)意象放松训练。意象放松训练的基本原理就是通过想象轻松、愉快的情境(如大海、山水、瀑布、蓝天、白云等)达到放松身心、舒缓情绪的目的。意象放松训练的效果取决于想象的生动性和逼真性,想象越清晰、生动,放松的效果就越明显。意象放松训练不仅能缓解疲劳,恢复精力,长时间坚持意象放松训练,还可以达到开发智力的效果。在进行意象放松训练时,你可以想象某一个特定的情境,也可以像旅游一样,从一个地方到另一个地方逐一想象,采取何种方式要看哪种情况更适合你。下面就通过言语引导来进行意象放松训练。

现在请你全身放松,闭上眼睛。静静地观察你头脑中闪过的每一个念头,不要去理它,任它来去。

我们想象秋天的天空……

站在高山之巅,仰望湛蓝的天空,天空显得那么高远,那么幽深……

天空中,行云如流水,又仿佛是一片片棉絮,从天际涌出,悠悠然从天空飘过,又消失在无尽的远处……

你可以重复想象上面描述的情境,渐渐地,一闭上眼睛,你的头脑中便会显现出秋天的天空,那是一幅动态的、有序的画面。如果你感觉到想象动态画面很吃力的话,也可以想象你所喜欢的静态画面,或是蓝天白云,或是青山绿水,等等。如果你的想象力很好,你就可以做下一步的训练,把想象从外界转向体内。想象自己站在或坐在一朵金色的莲花上,周身金光四射,就像初升的太阳,照耀万物。这种训练方法你可以做几分钟、几十分钟或更长时间,如果能坚持不懈地进行训练,经过一段时间你就会发现自己的身体素质、学习效率都发生了很大的变化。

2. 注意力转移法

注意力转移法就是一个人把注意力从引起不良情绪反应的情境转移到其他事物上或其他活动中的行为训练方法。当一个人的情绪不佳时,他可以将注意力转移到他所感兴趣的事情上,如外出散步、看电影、打球、下棋、与朋友聊天等，从而使自己的不良情绪得以缓解。转移注意力的方法一方面终止了不良刺激对人的消极影响，防止了不良情绪的泛化和蔓延，另一方面也使人通过参与感兴趣的活动而获得了积极的情绪体验。

3．合理宣泄法

情绪宣泄是个体进行自我保护的一种方式。如果一个人产生了焦虑、愤怒等强烈的情绪，不及时地宣泄出来，积压在心底，长久下去就会对其身心健康造成极大的危害。情绪宣泄的方式有很多，冷漠、退化、固执、攻击行为甚至轻生等方式都不是合理的宣泄方式。合理的宣泄方式是指在不危害自己、他人和社会的前提下，将内心的情绪宣泄出来，以缓解紧张的情绪，积极地应对挫折，主要有以下几种。

（1）倾诉。这是最常见的宣泄方式。当一个人产生不良情绪时，可以找心理咨询师、朋友、同学聊一聊，将心里的烦恼、郁闷倾吐出来，以减轻内心的压力，增加克服挫折的信心。

（2）呐喊。当一个人情绪不佳时，可以在空旷的原野、树林中大喊、大哭、大笑或者大声朗读、唱歌，以此宣泄内心的消极情绪，达到放松心情的目的。

（3）寻求社会支持。社会支持是指一个人通过社会关系在物质或精神上获得他人的帮助，从而增强对挫折的承受力、缓解紧张的情绪。一个完善的社会支持系统包括亲人、朋友、同学、同事、邻里、老师、上下级等。大学生在情绪不佳时不要把自己封闭起来，应尽快找自己的好友或家人进行沟通，寻求他们的支持和帮助。当陷入极端恶劣的情绪中不能自拔，亲朋好友也无能为力时，大学生应及时向心理咨询机构求助。

4．音乐调节法

音乐作为一种艺术，是人的情绪、情感的表现方式之一。不同的音乐可以使人产生不同的情绪体验。音乐对调节人的不良情绪具有特殊的作用。聆听舒缓、悠扬的音乐，可以达到心情放松、缓解焦虑的目的。

5．适度运动法

人们在运动时身体会发热流汗，血液循环会加快，身体中的有害物质会被排出体外。因此，运动可以调节神经紧张、脑力疲乏、情绪不佳的状态。人们在情绪不佳时，可以通过适度的运动转移注意力、拓展思路、放松身心、减轻紧张和焦虑。此外，适度运动还能获得自尊、自信、自豪感，增强战胜困难的勇气。

6．改变刺激源法

糟糕的情绪往往源于大脑对外部刺激的反应，有时候，对刺激源进行改变可以有效地改善情绪。当情绪不佳时，尝试以下"心理假动作"，同样可以起到调节情绪的作用。

（1）在心理压力过大、生气的时候，让自己强装笑脸，有助于释放不良情绪。

（2）收拾一下凌乱的房间与办公室，将会使自己的不良情绪得到极大的改善。

（3）蓝色是一种天然的心情"调节剂"，心情不好时，让自己穿上蓝色的衣服，你的情绪会变得更好。相比之下，橙色具有强烈的刺激作用，黑色可以激发怒气，而红色更容易引发不安。

（4）让自己哼哼歌。唱歌能够调整呼吸，令整个身体随着节奏运动，有助于身心放松，而唱歌也是改善心情最简单的做法。

（5）学会巧搭食物，将苦、甜两种不同味道或者软硬不同的食物进行搭配，可以令味蕾获得新鲜感，进而使心情获得改善。

（6）多闻闻柠檬香，可以使心情变好，使血液中"正肾上腺素"的浓度增加，起到安神、止痛与去忧的作用。

培养积极情绪的
五种方法

三、情绪管理与情商培养

（一）情商的概念

情商（Emotional Quotient，EQ）通常是指情绪商数，它是心理学家们提出的与智商相对应的概念，主要指人在情绪、情感、意志、耐受挫折等方面的品质，是一个人掌控自己的情绪情感和他人情绪情感、处理自己与他人之间情感关系的能力，是一个人适应社会、实现自我价值必备的能力之一。

过去，人们往往认为智商比情商更重要，从而忽视了对情商的开发和培养。但现实告诉我们，情商与智商一样重要，甚至更重要。"情商之父"、美国心理学家丹尼尔指出，一个人的成功，只有 20% 靠智商，而 80% 靠情商。大学生的智商差别不是很大，但在大学生活中，有的学生目标明确、勤奋刻苦地学习，毕业时实现自己的小梦想；有的学生浑浑噩噩、毫不自律，择业时困难重重。数年之后，同学之间的差距越发明显：有人成为行业领军人物，有人成为业务骨干，有人步入领导岗位，有人挣扎在生存线上。在学校分数最高的学生较之分数较低的学生，工作后在薪水、工作效能或地位方面，并不是最高的。高分数学生对生活的满意度不是最高的，对友谊、家庭和爱情的幸福感也不是最强烈的。

当然，我们要正确理解情商的内涵，避免对情商产生认知误区。情商高并不是要让所有人都喜欢自己，不意味着虚假圆滑，不是说话中听，不等于城府深、有心计，更不等于八面玲珑。

（二）情商理论

情商是可以通过后天学习来得到提升的。情商主要包括 5 个方面的综合能力。

1. 认识自己情绪的能力

它包括：了解自我优缺点的能力，了解自身真实感受的能力，对人生大事做出正确选择的能力。这种能力是情感智慧中最关键的能力，因为这种能力可以促使我们对情绪进行某种自我控制。

2. 控制自己情绪的能力

它包括：自我安慰、摆脱焦虑的能力；对冲动和愤怒的控制力；临危不惧、处变不惊的能力；在挫折和困难面前保持冷静，有效地摆脱消极情绪侵袭的能力；等等。这种管理自我的能力是建立在自我觉察的基础上的，是情商的重要内容。

3. 自我激励的能力

它包括："始终保持高度热情"，这是取得一切成就的动力；"不断明确目标"，即能根据主客观情况的变化，不断给自己制定目标，促使自己不断前进；"情绪专注于目标"，这是集中注意力、发挥创造性所必需的。自我激励的能力是为服从某一目标而自我调动、指挥个人情绪的能力，是情商的重要内容。

4. 识别他人情绪的能力

它包括：具有能"感受别人的感受"的"同理心"；能通过细微的社会信号敏锐地觉察他人的需求与愿望；能设身处地为他人着想；能通过控制自己的情绪，从而改变别人的情绪；等等。识别他人情绪是在情绪的自我觉察基础上发展起来的一种了解、疏导与驾驭他人情绪的能力。具有这种能力的人能通过细微的社会信号，敏锐地感受到他人的情绪变化状态、需求与愿望。正确地识别他人情绪，是与他人共处、搞好人际关系的基础。

识别他人情绪就是要善于移情。移情是一种感人之所感、知人之所感，既能分享他人感情，对他人的处境感同身受，又能客观地分析、理解他人情感的能力。移情的典型表现是：设身处地，将心比心，认为他人的痛苦就是自己的痛苦；推己及人，"己所不欲，勿施于人"；角色转换，换位思考，站在对方的角度考虑问题。研究表明，旁观者对受害者的移情越强烈，挺身而出的可能性就越大；移情水平的高低，影响着人们道德价值观的形成。

5. 维系融洽人际关系的能力

人际交往能力是一种生存和发展的最基本的能力，是情商的主要内容。它是在知己知彼的情境下建立良好人际关系的能力，具体表现为善于与同事、朋友及家人相处，尊重他人，善解人意，且与他人建立和谐的亲密关系。

以上几种能力中，情绪控制、自我激励是核心能力，它们和其他几种能力相互补充、相互贯通、相互制约。

简言之，可以把情商的要素归纳为对己、对"他"两方面：对己是感知、认识、理解、表达、控制、应对自己的情绪，对"他"是感知、体会、辨认、应对他人的情绪。情商水平不像智力水平那样可用测验分数较准确地表示出来，它只能根据个人的综合表现进行判断。情商水平高的人具有如下特点：讲话、做事善于照顾他人感受；解读对方情感和意图的能力强；辐射正能量，和他们在一起，你会感到舒服、轻松、快乐、热情；善于维系亲近的关系，也能保持独立和自我；会关注和主动获取对方的反馈，加以调整；朋友圈子广，能容纳多种类型的人；善于鼓励和夸奖他人。作为当代大学生，可以通过认识自己来认知自己的情商，从管理情绪、磨砺沟通、提升自我等方面来提升自己的情商。

（三）情绪管理与情商的关系

情绪管理和情商在某种程度上是相互关联的。情商高的个体通常具有更好的情绪管理能力，而情绪管理能力的提高又可以帮助个体提高情商。

1. 情绪管理是情商的重要组成部分

情绪管理是个体有效提高情商的基础，情绪管理能力的提高可以帮助个体更好地掌握自己的情绪，从而更好地理解和调节他人的情绪。可以说，情商就是情绪管理的能力。

2. 情绪管理有助于提高情商

一个人要想成为高情商的人，就一定要有很好的情绪管理能力，先学会如何管理好自己的情绪。那么，大学生该如何管理情绪、提高情商水平呢？

（1）自我认知

大学生应该更好地了解自己的情绪状态，对自己的情绪进行分析和评估，以便更好地处理自己的情绪。调整好认知和心态，就可以驾驭、协调、管理好自己的情绪，养成积极的心理，让情绪为自己服务。

（2）情绪调节

大学生应该学会通过自我调节和情境调节等方式，有效地处理自己的情绪，使自己处于情绪稳定、积极向上的状态。情商高的人都懂得控制自己的情绪，先稳定情绪再解决问题。

（3）沟通表达

大学生应该学习更好地沟通表达，以便更好地理解和调节他人的情绪，从而提高自己的情商。面对同一件事情，高情商与低情商的区别就在于如何去进行有效沟通，进而解决问题。

🔲 **拓展阅读**　　　　**语言美彰显高情商**

彰显高情商离不开语言美，尤其在当下的信息时代。一位管理学家说："职场人士的成功，一半取决于良好的沟通。"何为良好的沟通呢？就是要把话说得动听，且让对方乐于接受。这自然离不开语言美。关于语言美，语言学家提出了准确、生动、鲜明、形象的要求。

对于准确，有人将其定义为"正确"，其实这只是准确的标准之一，还需精炼一些。"准确"就是要严格符合事实、标准或真实情况。在工作中，要是我们能准确地向老板汇报市场情况，就能帮他制定出更精准的经营方案。

生动是指描述事物时运用了多种修辞方法，如比喻、夸张、借代、排比、对偶等。例如，李白的诗句"白发三千丈"，采用的修辞方法是夸张；朱自清把荷叶比喻为舞女的裙子，采用的修辞手法是比喻。这样的修辞方法能把事物生动形象地呈现给大家。

鲜明是指新颖、明确、有特点。许多知名的企业家、作家、教育家在说话时，都能做到语言鲜明，人们能从中看出其性格特点。

陶行知是深受学生们喜爱的老师，大家都愿意跟他谈心。有一天，一位学生跑来向他告状："陶老师，我发现班上的张磊和李月在谈恋爱，真是太不像话了，简直是拿恋爱当饭吃！"

"果真如此？"陶行知惊奇地问。

"我怎么可能欺骗老师呢？您应该警告他们。"学生说。

"为什么要警告呢？我觉得应该鼓励他们。"陶行知问道。

"老师，这样的风气要是蔓延开来，会对集体造成坏的影响。"学生说。

"不会这么严重吧？"陶行知说。

"会的，大家都把恋爱当饭吃，就会荒废学业。"学生说。

"我觉得正相反，把恋爱当饭吃就是最正确的恋爱观。"陶行知很严肃地说。

"老师，请您给我解释一下。"学生说道。

"人的一日三餐，每餐以 20 分钟计算，合计也就是 1 个小时。要是大家每天只用 1 个小时谈恋爱，并让自己心情愉快，这不是很好吗？我担心的是你们不把恋爱当饭吃，而是把它当作学习和生活的全部，这才是最坏的风气。"

"老师，我回去把您的话转告给他们。"告状的学生笑着说。

陶行知的语言风格就十分鲜明。他说出了恋爱的积极意义，如让人心情愉悦。他也强调了适度的重要性：恋爱可以，但是不可以花费大量时间，否则会影响学业。这对学生来说是一种提醒，远比批评更易于接受。

我们可以从陶行知的语言中看出他的宽厚和幽默。我们要想成为被喜爱的人，在语言的鲜明性上一定要下功夫。

形象则融合了准确、生动、鲜明三者的特点，即为他人分享生动的景物、人物或事件等。

总之，语言美不仅能够让我们受到他人的欢迎，还能使我们获得必要的帮助。我们要想做到这一点，平时就要多读书，并学习高情商者的表达技巧。

心理训练营

心理训练游戏一：自我觉察训练

以同意或者不同意为标准判断下列问题，并在回答问题的过程中评价自己是否具有良好的自我觉察能力。

1. 不论以前、现在还是未来，我都是一个容易成功的人。
2. 大家很乐于与我交朋友。
3. 我会过上快乐充实的生活。
4. 我容易让人亲近，接近我的人会感到愉快。
5. 我会在自己所选的职业中获得巨大成功。
6. 我很聪明，懂得如何找到适合自己的舞台。
7. 我是一个富有创造性的人。
8. 我正在实现梦想的旅途中。
9. 我有勇气承受困难与挫折。
10. 不论任何失败，我都能在跌倒后爬起来继续前行。

心理训练游戏二：情绪的自我觉察

通过表现各种情绪并探究自己的情绪，提高情绪的自我觉察能力。

1. 表现出惊奇、愤怒、高兴、害怕、悲伤、厌恶等情绪。
2. 写出代表喜、怒、哀、惧 4 种基本情绪的词语，写得越多越好。

喜：＿＿＿＿＿＿＿＿＿＿＿＿＿＿＿＿＿＿＿＿＿＿＿＿＿＿

怒：＿＿＿＿＿＿＿＿＿＿＿＿＿＿＿＿＿＿＿＿＿＿＿＿＿＿

哀：＿＿＿＿＿＿＿＿＿＿＿＿＿＿＿＿＿＿＿＿＿＿＿＿＿＿

惧：＿＿＿＿＿＿＿＿＿＿＿＿＿＿＿＿＿＿＿＿＿＿＿＿＿＿

3. 列举出自己现在的一些情绪特征，并描述情绪产生的背景和原因。

情绪特征：＿＿＿＿＿＿＿＿＿＿＿＿＿＿＿＿＿＿＿＿＿＿＿

情绪产生的背景和原因：＿＿＿＿＿＿＿＿＿＿＿＿＿＿＿＿＿

心理测试

情绪稳定性自测量表

1. 看到自己最近一次拍摄的照片，你有何想法?
   A. 觉得不称心　　　　　B. 觉得很好　　　　　C. 觉得可以
2. 你是否会想到若干年后有什么使自己极为不安的事?
   A. 经常想到　　　　　B. 从来没有想过　　　　　C. 偶尔想到过

3. 你是否被朋友、同事、同学起过绰号、挖苦过？
  A. 这是常有的事　　　　B. 从来没有　　　　C. 偶尔有过

4. 你上床以后是否经常再起来一次，看看门窗是否关好？
  A. 经常如此　　　　　　B. 从不如此　　　　C. 偶尔如此

5. 你对与你关系最密切的人是否满意？
  A. 不满意　　　　　　　B. 非常满意　　　　C. 基本满意

6. 在半夜的时候，你是否经常觉得有什么感到害怕的事？
  A. 经常有　　　　　　　B. 从来没有　　　　C. 偶尔有

7. 你是否经常因梦见可怕的事而惊醒？
  A. 经常　　　　　　　　B. 从来没有　　　　C. 极少

8. 你是否曾经有过多次做同一个梦的情况？
  A. 是　　　　　　　　　B. 否　　　　　　　C. 记不清

9. 是否有一种食物使你吃后呕吐？
  A. 是　　　　　　　　　B. 否　　　　　　　C. 记不清

10. 除去看见的世界外，你心里是否有另外一个世界？
  A. 是　　　　　　　　　B. 否　　　　　　　C. 偶尔是

11. 你心里是否时常觉得你不是现在的父母所生？
  A. 是　　　　　　　　　B. 否　　　　　　　C. 偶尔是

12. 你是否曾经觉得有一个人爱你或尊重你？
  A. 是　　　　　　　　　B. 否　　　　　　　C. 说不清

13. 你是否常常觉得你的家人对你不好，但你又确知他们其实对你好？
  A. 是　　　　　　　　　B. 否　　　　　　　C. 偶尔是

14. 你是否觉得没有人十分了解你？
  A. 是　　　　　　　　　B. 否　　　　　　　C. 说不清

15. 在早晨起来的时候，你最经常有的感觉是什么？
  A. 忧郁　　　　　　　　B. 快乐　　　　　　C. 讲不清楚

16. 每到秋天，你经常感受到什么？
  A. 秋雨霏霏或枯叶遍地　B. 秋高气爽或艳阳天　C. 不清楚

17. 在高处的时候，你是否觉得站不稳？
  A. 是　　　　　　　　　B. 否　　　　　　　C. 偶尔是

18. 你平时是否觉得自己很强健？
  A. 是　　　　　　　　　B. 否　　　　　　　C. 不清楚

19. 你是否一回家就立刻把房门关上？
  A. 是　　　　　　　　　B. 否　　　　　　　C. 不清楚

20. 当你坐在房间里把门关上时，是否觉得心中不安？
  A. 是　　　　　　　　　B. 否　　　　　　　C. 偶尔

21. 当需要你对一件事做出决定时，你是否觉得很难？

　　A．是　　　　　　　　　　B．否　　　　　　　　　　C．偶尔是

22. 你是否常常用抛硬币、玩纸牌、抽签之类的游戏来测凶吉？

　　A．是　　　　　　　　　　B．否　　　　　　　　　　C．偶尔是

23. 你是否常常因为碰到东西而跌倒？

　　A．是　　　　　　　　　　B．否　　　　　　　　　　C．偶尔是

24. 你是否需要一个多小时才能入睡，或醒得比你希望的早一个小时？

　　A．经常这样　　　　　　　B．从不这样　　　　　　　C．偶尔这样

25. 你是否曾看到、听到或感觉到别人觉察不到的东西？

　　A．经常这样　　　　　　　B．从不这样　　　　　　　C．偶尔这样

26. 你是否觉得自己有超越常人的能力？

　　A．是　　　　　　　　　　B．否　　　　　　　　　　C．不清楚

27. 你是否曾经觉得因有人跟着你走而心里不安？

　　A．是　　　　　　　　　　B．否　　　　　　　　　　C．不清楚

28. 你是否觉得有人在注意你的言行？

　　A．是　　　　　　　　　　B．否　　　　　　　　　　C．不清楚

29. 当你一个人走夜路时，是否觉得前面潜藏着危险？

　　A．是　　　　　　　　　　B．否　　　　　　　　　　C．偶尔

30. 你对别人自杀有什么想法？

　　A．可以理解　　　　　　　B．不可思议　　　　　　　C．不清楚

评分说明

以上各题，选 A 得 2 分，选 B 得 0 分，选 C 得 1 分。请将你的得分统计一下，算出总分。根据你的总分查表 3-1，便可知你的情绪稳定水平。

表 3-1　评价表

总分	情绪稳定水平
0～20 分	情绪稳定，自信心强
21～40 分	情绪基本稳定，但较为深沉、冷静
41 分以上	情绪极不稳定，日常烦恼太多

 项目思考

1. 什么是情绪？情绪有哪些种类和功能？

2. 大学生常见的情绪困扰有哪些？

3. 结合你的实际，谈谈如何控制和保持良好的情绪。

项目四
学海无涯"乐"作舟——学习潜能开发

04

 项目目标

理解学习内涵，认识大学生学习特点。

关注学习心理问题，学会预防调适。

掌握学习方法，培养学习能力。

 导学案例

小明是一位来自苏北农村的大学生，上大学前，学业成绩一直都还不错。进入大学后，小明忽然感到很迷茫，学习没了动力，生活也没有目标。身边的同学纷纷报名参加了社团，小明觉得自己也应该去试一试，但是又不知道该报哪个。开学两个月了，小明始终找不到奋斗的目标与学习的动力，学习上得过且过，生活上马马虎虎，漫无目的，上课打不起精神。大学住校，身边也没了家长的时刻监督和提醒，小明忍不住放纵自己，经常熬夜上网。小明自言："实在是觉得没劲才上网打游戏，我该如何摆脱这种状态呢？"

案例分析

很多大一新生都会遇到小明这种情况。出现这一情况的主要原因是大学学习模式与过去不一样，大学阶段更多考验大学生的学习自觉性，而缺乏学习自觉性的主要原因是学习缺乏明确的目的性，学习动机不够。当没有了外在的学习压力和严格的纪律约束，自己有更多可支配的时间时，很多大学生反而陷入迷茫，平时学习得过且过，到最后期末考试或者毕业时就会遭遇滑铁卢。大学阶段的学习，不仅是我们成长历程的关键，更是我们未来事业的基础。这就要求我们树立正确的学习目标、激发自身学习动机，学会学习，成为学习的主人！

 知识讲坛

 任务一 **学习心理概述**

学习这件事不在于有没人教你，最重要的是你自己有没有觉悟和恒心。

——法布尔

"学习"一词，我国古代文献中早有记载。孔子曰："学而时习之，不亦说乎？""学而不思则罔，思而不学则殆。"学习，其意义究竟是什么呢？

一、学习的概念

1. 广义的学习

心理学认为，广义的学习是个体在特定情境下通过练习和反复总结经验产生的行为或行为潜能的相对持久的变化。学习的内涵可以从以下几方面去理解。

（1）学习是人和动物共有的普遍现象。

（2）学习是有机体后天习得经验的过程。

（3）学习的过程可以是有意的，也可以是无意的。

（4）学习引起的是相对持久的行为或思维的变化。

由上述分析可知，学习不是本能活动，而是后天习得的活动，是由经验或实践引起的。任何水平的学习都将引起适应性的行为变化，不仅有外显行为的变化，也有潜在的个体内容经验的改组和重建，而且这些变化是相对持久的。这一特征将学习过程的结果与其他非学习过程的结果区别开来。疲劳、适应、药物的作用也能引起行为的变化，但这些变化是暂时的，一旦精力恢复或者药效消失，行为表现又会回到原来的状态，因此，这类行为的变化不能称为学习。

2. 狭义的学习

在心理学中，狭义的学习是指学生在学校里的学习。学生的学习是人类学习的一种特殊形式，它是在教师的指导下，有目的、有计划、有组织进行的过程，其目的是让学生在比较短的时间内系统掌握科学知识和技能，开发智能，培养个性，形成一定的世界观与道德品质。学生的学习具有其自身的特点。

（1）学生的学习过程是掌握间接经验的过程。

（2）学生的学习是在教师有目的、有计划、有组织的指导下进行的。

（3）学生的学习是一个主动建构的过程。教师要注意了解学生在认知、情感、个性和社会活动等方面所表现出来的特有的心理活动规律，采用一定的方法，培养和激发学生的学习动机，提高其学习的积极性和主动性。

（4）学生的学习内容是多方面的，大致有 3 个主要方面：一是知识和技能的获得与形成；二是智力和非智力因素的发展与培养；三是道德品质的提高和行为习惯的培养。

二、大学生学习的特点

大学阶段，学习是大学生的主要任务，大学学习与中学学习有着明显的区别，具有其自身的一些特点。

1. 专业化程度高，职业定向性强

大多数大学生在报考大学的时候，就选择了自己的专业，他们进入大学以后也是在相应的院系学习某个专业，这与中学生不分专业的学习有明显的不同。大学生在大学里，不仅要学习政治理论、品德与修养、外语、计算机技能等公共基础课程，还要学习相应专业的学科基础课程和专业课程，另外要在自己专业范围内选修一定学分的任意选修课程。这样才能在对本专业知识有较深入了解与掌握的同时，广泛涉猎各学科领域，扩大自己的知识面，实现"一专多能"，更好地适应社会对人才的需求。大学生在大学里学到的知识与他们将来的职业生涯有着密切的联系，这一阶段的学习是为自己未来的职业做准备的。

2. 学习内容具有高层次性和争议性

大学生学习内容的层次高，很多内容已经处于学科领域的前沿。有些内容在学术界还是众说纷纭，没有标准答案。将这些有争议的内容和各家之说介绍给大学生，有利于启发他们的思维，激发他们学习的积极性和创造性。这与中学时代一般向学生传输已成定论的知识不同，要求大学生的学习方式和思维方式逐渐从中学时代的死记硬背、正确再现教学内容，向集众家之长、确立个人见解的方向转变。

3. 学习的独立性、自主性不断提高

大学生的很多学习活动是凭借自己的力量独立完成的，体现出学习的独立性。大学生的课程安排比中学阶段少，业余时间比中学阶段多。与之相适应的，是课堂上大学教师受讲课时间的限制，常提供大量的参考书，要求学生课外阅读。学年论文、毕业论文或者毕业设计等，需要学生自己查阅有关书籍，自己设计研究方案，独立撰写研究报告。这就需要大学生具有高度的学习自主性，否则大量的时间就会被白白浪费。

4. 学习途径的多样性

大学生的学习途径是多种多样的，课堂教学虽然仍是主要的学习途径，但已不像中学时几乎是唯一的途径。大学生的学习活动还需要在课堂之外和学校之外进行。例如，去听学校举办的各种学术报告会，参加学生社团或各类竞赛，都是很好的课外学习途径；大学生还可以参观工厂企业，深入街道社区，进行社会调查和开展咨询服务，这些都是很好的校外学习途径，大学生可以从中学到很多在学校里学不到的知识。

5. 学习的研究探索与创新性

大学生学习具有一定的探索性，即对书本之外的新观点、新理论进行深入的钻研与探索。大学学习不仅仅在于掌握知识，更在于探究知识的形成过程与科学的研究方法，了解学科发展前沿、存在的问题及解决的思路。目前，大学普遍加强大学生创新能力的培养，在课程设置、课程安排、课程衔接上突出大学生的主体地位，体现创新，加大了对大学生在实践环节的培养力度，旨在提高大学生的创新能力。

6. 学习任务的全面性

大学生作为一个优秀的青年群体，是民族的希望，是国家未来的栋梁。大学生要真正成为中国未来的建设者和接班人，需要珍惜大学学习的时光，不断充实自我，培养自己各方面的能力，以适应未来社会的需要。因此，大学生在校期间的学习任务应该是全方位的，包括学会学习、学会做人、学会做事、学会生活等。

哈佛图书馆
自习室训言

三、学习与心理健康的关系

学习是人得以生存和发展的必然条件，大学生的学习促进了大学生身心的全面发展，是大学生心理健康的保证。学习又是一个非常复杂的心理现象，大学生的心理健康状况、心理发展水平也会对大学生的学习产生直接的影响。可见，大学生的学习与其心理健康是相互影响、相互制约的。

（一）大学生学习对心理健康的影响

1. 大学生学习对心理健康的积极影响

大学生学习对心理健康的积极影响主要体现在以下 4 个方面。一是能够开发大学生的智力和潜能。人们常说"刀越磨越快，脑子越用越活"，这话有一定的道理。二是能够提高大学生的自学能力、操作能力、创造能力、表达能力、管理能力等各种能力。三是促进正向情绪情感的产生。一个善于学习、乐于工作的人，常把学习和工作当作自己的所爱，能从中找到幸福和愉快。四是促进自我意识的发展。通过学习掌握科学的认知方法，这样才能正确认识和评价自己和他人，才能不断根据社会需要进行自我调节，以便更好地适应社会，不断提高心理健康水平。

2. 大学生学习对心理健康的消极影响

任何事物都有正反两面，学习也不例外。大学生的学习是一项艰苦的脑力劳动，需要消耗大量的心理、生理能量，这会带来一些消极、不良的影响。从学习的强度来说，学习负担如果过重，会给大学生带来一定的心理压力，造成精神高度紧张，出现学习焦虑现象。从学习的内容来说，学习内容难度过大，容易使大学生产生畏难情绪，甚至失去学习的信心。另外，如果选择学习的内容不健康，就易造成心理污染，使一些辨别能力差、抵抗力弱的大学生受到伤害。从学习方法来说，大学生如果采用不当的学习方法，学习成绩不理想，长此以往，会出现自卑心理，甚至会自暴自弃，导致恶性循环，影响其心理健康。

（二）心理健康对大学生学习的影响

从个体心理因素来看，影响学习的主要因素可以分为智力因素和非智力因素。

智力，是指个人凭借感觉、知觉、注意、记忆、想象和思维的活动来分析问题和解决问题的能力，而个人分析问题与解决问题所依赖的观察力、注意力、记忆力、想象力和思维力构成了智力因素。

影响学习的非智力因素，包括除智力以外的全部个体心理特征，如大学生的学习动机、态度、情绪情感、意志、个性等因素。这些因素是影响大学生学习的关键所在。一个智商很高，却有厌学情绪、学习上不肯努力的大学生，是很难取得好成绩的。因此，为了提高大学生的学习效率和质量，在充分发挥大学生的潜能、调动和组织大学生的智力因素的基础上，还要充分激发大学生学习的动机和非智力因素。而在这一过程中，大学生的心理健康与否，与他们的学习动机和其他非智力因素能否正向发挥作用有着很大的关系。心理健康状况良好，可以激发积极的学习动机，形成良好的情绪情感，坚定意志，促进积极个性的形成，进而对大学生产生促进作用；反之，若心理健康状况不良，甚至有心理疾病，则会不同程度地影响非智力因素，妨碍大学生学习，阻碍大学生潜能的发挥，严重者甚至无法学习。

任务二　常见的学习心理问题及调适

未来的文盲将不是不识字的人，而是没有学会怎样学习的人。

——埃德加·富尔

学习是一个复杂的过程。大一新生，面对新的学习环境和学习模式，在学习中经常遇到这样那样的心理问题，这会影响学习效果。因此，心理辅导在学习方面的作用就显得非常重要。

一、学习动机问题

学习动机是激发个体进行学习活动，维持已引起的学习活动，并使行为朝向一定学习目标的一种内在的心理过程或内部心理状态。它具有3种功能：一是激活功能，即学习动机会促使人产生某种学习活动，激发个体的某种学习行为，如大学生在学习动机的激发下来到学校求学；二是指向功能，即在学习动机的作用下，个体的学习行为指向某一目标，如在学习动机的支配下，大学生上课会认真听讲，下课会到图书馆看书，等等；三是强化功能，即当学习活动产生以后，学习动机可以维持和调整学习活动，如使学习活动维持一定的时间，并调节其强度和方向。当个体活动指向既定目标时，个体相应的学习动机便得到强化，因而学习活动就会持续下去；相反，当个体活动背离既定目标时，个体相应的学习动机得不到强化，个体继续学习活动的积极性就会降低，甚至会导致学习活动完全停止。

心理学界有名的耶尔克斯－道德森定律告诉我们：动机强度与学习效果之间的关系可以用倒U形曲线来描述，即中等程度的动机激起水平最有利于学习效果的提高。同时，该定律还指出最佳动机激起水平与任务难度密切相关：任务较容易，最佳动机激起水平较高；任务难度中等，最佳动机激起水平也适中；任务越困难，最佳动机激起水平越低（见图4-1）。因此，动机缺乏和动机过强，都会影响学习效果，带来一系列的心理问题。

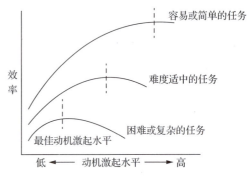

图4-1　动机激起水平与任务难度的关系

（一）学习动机缺乏

1. 学习动机缺乏的表现

（1）无明确的学习目标：在学习上既无长期目标，也无近期目标。这样的大学生没有前进的动力，认为在大学里只要每门功课拿到60分，最后能拿到文凭就行了，其在学习上得过且过、拖拉、散漫、怕苦怕累，并常为自己在学习上的懒惰行为找借口。

（2）无成就感：在学习上缺乏自尊心、自信心，没有求知的需要和激情。这样的大学生总认为自己就是学不好，认为自己天生就不行，对学习提不起兴趣，因而学习成绩不好也不觉得丢面子，成绩不及格也不在乎。

（3）学习上注意力分散：平时不能专心看书，不能集中精力思考，兴趣容易转移；上课时不专心，不能集中精力思考问题，思路不能跟着教师走，人在课堂心在外；学习常满足于一知半解；行动忽冷忽热，情绪忽高忽低。

（4）缺乏适宜的学习方法：由于学习方法不当，在学习上一直处于被动、消极的状态。这样的大学生常把学习看成奉命的、被迫完成的苦差事，不愿积极寻求适合自己的学习方法，只满足于死记硬背，应付考试。

（5）有厌学情绪：平时不愿看书，不愿意上课；上课也提不起精神，不愿意动脑筋；课后不做作业，不复习，对学习敷衍了事，很少能享受到学习带来的快乐。

2. 学习动机缺乏的调适

学习动机是推动大学生进行学习活动的内在力量，若学习动机缺乏，大学生就要根据其原因进行有针对性的调适。为此，可考虑从以下几方面入手。

（1）明确学习的目的和意义，确立合适的学习目标

很多情况下，大学生缺乏学习的积极性和主动性，是因为他们不知道学什么、为什么学和怎样学，即没有明确的学习目标。有研究表明，一个不知道学习的具体目的和意义的学生，是很难充分发挥其学习的积极主动性的。所以大学生可考虑先确立一个切实可行的近期学习目标，目标的难度不应

过高也不宜过低，以经过适当努力即可达到为宜，之后再逐步地提高目标的难度。这样做可以避免因目标难度过高不能实现而产生挫败情绪，有利于学习动机的激发。

（2）激发求知欲

孔子早在2000多年前就说过："知之者不如好之者。"爱因斯坦也说过："热爱是最好的老师。"如果大学生喜欢自己的专业，就会产生一种内在的学习驱动力，因此可以培养对本专业稳定的学习兴趣，这对学习动机的激发和心理健康都将十分有利。大学生可以通过听讲座，看相关专业书籍，参观专业对口的工厂、企业、研究所、学校等方式对专业兴趣进行培养，真切体会专业学习的重要性，这有助于大学生增强学习兴趣，热爱专业，产生学习动力。

（3）进行正确归因

归因是对他人或自己的学习结果的原因做出解释或推测的过程。有相当一部分学习动机缺乏的大学生是由于学习上遭到失败和挫折后，进行了不正确的归因。多归因于个人努力，可以激发自身更积极的行动；不要过多归因于不可控或很难改变的因素，如个人家庭条件、智力水平等，防止陷入被动无助的境地。

（4）积极创设有利于学习的氛围。良好的学习氛围和学习环境是激发学习动机、促进学习的外部条件。例如选择去图书馆、自习教室学习，这些地方学习氛围浓郁，可以增强学习动机。

（二）学习动机过强

1. 学习动机过强的表现

（1）自我期望值过高。这类学生由于缺乏对自身各方面素质的全面认识和对外界客观条件的认识，为自己所确立的抱负与期望远远超过了自己的实际水平，目标过高，成就欲望过于强烈，形成了只能胜利、不能失败的单向定式心理。可是他们的水平和能力又达不到目标的要求，从而造成失败。失败的体验又挫伤了自尊心、自信心，严重的会产生自卑、压抑等心理问题，影响学习效果。

（2）学习过于勤奋。学习动机过强的学生往往把学习看成至高无上的，把时间全部用在学习上，从不或很少将时间花在娱乐或文体活动中，认为时间不用在学习上就是一种浪费。他们在学习上不怕苦、不怕累，对待学习到了废寝忘食的地步，把全部的心思都用了学习上。如此长久下去，将会影响一个人正常人格的发展，影响身心健康，不利于个人发展。

（3）有强烈的争强好胜心理。学习动机过强的学生常把分数和名次放在很重要的位置上，他们争强好胜，在每次考试或竞赛中总想取得第一名，害怕失败。他们很想得到周围人的认可，唯恐失败而被人看不起。他们看到别人超过自己就不高兴，嫉妒心强。

（4）精神紧张。学习动机过强的学生由于长时间超负荷学习，压力巨大而导致心理脆弱，情绪难以松弛，他们常出现学习焦虑和考试焦虑。精神紧张易引起学习过程中注意力不能集中、记忆力下降、思维迟钝等问题，从而造成学习效率低下，久而久之还容易导致头痛、头昏、耳鸣、心悸、胃肠不好、失眠多梦等许多身心疾病。可见，对于学习动机过强的学生来说，学习同样是一件苦差事，而不是一种乐趣。学习动机过强并不一定就能学好。

2. 学习动机过强的调适

（1）加强自我认识。学习动机过强，往往来自对自己的过高估计，并由此造成在学习活动中对自己过分苛求，从而带来对身心的伤害。因此，要解决学习动机过强的问题，一是正确认识自己的潜质，制订恰当的学业目标与学业期望，调整成功动机，与此同时，脚踏实地，循序渐进，不好高骛远；二是转换表面的学习动机为深层学习动机，淡化外在奖励特别是学业成就的诱因，正确对待荣誉与学业成绩；三是端正学习态度，树立远大理想，保持旺盛的学习热情，坚持不懈，以取得预期效果。

（2）科学地制定目标。制定目标时要与自己所具备的条件及实际环境结合起来，目标要分阶段、分步骤、循序渐进，不能只有远期的大目标，而没有近期的阶段目标。做任何事情都应脚踏实地，一步一个脚印，学习也不例外。还需注意的是，制定的目标一定要在自己能力所及范围之内，目标要清晰、具体，具有可操作性，是经过努力能够实现的。切勿把目标定得过高、过于模糊、难以操作，否则易造成学习动机过强，影响学习效果和身心健康。

（3）将关注点放在学习过程本身。学习动机过强的学生往往过分注重家长、老师及周围的同学对自己的看法，这使得他们在学习中压力过大，患得患失。因此对于这样的学生，要注意教育他们把关注点放在如何学会学习，学会了多少知识方面，而决不能仅以成绩来评定胜负，要淡化名利得失，不要总是设想成败的后果，从而增强他们的抗挫折能力。

二、学习焦虑问题

学习焦虑是人的一种情绪状态，是个体由于不能达到预期的学习目标或不能克服学习上的困难而使自信心受到挫伤，或者使失败感和内疚感增加而形成的一种紧张不安、带有恐惧的情绪状态。人的焦虑情绪有程度上的不同，焦虑程度过高或过低都对学习有不利的影响，只有适中的焦虑程度，才有利于提高学习效率。

（一）学习焦虑的表现

处于严重焦虑状态下的大学生，由于精神过于紧张，顾虑的问题较多，在学习上常表现为注意力涣散、记忆力减退、思维混乱、烦躁、易怒等，严重的还常伴有头晕、头痛、忧虑等症状，身心健康受到影响。

处于严重焦虑状态下的大学生在多次努力学习无果的情况下，往往采用回避和退缩的方式消极对待学习，过早地放弃努力。但这样做反而使他们不能取得理想的成绩，学习每况愈下，自责感不断增加，心理压力更大，这进一步增加了焦虑，形成恶性循环，并进一步引起行为上的混乱、盲动，以致患上心理疾病。

学习焦虑的突出表现是考试焦虑，即在临考前或临考时产生紧张与恐惧的情绪状态。考试焦虑表现为临考前神情紧张、忧虑，在临考时肌肉紧张、心跳加快、血压上升、手足发凉、注意力不集中、思维僵化、记忆力下降，原本熟悉的材料这时也因过度紧张而回忆不起来，严重时还会出现"晕场"的现象。

（二）学习焦虑的调适

（1）任何事物的产生都有其起因，大学生应学会冷静分析造成焦虑的主观和客观原因，针对原因找出缓解焦虑的方法，决不能采取回避现实的态度，放任焦虑的发展。自己无法找出原因的大学生可到心理咨询机构去寻求专业的帮助。

（2）正确认识和评价自己的能力，确立切合自身实际的学习目标，不能把名次看得过重。要知道，能不断超越自我，不断地进步，也是一种成功。

（3）调整并适应大学的学习方式，尽快摸索总结一套适合自己的学习方法，注意劳逸结合，提高学习效率，掌握学习的主动权，尽快适应大学的学习生活。

（4）培养广泛的兴趣，正确处理学习活动与其他活动的关系，适当转移注意力，降低焦虑水平。

（5）保持适度的自尊心，降低对胜败的敏感度。同时，也要增强自信和毅力，不怕困难和失败，保持情绪的稳定。

小贴士

自我放松训练

考试焦虑者在考试期间，每晚睡觉前都按下面的要求做两遍。

坐在感觉舒适的椅子上，微闭双眼，全身放松，按下列步骤进行。

（1）紧握拳头—放松，伸直五指—放松。

（2）收紧小臂—放松，收紧大臂—放松。

（3）耸肩向后—放松，提肩向前—放松。

（4）保持肩部平直，转头向右—放松；保持肩部平直，转头向左—放松。

（5）屈颈，使下颌接触胸部—放松。

（6）张大嘴巴—放松，闭口咬紧牙齿—放松。

（7）使劲伸长舌头—放松，卷起舌头—放松。

（8）舌头用力顶住上颌—放松，舌头用力顶住下颌—放松。

（9）用力睁大双眼—放松，紧闭双眼—放松。

（10）深吸气—放松。

（11）胳膊顶住椅子，弓背—放松。

（12）收紧臀部肌肉—放松，臀部肌肉用力顶住椅子—放松。

（13）尽可能地收缩腹部—放松，绷紧并挺腹—放松。

（14）伸直双腿、脚趾上翘—放松。

（15）屈趾—放松；翘趾—放松。

休息 2 分钟，再做一遍。

三、学习注意力不集中的问题

注意是心理活动对一定对象的选择和集中。注意是人的各种心理过程正常进行的保证，它在人的各种感受器官所接受的种种信息中选出符合个体当前需要的信息进行加工；它能维持信息在意识中进行精加工的时间；它能监督和调节个体的行为，使之指向一定的目标，促进目标的达成。可以说没有注意，人的各种心理活动将很难进行。同样，大学生的学习活动也离不开注意，注意力差的大学生易出现学习效率低下、学习成绩不良的现象。

（一）注意力不集中的表现

1. 容易走神

注意力不集中的大学生，在学习时常不能有效控制自己的心理活动，想一些与学习毫无关系的事情，思维远离当前的学习活动，且不易收回。

2. 易受干扰

注意力不集中的大学生，在学习时很容易被外界无关刺激所吸引，有时甚至是很微弱的刺激也能引起他们注意力的分散，使他们偏离当前的学习活动。

3．无关动作增多

注意力不集中的大学生，在学习时往往会做出一些与学习无关的动作，如说话、东张西望、玩弄手指、摆弄笔杆、摸东翻西等，始终不能把注意维持在学习上。

4．效率低下

注意力不集中的大学生的学习效率是很低的，他们通常给人的印象是花在学习上的时间很多，却见不到成效。如有的大学生一个晚上都在看书，可是一晚上可能连一页都没有看完。

（二）注意力不集中的调适

1．明确学习目标、规定任务

大学生在学习前应根据自己的条件，为自己确立一个适当的目标，并依据目标制订详细的学习计划。每次学习时都应有具体的学习任务，要带着任务和问题进行学习。这样学习才有动力，才不易分心。

2．激发学习兴趣

大一新生入学后，学校应对各专业前景、发展方向做一些介绍，培养大学生对本专业的兴趣，促使他们将注意力集中在学习上。

3．寻找科学学习方法

大一新生在入学之初，可能对大学的教育教学方法不适应，这导致他们在学习时注意力不集中。教师应及时地对他们进行教育，使他们明白大学教学与中学教学的区别，帮助他们尽快总结出一套适应大学教学并与个人自身条件相适应的科学学习方法，集中他们在学习时的注意力。

4．选择环境，排除干扰

由于每个人的心理特征不同，个人所喜好的学习环境也不同。如有的人必须在绝对安静的环境下才能集中注意力，而有的人在轻柔的乐曲声中更能集中注意力。因此，大学生可以根据个人不同情况，选择适合自己的学习环境。大学生大多过着集体生活，有时在无法选择环境、排除干扰时，就需要有与干扰做斗争的自制力。

5．劳逸结合，张弛有度

要科学地安排作息时间，适当地休息或进行体育活动，防止过度疲劳。同时，要缓解焦虑、紧张情绪，保持平和愉快的心境。

6．学会运用思维阻断法

注意力不集中的大学生在学习时常会胡思乱想，及时阻止这种纷乱的思绪对于提高学习效率大有益处。当纷乱思绪出现时，一种方法是听一些柔和的音乐，使大脑放松下来；另一种方法是把眼睛闭上，反复握拳、松开，使肌肉放松，并同时对自己说"停"，如此反复数次，有助于集中注意力。

7．用期限效应集中注意力

对自己并不喜欢的任务设定一个完成期限，眼见离截止时间越来越近，你就会强迫自己去完成它，这样可以集中注意力完成不感兴趣的任务。

8．用报酬效应集中注意力

首先，可以给自己设置奖励，作为学习的报酬，这个奖励可以依自己的需要和兴趣订立。其次，遇到困难的工作可将其看作历练自己的机会，完成后给自己一个奖励。

四、记忆力差的问题

记忆是过去的经验在人脑中的反映，它包括识记、保持和再现 3 个基本环节。记忆作为一种基本的心理过程对保证人的正常生活起着重要的作用。人们的一切活动，从简单的感知、行动到复杂的思维、学习，都必须在记忆的基础上进行，所以说记忆是人全部心理活动得以连续进行的基础。大学生的学习同样要在记忆的基础上进行，记忆品质的优劣将影响大学生学习效果的好坏。

（一）记忆力差的表现

1. 识记速度慢

识记是识别和记住事物，从而积累知识经验的过程，它是记忆过程中的第一个基本环节。识记速度慢是大学生记忆力差的表现之一，在现实中表现为学习时经过多次重复仍感到难以记住学习内容。

2. 保持时间短

保持是巩固已经获得的知识经验的过程，它的对立面是遗忘。实际上，保持的问题就是防止遗忘的问题，它是记忆过程的第二个基本环节。大学生记忆保持时间短，表现为"记性好，忘性大"，识记的东西保持不久，容易遗忘。

3. 记忆不精确

记忆不精确是大学生记忆力差的又一表现，表现为凡事只记得大概，只有模糊的印象，经常似是而非，出现错漏。看书时好像都记住了，等到考试或要用时，才发现很多内容都记得不完整，或是记错了。

4. 信息提取有障碍

记忆信息的提取，是指大学生根据当前任务的需要，把需要运用的知识信息从记忆中提取出来，它是将知识运用于实际的重要手段。大学生在需要运用知识的时候，不能顺利地从记忆中提取知识信息，不能将已保持的知识信息运用于实际，就是记忆力差的表现。

（二）记忆力差的调适

对于病理性原因造成的记忆力差，则需要去医院诊断，这里不做讨论。对于非病理性原因造成的记忆力差，在对大学生进行调适时，首先，要使他们明确学习的目标，激发他们的学习动机，进而让他们明白记忆的意义，增强记忆动机。其次，要增强他们的记忆信心，让他们知晓只要努力了，就能记得住，让他们相信自己是有能力记住所学知识的。最后，在此基础上，对于记忆方法不当的大学生要给予适当的引导，让他们掌握一套适合自己的记忆方法。

具体的记忆方法有如下几种。

1. 将记忆材料系统化

在识记过程中，要尽可能地将记忆材料系统化。要培养大学生发现材料之间相互关系的能力，从而对内容相似的材料采取比较记忆，对内容间有联系的材料采取整体记忆，而不要把这些材料分开记忆，因为支离破碎的材料不易记忆。

2. 在理解的基础上记忆

有研究表明，在理解识记材料的基础上的意义记忆要比在简单重复而不理解识记材料的基础上的机械记忆的效果好得多。因此，在记忆时，对于有意义的材料，一定要在理解的基础上记忆，避免死记硬背；对于本身没有什么意义的材料，如出生年月、电话号码等，可以人为地赋予这些无意义材料以一定的意义，使枯燥无味的材料变为生动有趣的材料。如3.1415926，可以趣化为"山顶一寺一壶酒和肉"，这样记忆自然比简单重复式的机械记忆要容易得多，而且让人印象深刻。

3. 排除记忆内容间的相互干扰

心理学的研究表明，记忆内容易产生相互干扰现象，即产生前摄抑制和倒摄抑制。前摄抑制指先前的学习与记忆对后继学习与记忆的干扰，倒摄抑制指后继的学习与记忆对先前的学习与记忆的干扰。

为了排除记忆内容间的相互干扰，对于无关联的记忆材料可以不断更换识别内容的起始位置，如把中间的内容多复习几遍，不要头尾平均，或采用轮换记忆方法，造出更多的头尾来；可以在学习完一种材料后安排一定休息的时间，避免材料间的干扰作用；还可考虑将较难记忆的内容放在清晨起床后和晚上临睡前记忆。

> **拓展阅读**
>
> ### 头尾记忆法
>
> 美国心理学家做过这样的实验：把 12 个单词排成一行，让人来记忆，看哪个单词最容易被忘记。实验结果表明，几乎没有一个人会记错第一个或第二个单词，第二个单词以后错误率逐渐提高，第七、八个单词错误率最高。从这里开始，越往后，错误率就越低。最后一个单词和第一个单词一样，错误率也极低。他把整个错误率起伏的过程总结为"记忆的排列位置功效"。因此，实验证明，排在最前面和最后面的材料的记忆效果最好。

4. 过度学习

所谓过度学习，是指把学习进行到超过那种刚好能回忆起来的程度。研究表明，过度学习能增强记忆保持的效果，但过度学习也不是越多越好。假如把刚能背诵材料所需的时间定为 100%，一般过度学习花的时间以 150% 为宜。德国心理学家克鲁格曾让 3 组被试练习画手指迷宫，要求第一组被试练到恰能正确用手指画出迷宫，第二组被试增加 50% 的练习时间，第三组被试增加 100% 的练习时间。然后测 3 组被试的记忆保持量，结果发现第二组被试的记忆效果最佳，第三组被试的记忆效果并没有随着练习时间的增加再出现显著的增强。

5. 及时复习

德国心理学家艾宾浩斯（Ebbinghaus）经过研究得出了著名的艾宾浩斯遗忘曲线（见图 4-2）。这条曲线告诉我们在学习中的遗忘是有规律的，这个规律就是遗忘的量随时间递增，但这种递增是先快后慢的，在相当长的时间以后，几乎就不再遗忘了。从这个遗忘的规律我们看出，在学习后的第一时间复习是加强记忆的有效方法。

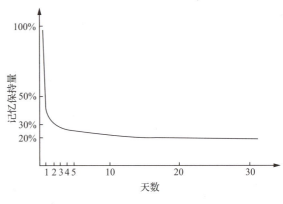

图 4-2　艾宾浩斯遗忘曲线

有人做过一个实验，两组学生学习一段课文，甲组在学习后不久进行一次复习，乙组不予复习。一天后，甲组保持 98% 的记忆量，乙组保持 56% 的记忆量；一周后，甲组保持 83% 的记忆量，乙组保持 33% 的记忆量。乙组的遗忘平均值比甲组高。

6. 掌握科学的回忆策略

只注意学习的识记过程，却忽视回忆的过程，则会导致识记的知识无法提取或提取困难，造成记忆力差。可见，在学习记忆过程中，掌握科学的回忆策略很重要。促进知识的回忆，可采取以下策略。

第一，主动复述。有些大学生复习只满足于一遍遍地看书、看笔记、看做过的题目，认为这样就能达到记忆的目的，其实这种方法是低效的。因为采用这种方法复习，不能激活大脑中已经储存的信息使其再现出来，易产生"打开书本什么都懂，合上书本什么也想不起来"的现象。高效的复习方法应是，采取主动复述策略，在某些线索的提示下，尽力再现所学知识。这样，不仅能激活大脑中已经储存的信息并加深印象，还能从总体上对知识的保持状态做检验，进而查漏补缺。因此，要使所学的知识长久保持并能在需要时清晰再现，必须经常复述，反复"过电影"。

第二，将自己记住并理解的知识讲给别人听。经常将识记的知识讲给别人听的大学生会发现知识在大脑中较清晰，而只记不说则使知识在大脑中十分模糊，在回忆时常出现遗忘的现象。这是因为学习是较多地进行信息输入、较少地进行信息输出的过程，即学习者激活储存在大脑中的某部分信息并使之再现出来的过程。如果学习者能脱离书本将所识记、保持的东西用自己的话清晰地加以阐明，则表明他的确理解、巩固了所学材料。因此，大学生在学习知识的时候，不仅要将知识全部理解，还要善于把记住并理解的知识讲给别人听，在此基础上再加以练习，这是理解和巩固知识的有效策略。

第三，通过自己出题和一题多解主动再现有关知识。要使大脑中储存的各种知识时常得到激活，并使知识网络的联系得到加强，一种有效的方法便是运用知识间的网络关系，从多种角度主动地编制各种类型的题目并予以解答。这种方法不仅有利于各种知识的激活巩固，而且有利于对各种题型解法的总结归纳，以便掌握规律性的东西，促进知识的迁移。而通过一题多解的方法，大学生可以加强各种知识之间的联系，激活与某一问题相关的各种知识，即以一道题目回忆一系列知识，这样可以充分理解知识之间的各种联系，融会贯通。

7. 科学用脑

生物的生命活动都是有一定的节律的，这称为"生物钟"现象。人的大脑活动也不例外，它有一个强弱波动变化的周期。大学生要善于发现自己大脑活动的高峰期，并在这段时间内安排学习较复杂的内容，因为这时的记忆效果较好。而在大脑活动的低谷期，可进行一些简单内容的学习，或是干脆做一些日常事务，使大脑得到休息。通常认为大脑一天有 4 个黄金记忆时间段，分别是：清晨起床后，8:00—10:00，18:00—20:00，临睡前 1 小时。在这些时间段里记忆效果较好。当然，黄金记忆时间段也会因各人的不同而显示出一定的差异，大学生要学会科学安排时间，科学用脑，以提高自己的记忆水平。

8. 灵活运用各种记忆术

记忆术的灵活运用，可以很好地帮助记忆。记忆术发展到今天，其内容已相当丰富，通用的记忆术有：联想法，即通过建立事物间的联系进行记忆；形象法，对抽象材料赋予一定形象而进行记忆；口诀法，将记忆的材料编成有韵律的口诀来记；谐音法，利用谐音把毫无意义的材料变为生动的材料，从而帮助记忆。当前关于记忆术的书籍很多，大学生可以通过阅读相关书籍，找到适合自己的记忆术，以增强记忆力。

任务三　大学生学习方法与学习能力的培养

无数的事实说明，只有把全副身心投入进去，专心致志，精益求精，不畏劳苦，百折不回，才有可能登攀科学的高峰。

——邓小平

一、学习方法的培养

大学生在学习过程中遇到的很多心理问题，与大学生没有掌握科学的学习方法有关，即由于不会学习，导致学习效率低下、学习缺乏自信等问题。当代大学生要圆满完成学业，应在大学期间探索出一套既适应大学学习要求，又适合自己各方面条件的科学学习方法，养成良好的学习习惯和学习品质。

名家谈读书

（一）确立科学的学习目标

明确、合理的学习目标是大学生学习获得成功的基础。科学合理的学习目标可以依据SMART原则来制定。

S就是Specific，具体的、明确的。比如说你要提高成绩，那怎么才算成绩提高了呢？是考全班第一，还是总分提高20分呢？这些最好说明清楚，具体而明确。

M就是Measurable，可量化的、可以度量的。目标到最后是不是实现了，离实现还有多远，或者超额完成了多少，需要一个数值来量化。

A就是Attainable，可以实现的、能做到的。这也就是说你制定的目标应该是以你现在的水平，通过努力可以达成的。

R就是Relevant，相关的、有关的。找到相关性目标，才能避免无效的努力。

T就是Time-bound，要有时间限制，不能漫无目的地一直做下去。在制定目标的时候，需要给自己安排合理的时间限制，比如一个月内读完5本书。

（二）掌握科学的读书方法

读书是学习的主要方式之一，是大学生扩大知识面的重要途径。读书本身似乎很容易，但真正会读书、读好书并不容易。一个掌握了科学的读书方法的大学生能从书中收获很多，这对学习大有益处；但一个没有掌握科学的读书方法的大学生可能在读书上花了很多时间，却收效甚微，最终还可能对读书产生厌烦情绪，这样不利于学习的进步。可见，掌握一套科学的读书方法是相当重要的。

1. 明确阅读的任务和要求

读书同做事一样，要有一个明确的目标指引方向，这样才知道为什么要读、读什么、读到什么程度等。大学生只有在明确了阅读的任务和要求后，才能更有效地阅读。

2. 充分利用原有的知识背景

按照现代认知心理学的观点，学习的过程不是简单的从无到有的过程，而是学习者头脑中原有知识与所学的新知识相互联系、相互作用的过程。阅读理解的过程，也需要学习者借助自身原有的知识和经验去分析新的材料，使两者相互联系，这样新知识才能够真正固定在学习者的头脑中。因此，大学生在阅读过程中，应尽量调动已有的相关知识，将新知识与已有的相关知识进行比较，找出其相互关系，这样就可以更加牢固地掌握新知识。

3. 区分阅读内容的主次，而不纠结于细节

在大学生阅读的材料里，有一些内容是主要的、重要的，这部分内容应该作为重点认识的对象加以理解；另一些内容是非重要内容，可以把它们当成阅读的背景。在阅读时，大学生应注意把重点认识的对象从背景中提炼出来，才能够对对象有深入的了解和清晰的记忆。切忌对这两部分的内容平均用力，否则眉毛胡子一把抓，什么也抓不住。另外，相对于大学生有限的时间与精力而言，要对阅读内容中的边边角角都加以理解和掌握，这是很难办到的，不切合实际。

4. 理解阅读内容的内涵和意义

大学生在阅读时，不应仅满足于记住文字的表面之义，更重要的是透过文字的表现形式去理解隐藏在其中的更深层的意义，这样才能真正理解阅读内容。因此，大学生在阅读时，可尝试用自己的话对阅读内容加以解释和阐述，挖掘其深层次的意义。

5. 监控阅读理解

大学生应经常对自己的阅读过程进行反思，看看自己的阅读是否达到了既定的目标、阅读的速度如何、理解了多少等，并在此基础上有效地改进自己的阅读方法、阅读策略，圆满完成后期的阅读任务。这样做不仅有助于阅读任务的完成，而且还能避免在时间和精力上造成不必要的浪费。

拓展阅读

SQ3R 阅读法

S 代表浏览（Survey），阅读的第一步应是对阅读材料做一个整体性的浏览，知道其大体内容。具体的方法是先看看材料的开头、中间、结尾，承上启下的句子以及有关的大小标题，从中大概了解一下阅读材料主要叙述了什么问题。这样从总体上把握后，有利于大学生对阅读材料建立整体概念及方向感，从而培养阅读兴趣，促进进一步阅读。

Q 代表提问（Question），把材料的标题及主要内容转化为问题的形式，带着问题进行阅读。这样在问题的提示下所进行的阅读比盲目阅读的效果要好得多，可以激活大学生的思维，促进学习。

R 代表阅读（Read），根据问题的提示去阅读材料，寻找问题的答案。这一过程实现得顺利与否，主要依赖于大学生的理解水平。

R 代表背诵（Recite），回忆书中的内容，看看有多少内容已经能够记住，还有哪些没能透彻地理解并记下来。这是一种自我检查学习效果的方式，同时也是巩固记忆的手段。

R 代表复习（Review），阅读内容要长期保持在脑中，大学生就必须通过复习加深对阅读内容的巩固、理解，并建立有关内容之间的联系。

PQ4R 阅读法

P 代表预习（Preview），快速预览阅读材料，对内容主题和主要标题有大致了解。

Q 代表提问（Question）。

R 代表阅读（Read）。

R 代表反思（Reflect），这一阶段要求大学生理解所学内容的意义。大学生可以通过将现在所学内容与已有的知识相互联系起来、把阅读材料的细节和主要观念联系起来、对所学内容做评论等方法来实现对阅读材料的理解。

R 代表背诵（Recite）。

R 代表复习（Review）。

OK5R 阅读法

O 代表纵览（Overview），相当于 SQ3R 阅读法所述浏览。

K 代表提出关键点（Key idea），即在掌握阅读材料大体内容的基础上，列出其中主要的关键的内容，为下一环节做准备。

R 代表阅读（Read）。

R 代表摘录（Record），在阅读的基础上，把材料中主要的内容摘抄下来或重点阅读理解，以加深对关键内容的印象。

R 代表背诵（Recite）。

R 代表复习（Review）。

R 代表反思（Reflect），对整个阅读过程进行反思，包括有无理解和记住内容、阅读速度是否合适、在哪些方面需要加以改进等。这一环节在阅读过程中显得尤为重要，它体现了阅读策略的核心。因此在阅读时，必须充分重视这一环节。

（三）合理统筹安排时间

对于大学生来说，每个人在校时可自由支配的学习时间是有限的，如果能对时间进行合理安排，则能大大提高学习效率。合理地安排时间就是通过有目的、有计划的安排将学习时间利用得尽量充分、合理。制订一个完备的学习计划，是合理安排时间的一个有效方法。

1. 制订学习计划应注意的事项

（1）根据教学大纲和教学计划进度表，了解所学课程的特点，然后根据其内在的联系，由浅入深，有主有次地安排学习内容。

（2）计划中应留有作为"应急性计划"的时间，这样能保证计划的完成。

（3）制订计划要根据自己的生理特点、学习习惯、所处的环境及可以利用的条件等实际情况进行。如可以将一些重要的、难度大的内容安排在受干扰较少的晚间来看，而把一些需要记忆的内容安排在自己记忆效果最佳的时段来看，这样就可以大大提高学习效率。

（4）每次学习的时间要恰到好处。根据学习内容和分量以及个人的嗜好掌握好每次学习的时间，学习一段时间后应安排适当的休息，否则学习时间过长，学习效率反而降低，造成学习疲劳、学习效果下降，浪费学习时间。

（5）学习计划要落到实处。学习计划制订得再好，如不落到实处，就等于没有计划，起不到任何作用。因此在执行计划的过程中，要有一定的毅力和耐心，不要轻易给自己找借口，一遇挫折就放弃。可以试着把计划列成表格，画成图形，贴在自己常能看到的地方，时时提醒和约束自己。在计划制订之后，不要随意变动，以防打乱已有的学习计划。要相信只要自己一步一个脚印去做了，预定目标就会实现。

2. 合理安排时间的优选法

（1）充分利用学习上的"黄金记忆时间段"，详见"记忆力差的调适"中"科学用脑"的内容。

（2）提高效率。"时间就是金钱，效率就是生命。"首先，提高单位时间的利用率，是时间安排的重要原则。在每个人的时间表里，都可能会出现低效时间段，大学生要注意审视自己的低效时间段不做某件事，分析原因并找出对策，减少低效时间段，增加高效时间段。制订并执行严格的时间计划是减少低效时间段的方法之一。其次，凡事多问几个能不能是提高时间利用效率的第二种方法，如能不能不做某件事？能不能几件事合起来做？能不能避免重复劳动？能不能找到捷径？再次，要注意用脑卫生，采用"轮流作业"法，即对不同类型的内容进行交叉学习，使大脑各部分轮流得到休息，从而缓解疲劳，提高学习效率。

（3）珍惜时间，积零为整。善于利用零星时间的人，往往会取得更好的成绩。大学生要优化时间安排，就应养成不浪费零星时间的习惯。如有人坚持每天晚上睡前花 10 分钟背 5 个英语单词，日积月累，理论上一年就能背 1800 多个英语单词。

二、学习能力的培养

大学生不能仅仅满足于学生阶段的学习，要想在工作领域中有所建树，仍需在工作中不断学习，以适应时代的变化和要求。有研究表明，一个人的知识很大程度上来自在工作中的实践和学习。因此，大学生必须在大学期间培养一定的学习能力，包括观察能力、想象能力等，以适应时代的发展。

（一）观察能力

观察是一种有目的、有计划和持久的知觉活动，是一切真知灼见产生的基础。培养学习能力，一是要遵守客观全面的原则，不以先入为主的心理定式观察事物；二是要培养细心耐心的观察态度，特别是在观察一些偶然的、例外的和稍纵即逝的重要现象时；三是培养浓厚的观察兴趣，把"要我观察"变为"我要观察"，进而促进对知识的获取。

（二）想象能力

想象指在头脑中改造记忆的表象并创造新形象的过程。培养大学生的想象能力，要做到以下几个方面。一是要培养广泛的兴趣爱好。二是培养丰富的情感。丰富的情感有利于产生积极的想象，如诗人、作家、画家、演员等往往就是在充满激情的状态下充分发挥想象力，创造出一个个动人的艺术形象。三是培养好奇心。四是积累想象素材，丰富表象储备。大学生要拓宽知识面，广泛涉猎文学、历史、音乐、美术、社会学、心理学、计算机等学科领域，构筑一个一专多能、文理兼备的优化的知识结构。

（三）思维能力

思维能力是智力的核心，包括分析能力、综合能力、比较能力、抽象能力和概括能力等。培养大学生的思维能力，要做到几个方面。一是要建立合理的思维能力结构。分析、综合、比较、抽象和概括，是思维能力结构重要的组成部分。大学生要学会分析事物的方法，善于对众多的事实材料加以分类整理，从中找出关键问题；在分析的基础上加以综合，并与相关事物进行比较，抽象出事物的本质属性，进一步通过概括将抽象出的本质属性推广到同类事物中去，以便解决实际问题。二是要科学用脑。大学生要根据自己的生物钟合理安排时间进行学习和工作，把重要的、需要高度集中注意力的任务放在高效时间段来处理。三是培养浓厚的兴趣。四是培养乐于计划的品质。五是培养努力坚持的意志。

（四）创新能力

创新能力是运用一切已知信息，产出某种新颖而独特的、具有社会价值的产品的能力。培养大学生的创新能力，是培养大学生学习能力的关键。大学生培养创新能力，一是要开阔视野，积累多方面的知识经验；二是要有求知的渴望和探索新事物的激情；三是要培养从多角度思考问题的方法和习惯；四是要积极参与科研项目，锻炼创新技能；五是积极参加各类竞赛，培养创新精神。

 心理训练营

心理训练游戏：与学长面对面

活动目的：通过与学习优秀的学长交流，明确学习的目标，获得学习方法的启发，从而学会学习。

活动时间：一节课。

活动准备：

（1）邀请嘉宾。对嘉宾进行必要的选择，最好是来自相关专业、学习成效明显，获得省级以上奖学金荣誉，愿意分享且具有一定表达能力的高年级同学。

（2）布置教室，包括擦黑板、摆放桌椅等，尽量营造出向嘉宾学习的氛围。

活动步骤：

（1）嘉宾分享自己的学习经历和个人经验。

（2）由学生围绕学习心理向嘉宾提问，进行问答互动。

（3）主持人小结，学生写心得体会。

 心理测试

大学生学习动机自测

你的学习动机如何？请仔细阅读问卷中的每一道题目，并与自己的实际情况相对照。若觉得相符，打"√"，若不符合，打"×"。

1. 我已经不想学习，想去找份工作。
2. 我把自己的时间平均分配在各科上。
3. 除了老师指定完成的作业外，我不想多做。
4. 如果没有人督促我，我很少主动学习。
5. 我一读书就觉得疲劳和厌烦，只想睡觉。
6. 如果有不懂的地方，我根本不想弄懂它。
7. 我几乎毫不费力地就能实现自己的学习目标。
8. 我常想不用花太多的时间成绩也能超过别人。
9. 为了应付每天的学习任务，我已经感到力不从心了。
10. 我总是为了同时实现几个学习目标而忙得焦头烂额。
11. 我给自己定下的学习目标，多数因做不到而不得不放弃。
12. 我迫切希望在短时间内就大幅度提高自己的学习成绩。
13. 为了实现一个大目标，我不再给自己制定循序渐进的小目标。

14. 我只在喜欢的科目上狠下功夫，而对不喜欢的科目敷衍了事。

15. 我认为课本上的基础知识没什么可学的，只有读大部头作品才有意思。

评分说明

打"√"得1分，打"×"得0分，将得分相加，算出总分。

11～15分：你在学习动机上有严重问题和困惑，需要调整。

5～10分：你在学习动机上有一定问题和困惑，可调整。

0～4分：你在学习动机上有少许问题，必要时可调整。

 项目思考

1. 大学生学习动机缺乏有几种表现？如何调适？

2. 请反思一下自己多年的学习方法，找出其中的优点与不足，并总结出适合自己的科学学习方法。

项目五
莫愁前路无知己——人际关系优化

05

📖 **项目目标**

了解人际交往，培养交往能力。

识别交往问题，优化交往行为。

学习交往技巧，提升交往水平。

📖 **导学案例**

王同学是一名大三女生。在心理咨询室里，王同学是这样自述的："我小的时候，父母从不鼓励我和其他小朋友交往，因此我独处的时间比较多。上高中的时候，我的一位班主任很凶，再加上我们的学习压力普遍比较大，于是我容易紧张。上大学以后，进入大三以来这种感觉越来越强烈——我觉得自己与周围的人格格不入，我觉得自己简直就是异类。例如有时上课，老师一看我，我就特别不舒服，很紧张，课也听不进去。有时候，老师讲的内容很吸引人，我就会忘了紧张。但多数情况下，我总觉得老师在看我，这让我浑身不自在。参加集体活动时，例如演讲会等，即使不要求我去演讲，只是做一个听众，我也会紧张。在路上碰到同学和我打招呼，我也会觉得特别紧张，心烦意乱。我心里也知道，这不过是一次简单的打招呼而已，但我就是控制不住会紧张。我也想和同寝室的同学好好相处，可我就是觉得她们身上缺点太多，例如：李某，成绩虽不错，但性格太古怪，我不喜欢；张某，与我倒是能谈得来，但她有一个毛病，晚上睡觉爱打鼾，我受不了；刘某，成绩太差，家里又穷；明某，不讲卫生，很脏……我现在越来越担心，马上就要毕业了，工作中的人际关系必须处理好。老师，我现在说话时就不自在、心慌、紧张，你能感觉到吧？"王同学在说这些时，一直都没敢看老师一眼。

案例分析

人生是在交往中度过的，几度别离，几多重逢，告别旧友，结识新友。唐代诗人高适在《别董大》中写道："莫愁前路无知己，天下谁人不识君。"这既是对好友的赠别，也是对多彩人生的展望。进入人生的新阶段，大学生也渴望通过交往建立和谐的人际关系。为此，大学生必须了解人际交往的基本知识和原理，掌握人际交往的规律和技巧，优化人际交往的能力，才能为建立良好的人际关系打好基础，使自己在人生的前路上"莫愁无知己"。

📖 **知识讲坛**

任务一 人际交往概述

你有一种思想，我有一种思想，交换之后我们每个人都有两种思想。

——萧伯纳

人际交往是人际关系建立的前提和基础，人际交往的程度也是人际关系深度的主要标志。借助于人际交往，人们消除陌生感、缩短心理距离，获得稳定的情感、体验生活的幸福。培养良好的人际关系要从了解人际交往的基本知识开始。

一、人际交往的功能

人际交往是指人与人之间为了满足各种需要而进行的思想、情感、行为等方面的交流，它是最平常的社会活动之一，也是最考验一个人智慧的活动之一。通过人际交往，人们交流思想情感，传递信息资讯，消除紧张感，获得对方的理解和同情，协调与他人的活动，实现群体目标。人际交往的功能就是人们在交往活动中的效能，具体表现为以下 4 个方面。

（一）人际交往是交流信息、获取知识的重要途径

一个人直接从书本上学得的知识毕竟是有限的，即使他皓首穷经、学富五车，与浩瀚的知识海洋相比，他学到的也只是沧海一粟而已。通过人际交往，我们可以互相传递、交流信息和成果，以各种方式迅速地获得信息。与书本知识相比，通过人际交往获得的信息内容更广泛、渠道更直接、传播速度更快。

（二）人际交往是自知、知人的重要手段

人的自我意识并不是自然地成熟的，而是通过交往，在与别人的相互作用中逐渐成熟起来的。良好的人际交往有助于人们以他人为镜，从与他人的比较、他人的评价中，弄清"我是谁"和"在别人心中我是谁"，找准自己在人际交往中的正确角色，认识自己。同时，伴随着人际交往范围的扩大，接触的人越来越多，个体也就越能了解更多人的品行。人生的许多经验，就是在人际交往过程中积累和丰富起来的。

（三）人际交往是自我表现、协同合作的需要

人总是希望别人了解自己、理解自己、信任自己。只有扩大交往范围，在更大的范围内表现自己，别人才可以了解你的为人、你的性格、你的学识、你的才能。同时，作为一个现代人，要想获得成功，就要善于与人合作。人"力不若牛，走不若马，而牛马为用，何也？曰：人能群，彼不能群也"。正因为人可以结成一个个强有力的集体，人才能不断战胜困难，获得成功。要想做到组织、协调各种力量，就不能离开人际交往。

> **拓展阅读**　　　　　　　　**人际交往的需要互补性效应**
>
> 　　两个具有较强的竞争意识和掌控欲的学生组成的学习小组，常常因为对一些问题各抒己见、争执不下而影响团结；两个性格过于软弱的学生在一起，又常常会缺乏主见，面面相觑。

（四）人际交往具有身心保健功能

与人交往可以宣泄负性情绪，增加和放大积极情绪。如果一个人长期缺乏与别人的积极交往，缺乏稳定的良好人际关系，久而久之，往往会造成心理失调，导致心理上的障碍，危害身体健康。

通过相互交往，诉说个人的喜怒哀乐、爱憎恐悲，会引起彼此间的情感共鸣，从而在心理上产生一种归属感和安全感。研究表明，在进行人际交往时，个体笑的频率比独处时高出50倍。人际交往对个人的心理健康有着极为重要的作用。

二、人际交往的心理效应

人际交往过程中，对交往对象的认知、印象、态度、情感等，会直接影响交往的正常进行，这些影响人际交往的复杂因素称为心理效应。

（一）首因效应

首因效应，就是我们常说的第一印象。在人际交往活动中，我们会很重视一开始接触到的信息（包括容貌、语言、神态等）。比如，我们初次看到某人时，他谈吐优雅、待人礼貌，他就会给我们留下一个好印象，而我们往往不会想到他有行为粗鲁、蛮横的表现。首因效应启迪我们一方面要给他人留下良好的第一印象；另一方面，要尽量减少首因效应对自己评价他人时的影响，要客观、公正地认识一个人。

（二）近因效应

近因效应是指在人际交往过程中新获得的信息会起到优势作用，也就是说，最近或最后印象的影响较为强烈。某人或某事在近期给人留下的印象，往往是最深刻的印象。一般而言，在熟人之间的交往中，近因效应会发挥较大的作用，因此我们平时应该注意给熟人留下良好的最后印象。

（三）晕轮效应

晕轮效应，又称光环效应，是指在人际交往的过程中，我们往往会从对方的某个优点泛化到其他有关的方面，由不全面的信息形成完整的印象。在人际交往中，特别是在交往刚开始的时候，人会在不知不觉中利用少量的信息来得出广泛的结论。这是一种以偏概全的判断方式，容易导致认知上的偏差。

（四）投射效应

投射效应是指在交往的过程中，我们总是假设他人和自己有相同的倾向，即把自己的特性投射到他人身上，从而形成对他人的印象。这也就是通常所说的"以己之心，度人之腹"。有时候，我们对他人的猜测无形中透露的正是自己的看法。所以，我们常常可以从一个人对别人的看法中来推测这个人的真正意图或心理特征。

（五）刻板效应

刻板效应，又称定型效应，是社会上对于某一类事物或人物的一种比较固定、概括而笼统的看法。在人际交往中，我们有时会把对某一类人物的整体看法强加到该类人物中的个体上而忽视了个体特征。刻板效应有利于进行总体评价，但运用在个体评价中会产生偏差。比如，农村来的同学认为城市来的同学见识广，而城市来的同学认为农村来的同学眼界狭隘，这实际上就是刻板效应的负面影响在发挥作用。因此，我们应提醒自己把交往对象看成一个独特的人，在实际交往中去认识和理解对方，以此弱化刻板效应的负面影响。

三、大学生人际交往

（一）大学生人际交往的形态

人际交往是人际间信息交换、情感交流的过程。人际交往主要通过面对面沟通进行，随着现代技术的发展，越来越多的大学生通过以数字技术为代表的信息技术实现沟通。

1. 面对面沟通

面对面沟通是沟通双方在相同时间、相同地点近距离的沟通。它具有3个优势：第一，面对面沟通使人们能够做深度沟通，既可以解释复杂的想法，也可以抒发较为深刻的情感；第二，面对面沟通可以让人们通过身体语言进行沟通，暴露真实的信息和思想；第三，人们在面对面沟通时可以获得即时反馈，可以直接发问，提出要求，或发表自己的看法，同样，对方也要做出即时回馈。

2. 借助信息技术进行沟通

借助信息技术实现沟通常见的载体是电子邮件、QQ、微信、短信等。它们的优点是：第一，便捷，沟通双方突破了时空限制，沟通可以随时随地发生；第二，可以实现一对多的沟通，节省了单独沟通所需要的时间；第三，信息形式多样化，可以是文字、图片，也可以是语音，还可以是视频，甚至是包括了多种信息形式的超文本。目前，借助信息技术的沟通正越来越多地替代面对面沟通。

（二）大学生人际交往的特点

大学生渴望得到他人的尊重和承认，也渴望了解他人和社会。因此，大学生对于人际交往抱有积极良好的愿望和期待，交往活动也呈现鲜明的特点。

1. 人际交往的平等性

大学生的交往对象主要是同龄人，人际关系主要是同学关系，这是一种横向的关系。大学生因个人阅历、社会经验、认知能力、思想观念等都大致相同，因而比较容易产生平等的心理和意识，追求一种平等条件下的交往。

2. 人际交往的理想性

大学生由于心理尚未完全成熟，社会阅历有限，接触社会不够全面，对现实生活中"人"的了解也不全面，因而易产生理想化的思维定式。在交往的过程中，大学生往往是先在自己的头脑中塑好一个"模型"，然后根据这个"模型"到现实中寻找知己，因此大学生的人际交往有时有较强的理想性。

3. 人际交往的不成熟性

大学生人际交往的不成熟性主要表现在行为和心理两个方面，在行为上往往表现出不善交往、不会交往、缺乏交往技巧以及交往过程庸俗化等，在心理上则往往因为过分关注自我需要和形象，而表现出不敢交往、不愿交往和害怕交往等。

4. 对异性交往的好奇和敏感性

大学生在生理发展上正处于青春期，由于性的成熟，很自然地在心理上产生与异性交往的渴望与兴趣。交往过程中，对异性异常关注，喜欢评价异性的动作和语言等，同时也非常重视异性对自己的评论。他们会将对方作为镜子，有意识地注意自己的一言一行，并对不恰当的动作和语言等进行约束，希望自己在异性眼中是一个完美的形象。

5. 网络人际交往与现实人际交往的互补性

当前，手机已成为大学生人际交往的必备工具，通过微信、QQ、抖音、小红书等进行的社交已渗透到他们的生活中。他们一方面善于利用新媒体拓展自己的朋友圈，另一方面渴望在现实交往层面建立更紧密的人际关系。大学生应该正确认识现实世界的人际交往与网络人际交往之间的关系：现实世界的人际交往是人际交往的核心，网络人际交往是现实世界的人际交往的延伸与补充，网络人际交往不应该也不能取代现实世界的人际交往。

任务二　大学生人际关系培养

　　最能施惠于朋友的，往往不是金钱或一切物质上的接济，而是那些亲切的态度、欢悦的谈话、同情的流露和纯真的赞美。

——富兰克林

一、大学生人际关系的类型

（一）大学校园里的同学关系

　　同学是大学生人际交往的主要对象，同学关系是大学生人际关系的主要内容。大学校园里，同学之间的关系有亲情化、家庭化的趋势，即在日常生活、学习中形成一种如同亲情一般和谐稳固的同学关系。

　　很多大学生寝室按年龄大小进行排行，一个寝室的几个同学就像一个家庭的几个孩子一样，平时称呼彼此也不叫名字，而是叫老大老二、姐姐妹妹之类的。大学生十分重视同学之间的情谊，希望获得彼此之间相互帮助、相互照顾、相互倾诉的情谊。即使个别同学之间出现了某种隔阂，他们也会注意"着眼长远、面向未来"，有意去消除隔阂。在大学校园里，流传着一些社会上使用不多的话语，有一些话甚至不是校园里的"流行语"，而是一个班、一个寝室甚至是几个"圈内"同学之间的"密语"，它们只在特定的范围内被使用，其他的人，哪怕是一个班的同学，也可能听不懂。这种带有"标志性"的"圈内人"语言使"圈内人"之间贴得很近，很容易把他们凝聚在一起。

（二）大学校园里的学生交际圈

　　在今天的大学校园里，大学生根据各自兴趣、爱好、性格等的不同，结成一个个或松散或紧密的交际圈。在一个个或明或暗的交际圈中，同学之间有亲疏之分，有好朋友和一般朋友之分。

　　在学习圈这个圈子里的大学生，有一个共同的爱好，就是学习。但真正为了学习学校开设的课程而形成学习圈的学生并不多，他们大都是为了通过某种公共考试，比如考研、考托福、考GRE（美国研究生入学考试）、考律师资格证或者考其他某种证书等，而形成了一个个学习圈。在娱乐圈这个圈子里的大学生，都爱好某种娱乐活动，如体育运动、文艺活动等。他们课余时间经常在一起活动，力求把活动搞得丰富多彩。社团圈中的社团有理论类、实践类、文艺类、体育类等，涉及文、史、哲、天、地、生、音、体、美等各个方面。许多大学生通过社团走出校园，将自己和社会、自然融为一体，培养能力，增长才干。近年来随着大学扩招等改革，大学对大学生的管理有某种程度的放松，有些大学生在校外租房，与他人合住，形成了一个个合租圈。20世纪90年代以来，"老乡会"逐渐成为大学校园里的一"热"，由此形成的老乡圈是大学生的一个重要的交际圈子。大学校园里"老乡会"的特点有3个：一是以地域上的"同乡"为基础，由来自同一地区的大学生组成，大的以省为界，小的以市为界，等等；二是具有封闭性，以"同乡"来维系感情，对内是一种比较亲密的人际关系，对外则具有封闭性和排他性；三是"老乡会"的活动时间相对比较集中，一般集中在新生入校期间和毕业生离校期间。

（三）大学校园里的师生关系

老师与学生，是大学校园里两大基本群体。老师是学生人际交往的重要对象，师生关系是学生人际关系的重要内容。师生关系如何，直接影响学生能不能健康地学习成长，并在很大程度上决定了学校能不能对学生的身心施加符合社会要求的影响。

大学校园里的师生关系有两个特点。一方面，学生普遍做到了尊敬老师。随着社会的发展，人们的很多观念都发生了变化，但尊师的主流观念一直没有变。在大学校园中，老师在建立新型师生关系中处于主动地位，他们对待学生的态度直接影响着师生关系发展的方向与速度。另一方面，学生对老师有一定程度的不满意，并敢于质疑老师的观点。师生关系是因为教学过程而产生的，在教学过程中，老师拥有的基础知识及对相关问题的研究让他们处于优势地位，因此他们拥有学术权威；而学生则可能在发散思维、寻找新的生长点上更胜一筹。今天的大学生，真正做到了"不唯上、不唯书"。从这个意义上说，算是一件好事。

（四）大学生的网络人际交往

网络人际交往是人们在网络空间里进行的一种新型人际互动。网络人际交往给大学生的生活方式、价值观念带来的挑战和改变是前所未有的。大学生通过微信、QQ、抖音、小红书等方式进行聊天、交友、游戏等。

网络人际交往对大学生来说具有双重效应。积极的影响表现在，有的大学生通过网络结交了许多朋友，获取了很多有价值的信息，开拓了思路，获益匪浅。消极的影响表现在，有的大学生患上了网络人际依赖症。他们将虚拟当作现实，过度热衷于网络人际交往，过分迷恋在网上产生的友谊或爱情，并幻想用这些虚拟的人际关系取代现实的人际关系，因而怠于与周围的同学和亲友进行交往，从而影响了正常的生活和人际交往。有的大学生在进行网络人际交往时受到不良影响，在网络空间里肆无忌惮地放纵自己的思想、言语和行为，全然丧失了道德良知和责任意识。为了减少网络人际交往的消极影响，大学生要学会合理利用网络为自己的学习、工作和生活服务，学习网络伦理知识，培养道德自律意识，正确进行网络人际交往。

二、大学生人际关系的形成过程

社会心理学家奥尔特曼（Altman）和泰勒（Taylor）认为，人际关系的形成过程一般需要经过定向、情感探索、感情交流和稳定交往4个由浅入深的阶段。大学生要形成良好的人际关系，需要把握好这4个阶段。

（一）定向阶段

定向阶段包含对交往对象的注意、抉择和初步沟通等多方面的心理活动。人与人之间的交往最初总是从对交往对象的注意开始的。只有当对方的某些特质能引起自己情感上的共鸣时，个体才会引起互动，从而把对方纳入自己交往对象的范围。当交往双方互相注意时，说明双方已经进行了互相选择，处于互动一致的状态中。这为双方建立更深、更好的人际关系创立了条件。因此，在此阶段大学生应增强自身吸引力，引起别人的交往兴趣，在初步沟通过程中给对方留下良好的第一印象，为以后关系的发展打下一个好的基础。

（二）情感探索阶段

此阶段的交往双方在探索彼此有无共同的情感领域。经过一定的情感探索、情感沟通后，交往双方开始了角色性接触，如打招呼、聊天、工作上的联系、学习上的帮助及生活上的照顾等，其目的是使双方交往有所加深。此阶段具有正式交往的某些特征，但彼此仍未进入对方的私密性领域或隐秘敏感区，双方都遵守交往法则，不触及对方牢牢守护的根本。此时，双方在一起能友好相处，离开对方也无关紧要，彼此之间没有强烈的吸引力。在此阶段，双方应不断发现和挖掘各自的特长和共性，向对方逐步表露自我。

（三）感情交流阶段

此阶段双方关系开始发生实质性变化，人际关系中的信任感、安全感已得到确立，沟通交流的范围开始涉及自我的多方面。在这个阶段，双方会有较深的情感依赖，互相之间会提供真实的、评价性的反馈信息和建议，彼此会进行真诚的赞赏和批评。如果在这一阶段交往关系破裂，将会给双方带来相当大的心理冲击。在此阶段，交往双方要保持真诚，互相理解，善于换位思考，减少以自我为中心的不良人格的负面影响，这样才能维系良好的交往关系。

（四）稳定交往阶段

在这一阶段，随着交往双方接触频率的增加，彼此了解不断加深，双方的情感联系越来越密切，心理距离越来越近，双方在心理上逐渐有了依恋和融合，人际关系已发生了实质性变化。此时，交往双方允许对方进入高度私密性的个人领域，分享各自的精神、物质空间，情感上也容易产生高度共鸣，成为人们常说的"知己"。

在实际生活中，人际关系是需要逐渐深化的。浅层次的人际交往主要表现为双方的适应和合作，即求同存异；深层次的人际交往是知交和融合，心心相印，像知己一样，交往双方以彼此心灵深处的情感进行交流，共享欢乐和幸福，共担忧愁和痛苦。俗话说，人生难得一知己。在现实生活中，能够达到深层次的人际关系并不多。从另一个角度来讲，好的人际关系是需要时间以及耐心来培养和发展的。

三、大学生人际交往中的常见困扰及调适

（一）自负心理及其调适

自负的人只关心自己的需要，强调自己的感受，在人际交往中表现为目中无人。与同伴相聚，自负的人不高兴时可能会不分场合地乱发脾气，高兴时则手舞足蹈地讲个痛快，全然不考虑别人的情绪和态度。另外，在对自己与别人的关系上，这种人往往会过高地估计与对方的亲密度，讲一些不该讲的话，这种过分的行为会使他人出于心理防范而与之疏远。

1. 自负心理的表现

自负者一般自视过高，很少关心别人，与他人关系疏远，看不起别人，总认为自己比别人强很多。这种人还固执己见，唯我独尊，总是将自己的观点强加于人，在明知别人正确时，也不愿意改变自己的态度或接受别人的观点。他们还总爱抬高自己、贬低别人，把别人看得一无是处，并且会过度防卫，有明显的嫉妒心。

2．自负心理的调适

（1）接受批评是调适自负心理的最佳办法。自负者的致命弱点是不愿意改变自己的态度或接受别人的观点，接受批评即针对这一弱点提出的方法。它并不是让自负者完全服从于别人，只是要求他们接受别人的正确观点，通过接受别人的批评，改变过去固执己见、唯我独尊的性格。

（2）与人平等相处。自负者往往自视甚高，无论在观念上还是行动上都无理地要求别人服从自己。平等相处就是要求自负者以一个普通社会成员的身份与别人平等交往。

（3）提高自我认识。人应全面地认识自我，既要看到自己的优点和长处，又要看到自己的缺点和不足，不可一叶障目，也不可抓住一点不放，失之偏颇。人不能孤立地评价自我，应该把自己放在社会中去考察。每个人都有自己的独到之处，都有他人所不及的地方，同时也有不如人的地方，与人比较不能总拿自己的长处去比别人的不足，把别人看得一无是处。

（4）要以发展的眼光看待自己。人既要看到自己的过去，又要看到自己的现在和将来，辉煌的过去可能标志着一个人过去是个英雄，但它并不代表现在，也不预示着将来。

（二）嫉妒心理及其调适

嫉妒心理及其调适

嫉妒是一种消极的心理品质，是对他人的成就、名望、品德、地位及既得利益的一种不友好的、敌视的、憎恨的情感，嫉妒者把强于自己的人看作对自己的威胁、自己前进路上的绊脚石，因而对其感到不悦，甚至产生怨恨、愤怒等情绪。

1．嫉妒心理的表现

（1）普遍性。嫉妒在大学生中是普遍存在的，不管是男生还是女生，也不管是低年级学生还是高年级学生，每个大学生或多或少都有嫉妒心理，只不过有的人嫉妒心强，有的人嫉妒心弱。

（2）潜隐性。大学生的嫉妒心理一般不表现在表面上，而是深藏于内心之中。因为他们担心别人若知道自己有嫉妒心理会疏远他们，但又对别人的成就不服气。

（3）邻近性。大学生嫉妒的对象往往是其身边的同学，甚至是十分要好的朋友。

（4）社会性。大学校园是一个浓缩的小社会，嫉妒心理是在这个特殊的小社会中逐步形成和表现出来的。嫉妒者会有一种无法摆脱、充满压抑和矛盾的挫折感，这种人不愿承认和面对现实，但他们又不甘落后，承认别人的任何进步对于这种人来说都是挑战，为此他们终日闷闷不乐，精神萎靡。

2．嫉妒心理的调适

（1）正确地看待人生的价值。这样，人就能摆脱私心杂念，心胸开阔，不计较眼前得失，更不会花时间和精力嫉妒他人的成功了。一个埋头于自己的事业追求的人是无暇顾及别人的事的。没有理想、胸无大志、无所事事的人，才会挑别人的刺、寻别人的短，自己不进取，却去阻碍他人前进，唯愿众人都平庸地度过一生。

（2）发挥自我优势。"金无足赤，人无完人。"每个人都有自己的优势和长处。追求万事超人既无必要，也不可能。人要全方位地认识自己，既要看到自己的长处，又要正视自己的缺点。人要学会扬长避短，发现并开发自身的潜能，不断提升自己，力求改善现状，开创新局面。

（3）培养豁达的人生态度。人生就是一个大舞台，各得其所，各有归宿。人要有勇气肯定别人比自己更高明、更优越的地方，从而重新认识、发现和创造自己。这样嫉妒者就能从病态的自尊心和自卑感中解放出来，从嫉妒的泥潭中挣脱出来。

（4）与别人密切交往，加深理解。许多嫉妒心理是因误解产生的。嫉妒者误认为对方的优势会造成对自己的损害，从而耿耿于怀。因此，每个人都要打开心扉主动接近别人，加强心理沟通，避免发生误会，即使发生了误会也要及时妥善地解决。

（三）多疑心理及其调适

多疑心理及其调适

多疑心理是由主观推测而产生的不信任的复杂情感体验。具有多疑心理的人，往往先在主观上认为别人对自己不满，然后在生活中寻找证据。带着这样的心理，必然会把无中生有的事强加于人，甚至把别人的善意曲解为恶意。这是一种狭隘的、片面的、缺乏根据的盲目想象。

1. 多疑心理的表现

在大学校园里常会碰到一些猜疑心很重的人，他们整天疑心重重、无中生有，认为人人都不可信、不可交。他们如果看见两个人在窃窃私语，就以为那两个人在说自己的坏话。别人无意之中看他们一眼，他们就会以为别人不怀好意，别有用心。每当他们自己做错了事，即使别人不知道，他们也怀疑别人早就知道，好像别人正盯着他们似的。别人无意之中说了一句笑话，他们也以为自己被讥讽了。他们还怀疑别人的真诚，认为那些都是虚假的，整个世界都是罪恶的，他们几乎没有一个可以谈心的朋友。他们会经常感到孤独、寂寞、心慌、焦虑，总觉得别人在背后说他们坏话，或给他们使坏。喜欢猜疑的人会特别留心外界对他们的态度，别人脱口而出的一句话他们很可能琢磨半天，去努力发现其中的"潜台词"。这使他们不能轻松自然地与人交往，久而久之，不仅自己心情不好，也影响人际关系的发展。这种人心有疑惑却不愿公开，很少与别人交心，整天闷闷不乐、郁郁寡欢。由于自我封闭阻隔了个体与外界的联系，妨碍感情交流，这种人将会由怀疑别人发展到怀疑自己、失去信心，变得自卑、怯懦、消极、被动。

2. 多疑心理的调适

有多疑心理的人通常过于敏感。敏感并不一定是缺点，对事物敏感的人往往很有灵气，有创造力。但如果过于敏感，特别是与人交往时过于敏感，就需要想办法加以控制了。具体可采用以下4种方法。

（1）用理智克制冲动情绪的产生。当发现自己开始怀疑别人时，应当立即寻找产生怀疑的原因，在形成猜疑思维之前，引进正反两个方面的信息。例如"疑人偷斧"中的那个农夫，如果失斧后冷静想一想斧头会不会是自己砍柴时忘了带回家，或者会不会是挑柴时掉在路上了，那么，这个险些影响他同邻人关系的猜疑，或许根本就不会产生。现实生活中的许多猜疑，被戳穿之后是很可笑的；但在被戳穿之前，由于猜疑者的头脑被封闭性思路所主宰，这种猜疑就显得顺理成章。此时，冷静思考显然是十分必要的。

（2）培养自信心。每个人都应当看到自己的长处，培养自信心，相信自己能处理好人际关系，能给别人留下良好的印象。这样，人们在充满信心地进行工作和生活时，就不用担心自己的行为，也不会随便怀疑别人会挑剔、为难自己了。

（3）学会自我安慰。一个人在生活中，遭到别人的非议和误解，与他人产生误会，这没有什么值得大惊小怪的。人在一些生活细节上不必斤斤计较，可以糊涂些，这样就可以避免很多烦恼。如果觉得别人怀疑自己，应当安慰自己不必为别人的闲言碎语所纠结，不要在意别人的议论，这样不仅解脱了自己，还取得了一次小小的精神胜利，产生的怀疑自然就烟消云散了。

（4）及时沟通，消除疑惑。世界上不被误会的人是没有的，关键是人们要有消除误会的能力与办法。如果误会得不到及时消除，就会发展为猜疑；猜疑不能及时消除，就可能导致不幸。因此如果可以的话，人们最好同自己"怀疑"的对象开诚布公地谈一谈，以便弄清真相、解除误会。猜疑者生疑之后，冷静地思索是很重要的，但冷静思索后如果疑惑依然存在，那就该通过适当的方式同被猜疑者进行推心置腹的交流。若是误会，可以及时消除；若是看法不同，通过谈心，了解对方的想法，也很有好处；若真的证实了猜疑并非无端，那么，心平气和地讨论也有可能使问题在冲突产生之前得到解决。

（四）自卑心理及其调适

自卑是由于意识到自己不如别人而产生的一种自我体验，表现为过低地评价自己的能力与品质，轻视自己，担心失去他人的尊重。通俗地说，自卑就是自己看不起自己，并且以为别人也看不起自己的一种心理状态。

1. 自卑心理的表现

（1）泛化性。具有自卑心理的大学生，往往会因为某一方面的失败、在某一方面落后于人，而把自己看得一无是处，全盘否定自己。一个在学习上不如人的大学生，往往会认为自己语言不够幽默，衣着不适宜，举止太笨拙。自卑情绪的泛化特点，使这些人无法看到自己的优点。

（2）敏感性与虚荣性。自卑心理严重的大学生在同他人交时，对他人的态度、评价等表现得特别敏感。几个同学的小声议论会被自卑者认为是在议论他的缺点；身材矮小的人在同学们议论高矮的时候，总是借故避开；等等。这些都是自卑者敏感性与虚荣性的表现。

（3）掩饰性。有自卑心理的大学生对自己主观上认为的缺点和短处总是设法掩饰，生怕别人知道。具有自卑心理的大学生往往对自己的不足和别人对此的评价很敏感，常把别人无关的言行看成对自己的轻视。他们担心自己的缺陷被人知道，因而会刻意加以掩饰或否认。

2. 自卑心理的调适

自卑是心理暂时失去平衡的一种心理状态，可以通过补偿的方法来加以调适，这种补偿又有消极和积极之分。有的人明知自己能力不强，却故作姿态，甚至以奇异打扮来引人注意，借以弥补自己内心的空虚。这种消极的补偿方法是不可取的。积极的补偿方法如下。

（1）要正确认识自己，看到自己的长处。俗话说，"尺有所短，寸有所长""金无足赤，人无完人"。每个人都有自己的长处与短处，在与他人进行对比时，我们要既比上，又比下；既比优点，也比缺点。跟下比，看到自身的价值；跟上比，鞭策自己进步。这样，就能正确认识自己，心理也就能保持平衡。看长处是为了培养自信，但也必须承认自己身上存在的短处，如知识的不足、经验的欠缺等。对于导致自卑的因素要积极地进行补偿，一是笨鸟先飞，以勤补拙；二是扬长避短。有些缺陷已成定局，但是可从别的方面进行补偿。

（2）要正确地暗示自己，避免使用否定自己的语言。自卑本身就是一种消极的自我暗示，做事之前就对自己说"我不行""我没什么用""我不会干"等，结果就真的干不好。这种消极的自我暗示会导致不必要的精神紧张和精神负担，使自己的内心充满失败感，做事情束手束脚、畏首畏尾，主动性、创造性受到压制，自然难以成功。因此，我们要勇敢地暗示自己"我能行""别人能干的事，我也能干""有志者事竟成""事在人为""坚持就是胜利"等，这样能够增加自己战胜困难与挫折的力量，成功就会向我们招手，自卑也就逐渐被丢在脑后。也许有人会说自卑的反应是为了体现谦虚，但"累积暗示效果"会使人自我鄙视。那别人会产生什么反应呢？或许一开始没有什么，但别人听得多了就会想到"那个人是一个真正没用的人"，这会令人沮丧无比。因此，要避免使用否定自己的语言，打开积极进取、乐观自信的思维大门。

（3）正确地表现自己，积极与人交往。一个人认识到自己的长处，就要大胆地表现。扬己长，避己短，在人群中树立一个新形象。要相信自己的能力与价值，如一次发言、一次竞赛、一次属于自己的机会，要积极自信地去做、去尝试、去争取，因为只有行动才是取得成功的唯一途径，退缩与回避只能带来自责、懊悔与失意。表现自己要注意循序渐进，先表现自己最拿手、最容易取得成功的内容。有了一次成功，你会惊讶地发现，你行也，这样自信心就随之增强。之后再去尝试稍难一点的事，以积累第二次的成功，接着争取更多的成功。

（4）调整理想自我，改变不合理观念。要做到这一点，应注意两个方面的内容。一是要降低自我期望的水平，努力使理想自我的内容符合自己所能做出努力的程度，不过分追求完美，不对自己提出过高的要求，也就是避免给自己定一个不切实际的、过于理想和美好的目标，造成理想自我与现实自我差距过大。一个人不能没有理想，但理想的建立一定要从自身实际出发。理想的确立应当以自己通过努力能够实现为原则，只有这样，一个人才会在实践中不断取得成功，增强自信心。二是要改变思维方式中某些不合理的观念。

（五）害羞心理及其调适

害羞心理及其调适

害羞心理是大学生中较常见的人际交往障碍。具有这种心理的人，在交往中由于过分的焦虑和不必要的担心，就会在言语上支支吾吾，行动上手足失措。有严重害羞心理的人甚至怯于交往，对交往采取回避态度，在大庭广众之下不敢开口说话或害怕见人。

1. 害羞心理的表现

有害羞心理的人站在陌生人面前，总感到有一种无形的压力，似乎自己正在被人审视，不敢迎视对方，感到极难为情。与人交谈时，他们会面红耳赤、虚汗直冒、心里发慌，即使硬着头皮与人说上几句，也是前言不搭后语，结结巴巴的。他们不善于结交朋友，于是常感孤独，常因不能与人融洽相处或不能充分发挥自己的才干而烦恼。他们不善于在各种不同场合对事物坦率地发表个人意见或评论，因此不能有效地与他人交换意见，从而给人拘谨、呆板的感觉。他们还常感到自卑，在学习和生活中考虑的往往不是如何取得成功，而是如何才不会失败。

2. 害羞心理的调适

（1）正确评价自己，建立自信心。正确评价自己、建立自信心是要求害羞者肯定自己，发现自己的闪光点，而不是只看到自己的短处，这样有助于他们在人际交往中发挥自己的特长。否定自己是对潜力的扼杀，是对能力发挥的阻碍。我们虽然不能盲目乐观，但起码要看到自己的长处，发现自己的闪光点，这样在以后的交往中就可以扬长避短。害羞者要鼓起勇气，敢于迈出第一步。害羞者在自信心支持下终于有所成功的时候，就会在未有过的成功体验下对自己重新评价，开始相信自己的能力。如果再有第二次、第三次的成功，害羞者就会对自己形成比较稳定的自我肯定，这时，害羞心理就会悄悄地从他们身边"走开"。

（2）勇于和别人交往。勇于和别人交往，就是要丢下包袱、抛弃一切顾虑、大胆前行，即不要怕说错了话、做错了事。要认识到说错了的话虽然不能收回，但可以改正；做错了的事，只要吸取教训，就能起到前车之鉴的作用，失败并不等于无能。这样，害羞者在行动之前就不会光想到失败，而能够想到羞怯并不等于失败，羞怯只是由于精神紧张，并非自己不能应付社交活动，这样他们就会走出自我否定和自我消极暗示的阴影。许多害羞者在行动前过于追求完美，担心失败，害怕得到别人的否定性评价，这样的自我否定和自我暗示肯定会影响能力的发挥。他们越担心、害怕，失败的可能性越大。

（3）学会交往。学会交往也是帮助害羞者摆脱人际交往障碍的有效方法。害羞者可以在与人交往中观察别人是怎样交往的，特别是要观察两类人：一是观察交往成功者，看看他们为什么总是人际交往的中心，为什么能将各种复杂的交往方法运用得得心应手；二是观察那些克服害羞心理的人，并向他们学习。人们在日常学习和生活中，应多考虑自己要怎么做；在各种社交场合中，应顺其自然地表现自己，不要担忧是否被别人注意。人们在与人交往，特别是与陌生人交往时，要善于释放紧张情绪。使用一些平静、放松的语句进行自我暗示，常能起到缓和紧张情绪、减轻心理负担的作用。人在交往时要注意一些技巧，比如当你与别人交谈时，眼睛要看着对方，并将注意力集中于对方的眼睛，这样可以增加你对对方的注意，减少对方对自己的注意；在连续讲话时，不要担忧中间会有停顿，因为停顿是讲话中的正常现象；在谈话中，当自己感觉脸红时，不要试图用某种动作掩饰它，这样反而会使自己的脸更红，进一步增强害羞心理。

（4）学会克制自己的忧虑情绪。凡事尽可能往好的方面想，多看积极的一面。人们平时应注意培养自己的良好情绪和情感，相信大多数人都是以信任和诚恳的态度来对待自己的。如果一个人把自己置于不信任和不真诚的假定环境中，对别人总怀有某种戒备心理，自己偶有闪失或者并无闪失，也生怕被别人看到似的，那么这个人就会惶惶不安，这更会加重其害羞心理。人们可以通过意志的力量来改变自己性格中的许多东西，克服诸如优柔寡断、神经过敏、胆怯等不良心理。一些知名演员、演说家、教师在青年时代曾是胆怯害羞的人，但是后来他们却能在大庭广众之下侃侃而谈，就是因为他们意识到必须克服害羞心理，才能取得成功。事先做好准备，答题时就会应对自如；熟记演讲内容，演讲时便能口若悬河；发言开始时声音洪亮，结束时也会掷地有声。除了这些策略与技巧之外，更重要的是要培养自己各方面的能力。因为有能力才会有自信，才能克服自卑、羞怯的心理。

（5）增强体质。体育锻炼是增强神经系统的有效方法。性格内向的人，神经系统功能往往比较脆弱，容易兴奋，一点小事就会使他们脸上红一阵、白一阵。通过体育锻炼，害羞者增强了体质，过度的神经反应也会得到缓和，害羞就会自然而然地减轻。

任务三　大学生人际关系优化

要想得到别人的友谊，自己就得先向别人表示友好。

——爱默生

一、加强自我修养

要建立良好的人际关系，应在社会生活中了解、遵循和掌握人际交往的一般原则，加强自我修养，营造优良的人际交往环境。

（一）平等待人

平等是建立人际关系的前提。人际交往作为人们之间心理沟通的方式，是主动的、相互的、有来有往的。人都有得到友爱和受人尊重的需要，都希望得到别人的平等对待。人的这种需要，就是对平等的需要。

在与他人进行交往时，要把双方放在平等的位置上，既不能觉得低人一等，也不能高高在上。尽管由于主客观因素的影响，人与人在气质、性格、能力、家庭背景等方面存在差异，但在人格上大家都是平等的。因此，人在交往中要对自己有信心，对别人有诚心，彼此尊重，平等交往，这样交往才可能持久。对大学生来讲，不论学习好坏，家庭背景如何，是否为班干部，长相如何，都应平等对待别人，不要冷落集体中的任何人。

（二）宽容大度

"大度集群朋"，宽容待人能化解人际矛盾，扩大人际交往的范围。大千世界，芸芸众生，每个人都有不同的个性和爱好，而且"金无足赤，人无完人"。我们在与人交往时，不能用一种标准去要求他人，更不能太苛求他人，要学会宽容，求同存异。

宽容别人，首先要理解别人，学会设身处地地为别人着想。而真正理解别人、为别人着想，又要多交流，深入了解各自的性情爱好和价值观念，这样才不至于在出现问题后无端猜疑，引发不必要的纠纷，也才有利于形成宽容和谐的交往气氛。大学宿舍生活中的磕磕碰碰是难免的，这个时候就更需要每个同学以宽容的心态对待问题；否则，小的摩擦就可能酿成严重的后果。

（三）互助互利

人际交往中，当一方需要帮助时，另一方要力所能及地给对方提供帮助。这种帮助可以是物质方面的，也可以是精神方面的；可以是脑力的，也可以是体力的。坚持互助原则，就要避免极端个人主义，与人为善，乐于帮助别人；同时，又要善于求助于别人。别人帮助你克服了困难，他也会感到愉快，这也可以进一步加强双方的情感交流。

互利强调互相给予利益，以达到共赢。首先，互利的关键是要出于真诚，这是一种崇高的道德力量，是纯洁友谊的内容，不要将此曲解成斤斤计较的功利心，如"我今天帮助你，你明天必须报答我"或"我不图别人的好处，但我也绝不白施于人"。其次，互利要注重双向性，如果一方只索取不给予，或只给予不索取，那就容易使另一方或者认为自己被人利用，或者误解对方的诚意，不敢进一步向对方敞开心扉，从而中断交往。事实证明，交往中互利性越高，双方的关系越稳定、越密切；互利性越低，双方越容易疏远。

（四）恪守诚信

许诺后却失信于人，会给人一种极强的不信任感，让人感觉这个人习惯开"空头支票"，缺乏交往的诚意，这是人际交往的大忌。因此，每个人都要认识到，许诺是非常郑重的行为，对不应办或办不到的事情，不能轻易许诺，不要碍于面子答应，之后又无法兑现承诺。

与人交往时要以诚相待，不卑不亢，端庄而不过于矜持，谦逊而不矫饰作伪，还要充分显示自己的自信心。一个有自信且诚信的人，才可能取得别人的信赖，激发别人的交往兴趣，使人乐于与其交往。

拓展阅读　　　　　　　　**大学生人际关系的特点**

（1）平等意识强。随着自我意识的发展，大学生对独立和自尊的需求日益增强，于是他们产生了强烈的"成人感"，对交往的平等性要求越来越高。他们既对他人平等相待，又希望他人对自己也如此。

（2）感情色彩浓。大学生普遍希望通过交往获得友谊。对友谊的珍惜与渴求，以及青年人情感丰富的心理特点，使大学生在人际交往中十分注重感情的交流，讲究情投意合和心灵深处的共鸣。但是大学生情绪不稳定，起伏比较大，时而欢欣鼓舞，时而焦虑悲观，也经常容易用感情代替理智。

（3）富于理想化。大学生的人际交往具有浓厚的理想色彩，比较重思想、纯洁、真诚。无论是对朋友，还是对师长，他们都希望人际交往中不掺任何杂质，以自己的理想标准要求对方，一旦发现对方有某些不好的品质就深感失望。与其他人群相比，大学生人际交往中的挫折感较强，致使大学生出现渴求交往和自我封闭的双重性。

（4）独立性较强。首先，大学生的交往是积极主动的，他们是互为主体、互相影响的交往伙伴，因此，他们的交往在心理上存在较强的独立性。其次，大学生的交往大多是兴趣所致、意愿所使，与个人的兴奋点相吻合。最后，大学生交往的外在约束力不强，绝大多数社会活动甚至集体活动可由个人选择是否参与，强迫或被动的成分很少。

（5）开放性趋势。大学生的交往意识很强，他们一般不拒绝交往，且交往范围较广。在校内，无论是班级、年级，还是专业、性别等，都不会成为大学生交往的障碍。而且，大学生正努力地把自己的交往领域扩大到校外。

二、掌握交往技巧

每个人都希望生活在良好的人际关系氛围中，这就要求我们既要有良好的个人修养，又需要掌握相应的人际交往的方法和技巧。

拓展阅读

"春风化雨"式社交

一位社交专家说，人际关系说来复杂，但也简单，概括起来，就12个字：看人长处、帮人难处、记人好处。

看人长处。每个人都有自己的长处和短处，一个人是长处和短处的共存体，再优秀的人也有短处，再平庸的人也有长处，这就是我们常说的"尺有所短，寸有所长"。看人不要老盯着别人的短处不放，不要别人一暴露短处就一棍子打死。看人要多看长处，多看别人好的方面、优秀的方面。看人长处，你才会去欣赏别人、赞赏别人，因而你也才会得到别人的欣赏和赞赏。

帮人难处。人生一世，活着是一件不容易的事，谁都不可能一帆风顺，就像不可能年年风调雨顺一样，谁都有难处，谁都会遇到一时难过的关口。别人有难处，不要去落井下石、雪上加霜，否则只会让人心寒、让人心痛、让人深陷绝望。我们要做的，就是伸出援助之手，拉人一把。帮人化解难处、闯过难关。良言一句三冬暖，在人处于危困状态的时候，一句同情理解的话会给人莫大的安慰，让人倍感温暖，所以古往今来才有无数"滴水之恩，当以涌泉相报"的感人事迹。

记人好处。记人要记人的好处，不要记人的不是之处。记人不是之处，不仅使别人难堪，也会使自己难过。而人常常有这样的天性，别人的好处忘得快，别人的不是记得牢。所以，我们要警惕人性的不足，把别人的好处刻在石板上，把别人的不是写在水面上。记住别人的好处，也会一路引导别人去做一个好人。让好人多起来，这是利人利己的事，何乐而不为呢？

看人长处、帮人难处、记人好处，说起来容易，做起来并不容易，但只要我们用诚心、真心、善心、爱心去付诸行动，去"春风化雨"，还有什么人际关系处理不好呢？

（一）表达的技巧

在交往中双方都具有说话者和听话者的双重身份，交往是一种双向的表达和倾听，大学生可以学习使用文字和非文字的表达技巧，使自己所要阐述的信息更加清晰。

1. 选择话题

在最开始选择话题时应围绕所有人的注意点进行，引起关注；在有所了解之后再"投石问路"，投其所好。

2. 对话技术

不要随便打断别人的谈话，扰人思路；要适度解释，让别人弄懂自己的意图；不能在很短时间内给别人太多的信息；不能对别人的谈话表现得漫不经心，不懂装懂，要注意细节。

3. 语言技术

语言技术包括称呼得体、说话礼貌、适度称赞、避免争论等。语言技术运用得好，就能吸引交往对象，并调动彼此谈话的激情和兴趣，进而促使双方密切交往。

4. 合理使用网络语言

现代社会的交流语言还有在短信、微信中使用的网络语言，这是一个随时更新的领域。大学生往往对新鲜事物抱有热情，如果在交往中合理使用网络语言，那么他更有可能被别人接纳。

（二）倾听的技巧

善于倾听是尊重他人人格、重视他人观点的重要表现，是赢得友谊的诀窍之一。善于倾听有两点基本要求：注意力集中，主动反馈。

1. 注意力集中

听别人讲话时精力集中，富有耐心，容易赢得对方的好感。如果别人讲话时，你注意力不集中，表现得心烦气躁、似听非听，或者做其他小动作，就会减弱或者抑制对方讲话的兴致，甚至招来对方的不满与反感。

2. 主动反馈

用微笑、点头等方式向对方暗示自己能够理解他的感受或者见解，这样可以鼓励对方更加自由、流畅地谈论。对于没有听懂的内容，可以适当提问，请求对方进行详尽的解释。如果对方的观点与自己相左，切忌直接反驳或批评，以免伤害对方的自尊心，使其失去对自己的好感。可以委婉、温和地质疑，或者"软化"地批评，这样可以维护对方的自尊，更易于对方接受。

（三）解决人际冲突的技巧

根据自己是否参与，大学生人际冲突可以分为两类：一类是有自己参与的人际冲突；另一类是没有自己参与的人际冲突。解决这两类人际冲突的技巧也有所不同。

1. 解决有自己参与的人际冲突

首先，大学生要平息自己的怒火，并设法缓解对方的情绪。可以采用换位思考的方式缓解自己的消极情绪，也可以采用"冷处理"的方式，等对方消了气再做解释。其次，要善于解释和表达：一是要合情合理、真实地表露自己的心迹；二是要善于把握时机，在对方不想听或不愿听时，可暂缓处理，以后再说。此外，大学生还要有宽容克制的精神，以理服人，最终解开冲突的"疙瘩"。

2. 解决没有自己参与的人际冲突

当发现他人发生人际冲突时，我们不应该袖手旁观，而应该勇于做一个公开的调解人，积极、恰当地帮助他人化解人际冲突。通常情况下，解决这类人际冲突要把握以下4点。

（1）要迅速制止越轨行为。对于超出法纪规范和社会道德所允许的行为，如打架斗殴、行凶伤人等，必须及时、迅速、有效地加以制止。

（2）要公正、公平、合情、合理地对待冲突。切忌偏袒任何一方，否则，不仅不能解决他人的矛盾，还会把自己卷进去。

（3）要善于说和、劝导。调解过程中，要做到动之以情、晓之以理、导之以行。

（4）要借助必要的行政和法律手段。对于严重的人际冲突，仅靠劝导、说和是不行的，还必须配合必要的行政、法律手段，才能有效地帮助他人化解人际冲突。

三、增强交往技能

（一）优化形象

心理学家研究发现，一个人与别人初次会面，45 秒内就能产生第一印象。心理学家艾宾浩斯曾指出："保持和复现，在很大程度上依赖于有关的心理活动第一次出现时注意和兴趣的强度。"第一印象本质上是一种优先效应，对于后继信息的解释有明显的定向作用。人们习惯于按照前面的信息解释后面的信息，如果前后信息不一致，人们也会屈从于前面的信息，以形成整体一致的印象。

为了塑造良好的第一印象，首先，我们应该注意仪表，衣服要整洁得体；其次，应注意自己的言谈举止，锻炼和提高自己的交谈技巧，掌握适当的社交礼仪。

拓展阅读

如何建立良好的第一印象？戴尔·卡内基（Dale Carnegie）在《如何赢得朋友及影响他人》一书中提出了 6 条途径：

（1）真诚地对别人感兴趣；

（2）保持轻松的微笑；

（3）多提别人的名字；

（4）做一个耐心的倾听者，鼓励别人谈他自己；

（5）聊一些符合别人兴趣的话题；

（6）以真诚的方式让别人感到他很重要。

（二）主动交往

要想多交朋友，就要做人际交往的始动者，掌握人际交往的主动权。生人相遇，主动介绍自己；他人尴尬，主动调侃解围；同学欠安，主动探望慰问；朋友见面，主动寒暄攀谈。这些习惯都能够使你轻松成为对方熟悉的、亲近的朋友。

热情是最能打动人、对人最具吸引力的特质之一。一个充满热情的人很容易把自己的良性情绪传染给别人。要做到热情待人，首先要让自己愉快起来。一个面带微笑的人很容易被他人接纳。要热情待人还须从心里对他人感兴趣，真心喜欢他人，真诚地关心他人。当别人有求于自己时，只要是正当的要求，就要尽己所能满足对方。热情待人者能做到心中有他人，设身处地替别人着想，能够在别人需要帮助时，及时、主动地伸出援助之手。经常帮助别人能够使别人懂得你的存在对他的价值，交往的结果必然是"爱人者，人恒爱之"。

（三）寻找共性

"物以类聚，人以群分。"大学生寻求友谊的过程在某种程度上就是寻找相似点的过程。相似性在人际交往中非常重要，相似性程度高的人容易在观点上达成一致，并且相互理解。人们在年龄、经历、学历、籍贯、社会地位、经济收入、兴趣爱好、态度、价值观等方面相似点越多，越容易沟通、加深理解、获得支持、达成共识、赢得共鸣。因此，努力寻找与交往对象的相似点，用慧眼去"求同"，善于发现和利用相似点，你就更容易赢得别人的支持。

（四）善用积极的心理暗示

恰当的自我意识是良好人际关系的基础。大学生只有正确认识自我、拥有自信，才能进行成功的人际交往。要想协调好人际关系，让别人接纳和喜欢自己，首先要悦纳自己，积极地肯定自己的长处，就会使自己心情愉悦，智力和创造力得到充分发挥，并以开放的心态走向人群，言谈举止轻松自在，挥洒自如。在这种轻松的状态下，个人的魅力将充分展现，交往对象也会受感染而变得轻松起来，人际交往的效果会得到极大的提升。大学生可以进行适当的练习学会肯定自我，进行积极的心理暗示。例如，在课堂上，要求每个人至少写出自己的5个优点，并在同学面前大声地说出来。

运用积极的心理暗示能够减少或消除不良的自我认识。例如经常在心里对自己说："我是受欢迎的人！"除言语暗示外，还可运用形象暗示。在头脑中把自己想象成一个良好的交际者，直到这种形象能够在头脑中浮现出来并根深蒂固。

（五）把每个人都看成重要人物

每个人都是重要的，当我们把自己看得非常重要时，也应将心比心把别人看得很重要。据此，在人际交往中，我们应注意以下3点。

1. 让他人保住面子

如果一个人习惯于通过挑别人的毛病和缺点来显示自己的聪明，那他就是愚蠢的，这样的人必将为此付出高昂的代价。毛病和缺点人人都有，找起来并不难，但被人暴露自己的"短"，这是许多人所反感的，因为这威胁到了他们的自尊。

2. 不要试图通过争论使人发生改变

人与人之间常常争论，若是为探讨问题，这是有益的，但一个人若试图以此改变对方，则往往会适得其反。在原则问题上不退让，在非原则问题上退让一步，这并非无能懦弱的表现，而是高尚风格的体现。只要不是原则问题，"得理也要让人"，这才能体现出对别人的尊重和友爱。

3. 发现和赞赏别人的优点

每个人都有不足，每个人也都有所长。在大学里，有一些同学由于家境、容貌、见识等而深感自卑，他们非常需要得到认同和鼓励。一句由衷的赞赏很可能会使他们的生活充满阳光，甚至改变他们的命运。赞美他人要诚心诚意、实事求是。赞赏必须发自肺腑，否则就成了恭维。而发自肺腑的赞赏需要赞赏者有一颗充满自信的爱心，有一种不断学习他人、完善自我的胸怀。希望得到别人的赞扬是人的一种心理需要，赞美别人也并非一件难事，因为每个人总有一些值得赞美之处。通常人们可能由于太关注自己，因而不能发现别人的可赞美之处。事实上，人们只要对别人多观察，并且不嫉妒别人，则常可发现别人有许多可赞美之处。

心理训练营

心理游戏：我和我的朋友圈

活动目的：了解影响人际交往的个人特质。

活动时间：20～30分钟。

活动准备：每10位同学组成一个小组，每位同学准备好纸和笔。

活动步骤：

（1）将自己的姓名写在最里面的圈内，将自己目前的知己写在第二个圈内，将自己目前的好朋友写在第三个圈内，将自己目前的一般朋友写在第四个圈内，如图5-1所示。

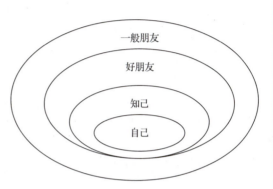

图 5-1　朋友圈

然后反思以下5个问题。

① 你对自己目前的朋友圈满意吗？

② 你是怎样区分知己、好朋友、一般朋友的？

③ 你的这个朋友圈是否会固定不变？知己、好朋友、一般朋友有可能互换位置吗？

④ 你的好友有哪些共同特点？

⑤ 你是否想扩大你的朋友圈？

（2）进行分组讨论，回答以下两个问题。

① 你愿意跟什么样的人交往？说出他们的特点。

② 你最不愿意跟什么样的人交往？说出他们的特点。

 心理测试

自卑心理测试

自卑是心理问题的主要症结之一，有学者认为，所有造成心理障碍的原因都能归结到自卑上来。若要知道自己是否心存自卑感，请认真完成以下10道题。

1. 遇到难事，你想寻求帮助，但又不愿开口求人，怕被别人取笑或轻视。

2. 当别人遇到麻烦时，你常会有幸灾乐祸的感觉。

3. 你爱向人自夸自己的能力和"光荣历史"。

4. 你认为学习成绩、工作成绩是很重要的。

5. 你觉得入乡随俗是件困难的事。

6. 你觉得人的面子最重要，轻易认错是很失面子的行为。

7. 你害怕生人或陌生的地方。

8. 你常常自问"我能行吗？"这类问题。

9. 你常觉得自己是不利处境下的牺牲品。

10. 你是个爱虚荣的人。

评分说明

答"是"得 1 分，答"否"得 0 分，统计一下你的总得分。

0～2 分：你很有自信心，能与人和睦相处。

3～6 分：你很可能缺乏自信心，你行事可能保守而缺少魄力，但这也许能使你安于现状，生活在一种平静的环境中。如果你认真反思一下，把你认为你能做的事和你想做的事列成表格，你会发现，事实上，你能做的事要比你想做的事多一些。

7～10 分：你有一种强烈的自卑感，即使在表面上你自信、自负或自傲，但你很可能在自负和自卑的两极来回徘徊。如果这种性格上的矛盾令你感到痛苦或害怕，你得想办法采取行动消除自己的自卑感。

 项目思考

1. 如何培养良好的人际关系？

2. 尝试与 10 位陌生人主动交往（打招呼、攀谈，或者参加一个活动），并把自己的感受写下来。

项目六
心有千千结——恋爱与性解密

 项目目标

分析爱的内涵，培养爱的能力。

树立科学性观念，培育性道德责任。

 导学案例

某男生和某女生在入学报到的第一天相识，互相留下了美好的印象。两人都积极上进，成绩优秀，他们是大家眼中的好学生，有着美好的前景。随着交往的深入，他们成为恋人，计划着共同申请国外大学的奖学金，出国深造。

然而，随着感情的加深，他们开始沉迷于二人世界，学习时间越来越少，成绩也没有以前那么优秀了。原来的出国深造计划已不再被提及，他们开始规划毕业后在哪儿工作，什么时候结婚，等等。毕业时，由于没有过硬的成绩和能力，两人计划好的工作没能落实，于是两人在回家乡工作还是留在当地的问题上发生了争吵。最后，女生觉得男生没有前途不求进步，选择分手，而男生觉得女生过于追求享受，也失去了以前恋爱时的感觉，美好的校园恋情就这样以分手结束。

案例分析

爱情是美好的，但也是现实的。爱情不仅有风花雪月，也有柴米油盐，短暂的欢愉不可能长久，没有认真规划的爱情是虚无的，结果只能是白白浪费了光阴。大学生在校园里谈恋爱时，面对爱情和学业，一定要做好平衡，把握好大方向，只有如此，才可能使自己的爱情之路走得顺畅，在体验美好大学生活的同时享受爱情的甜蜜。

 知识讲坛

 任务一　爱情解码

真正的爱情是不能用言语表达的，行为才是忠心的最好说明。

——莎士比亚

 一、爱的内涵

爱不只是同某一个人的一种关系，而更多的是一种态度，是性格上的一种倾向。也就是说，如果一个人确实爱另一个人，那么他也爱其他的人，爱全世界，爱生活。这是从个体内心中自然流淌出来的：一切爱的形式都以博爱为基础。博爱的特点就是爱没有独占性，只有当爱那些与个人利益无关的人时，一个人的爱才开始发展。博爱中凝聚着一个人同其他所有人的结合、团结和统一，持有这种态度的人克服了自身的依赖性、自恋性以及想剥削别人的欲望，并建立了对自己人性力量的信赖。

博爱的基础是认识到所有人都是平等的，人与人之间在才能、智力和知识上的差别微不足道。

爱不是生活在自我的世界里，是倾听对方的声音，理解对方的感受并给予回应；爱不是得到而是给予，是感谢彼此的付出并表达出来；爱不是代替别人生活，是尊重彼此的需要并给予关怀；爱不仅是要欣赏对方的优点，而且是要能够包容对方的缺点并给予理解。

爱情是"从独享到分享，从独愁到分忧"。美国心理学家弗罗姆（Fromm）认为，爱是人类与生俱来的能力，但人类需要不断学习如何去爱，才能将爱的能力发挥出来。他强调爱己才能爱人，真爱是给人以自由，而不是束缚对方。他认为真爱表现为：愿意了解对方，用行动表示关心、关爱的献身感以及责任感。

> **📄 拓展阅读**
>
> ## LOVE
>
> 古希腊神话故事中，丘比特问维纳斯："LOVE 是什么意思？"维纳斯说："L——Listen，就是倾听；O——Obligate，就是感恩；V——Valued，就是尊重；E——Excuse，就是宽容。"

（一）爱情的特征

爱情到来的时候，有时会让人迷失方向，从而盲目地投入不合适的爱情中，由此会导致婚姻的不幸。只有真爱才能使人相伴一生、幸福一生，爱情的特征包括以下 9 个方面。

（1）两人世界。爱情的独特性就是爱情一定存在于两人世界，第三者不能替代。

（2）爱的回应。爱应该是有回应的，如果仅仅是一方的承诺，那不是爱情，很可能是单相思。

（3）互相渴求的期盼。在爱的关系中，相爱的两人有一种默契，他们有共同的期盼，如希望共度一生等。

（4）可以分享快乐和分担痛苦。相爱的双方会分享人生的快乐和分担生活的痛苦，理解、信任并依赖对方。

（5）与对方相处特别快乐。真实的爱使双方强大，他们不仅欣赏对方的优点，而且包容对方的弱点和不足，所以，他们彼此渴望在一起享受快乐。

（6）在爱中会为对方着想，在爱中成长。爱表现在对所爱的人的幸福表现出关心，而且这种关心对彼此来说是一种成长，是一种支持，是一种依赖。他们渴望对方幸福，他们会在爱中成长。

（7）相处融洽，有共鸣、同感。爱使双方彼此理解和熟悉，使他们能够洞察所爱的人的需要和思想，这是一种心心相印的感受。

（8）相处时有坦然的安全感、信任感。两个相爱的人有良好的自我意识，他们认识自我也尊重彼此，可以进行良好的沟通，在彼此的关系中展现的是真实的自我。

（9）开心。两个相爱的人会很开心，渴望对方成为自己的生命、生活的一部分，渴望和对方结婚。

弗洛姆：成熟的
爱的要素

（二）爱情的发展阶段

迄今为止，心理学家、行为科学家都不能够客观地解释人类的爱情。人们常常将亲密的情感分为两种：伴侣的爱和浪漫的爱。前者是在双方相互关照并共同度过的时光中产生的感情，而浪漫的爱有以下特点：一是存在于文化概念中；二是存在生理唤醒；三是存在与文化相适应的爱的对象。

一般而言，爱情被视为男女之间的一种发展着的关系，而不是转瞬即逝的激情。这种爱情关系大致要经历 4 个不同的阶段。

（1）动情阶段，即爱情准备阶段。在这一阶段，两个互有好感的男女相互接近，感到与对方在一起是愉快的，彼此愿意倾吐内心的秘密而无所顾虑。在交往的过程中，彼此的思想感情得到进一步表现，同时双方获得情感支持。

（2）激情相恋阶段，即浪漫爱情阶段。在这一阶段，恋爱双方相互吸引和相互满足，爱情关系变得特别亲密，不论何时何地，双方总希望能"腻"在一起。为了他／她，茶饭不思，一天不见，就觉得好像少了些什么；总想跟他／她打个电话、发个信息，不为别的，只是想听听他／她的声音，想知道他／她在做什么。这个时期，是最温馨，也最甜蜜的一个时期。恋爱双方眼里的彼此都是那么完美。

（3）价值磨合阶段，即矛盾冲突阶段。恋爱双方的感情逐渐稳定后，随着激情的消退、理性的回归，恋爱双方又重新回到原来的生活模式中。这时至少会有一方想要有多一点自己的时间来做自己想做的事，而另一方就会感到被冷落。恋爱双方在一起度过的时间多了，对彼此的了解就多了。他们开始发现彼此的缺点，在这个过程中互相磨合，试着去接受彼此的缺点。此外，他们的行为方式和价值观念也开始发生冲突，他们的需求开始发生变化，两人并不总是一致的。在这个阶段，通常恋人之间会产生各种各样的矛盾冲突，彼此都会出现失落、担忧和孤独等烦恼。部分恋人在这一阶段因为不能很好地沟通、谦让、磨合并相互适应，导致爱情走向终结。只有那些愿意进一步认识自己和自己所爱的人，用自己的意志来帮助彼此成长，让彼此变得更加完美，相互体谅，宽容对方，并因此建立新的交往模式的恋人，才能顺利进入下一阶段。

（4）明确爱情阶段，即真爱阶段。在这一阶段，两个人经过磨合，重新接受完整的彼此。这时新的相处之道已经形成，那个他／她已经成为最亲的人。这时的爱情更像亲情，爱情关系被更高程度的自我认识和互相认识所加强。恋爱双方能更多地发现彼此的优点和缺点，对彼此的需求和能力也有更多的敏感性，对对方更有耐心，愿意鼓励对方，用整体性观点来看待对方，重新审视对方的缺点并帮助对方进步与成长。这样，恋爱双方就会在感情和心理上产生对彼此的依存感。恋爱双方越是相互信任，相互依存的感觉就越是强烈。

📖 拓展阅读　　　　　　　　　　　**吊桥效应**

心理学家达顿（Dutton）进行了一次著名的实验。他要求实验中的男性分别穿过 3 米高的安全桥和 70 米高的吊桥，并在桥上接受问卷调查。这些问卷调查由一位漂亮的女性来做，同时女性还给男性留下了联系方式。结果是，几乎所有在吊桥上行走的男性事后都联系了那位女性。由此达顿推断，在摇摇晃晃的吊桥上行走的男性，将自己因紧张而心脏怦怦直跳的感受误认为是恋爱中的心理悸动。这就是著名的"吊桥效应"。

二、爱情理论解读

为什么你会爱上某个人，而不是其他人？其实，每个人大脑中都有一张"爱情地图"，这就是为什么我们每个人会喜欢上特定的某种人。美国约翰斯·霍普金斯大学（Johns Hopkins University）的心理学家约翰·威廉·莫尼（John William Money）提出的"爱情地图"理论指出：人们会看中符合自己大脑中由一组信息代码拼成的"爱情地图"的人。这些信息代码记录了人们所喜欢的人的特征，包括他们的五官、发型、声音、气味、体型等。除了遗传方面的影响，"爱情地图"的形成还和人们的生活经历有关：人们和有着相似的生活背景、成长环境、教育程度、社会圈层、文化背景、人生追求和价值观的人在一起，会更加自在和舒服。对爱情的分析通常有以下几种理论。

（一）爱情三角理论

美国心理学家罗伯特·斯滕伯格（Robert Sternberg）提出的爱情三角理论如图 6-1 所示。

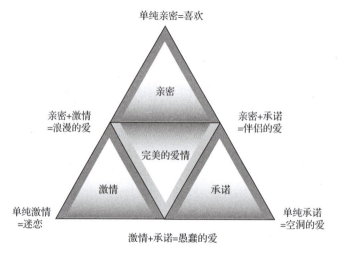

斯滕伯格的爱情
三角理论

图 6-1　爱情三角理论

这个理论认为，爱情包括亲密、激情、承诺 3 种成分。亲密是指伴侣间心灵相近、互相契合、互相归属的感觉，属于爱情的情感成分；激情是指强烈地渴望与伴侣结合，是促使关系产生浪漫和外在吸引力的动机，也就是与性相关的动机驱力，属于爱情的动机成分；而承诺则包括短期和长期两个部分，短期的部分是指个体决定去爱一个人，长期的部分是指个体对两人之间亲密关系做出持久性承诺，属于爱情的认知成分。3 种成分都没有的属于无爱，仅有激情的爱是一种迷恋，仅有承诺的爱是一种空洞的爱，仅想亲密的爱只是喜欢，激情与承诺结合是愚蠢的爱，亲密与激情结合是浪漫的爱，亲密与承诺结合是伴侣的爱，3 个维度结合在一起才是完美的爱情。随着双方认识的时间增加及相处方式的改变，上述的 3 种成分也将有所改变，爱情三角形因所组成成分的增减，其形状与大小会跟着改变。三角形的面积代表爱情的质与量，面积越大，爱情就越丰富，爱情的质量就越高。

（二）爱情态度理论

爱情态度理论由罗宾（Robin）提出，他认为爱情是对某一特定的人所持有的一种态度。这种理论将爱情归为社会心理学中的人际吸引理论，并认为能使用一般测量方法研究爱情。他假设爱情是可以被测量的独立概念，可视为一个人对特定的人的多面性态度。他从文艺著作、普通常识及人际吸引理论等文献资料中，寻找、拟定叙述感情的题目，经过项目分析，信度、效度考验，建立了爱情量表和喜欢量表，他发现爱情与喜欢有质的差别。其建立的爱情量表包含3种成分：一是亲和与依赖需求，二是帮助对方的倾向，三是排他性与独占性。

（三）约翰·李的爱情理论

加拿大社会学家约翰·李（John Lee）将男女之间的爱情分成6种形态：情欲之爱、游戏之爱、友谊之爱、依附之爱、现实之爱及利他之爱。

（1）情欲之爱建立在理想化的外在美上，是浪漫、富有激情的爱情。其特点是一见钟情，以貌取人，缺少心灵的沟通，热烈而专一，靠激情维持。

（2）游戏之爱是指有些人将爱情视为一场获得异性青睐的游戏，拥有这样的爱的人并不会投入真实的情感，常更换对象，且他们重视的是过程而非结果，不承担爱的责任，寻求刺激与新鲜感。

（3）友谊之爱是指如青梅竹马般的感情，是一种细水长流的、稳定的爱。这种爱情以友谊为基础，在长久了解的基础上滋长，恋爱双方能够协调一致，解决分歧。这是一种宁静、融洽、温馨和共同成长的爱情。

（4）依附之爱是指有些人对于情感的需求非常强烈，其有依附、占有、妒忌、猜疑、狂热等情感，且其在恋爱中情绪不稳定。拥有这种爱的人控制对方情感的欲望很强烈，想将两人牢牢地拴在爱情这条绳索上。

（5）现实之爱是指有些人会考虑对方的现实条件，以期让自己在恋爱中受益且少付出成本。拥有这种爱情的人理性高于感性，是受现实条件调节的现实主义者。

（6）利他之爱是指有些人带着一种牺牲、奉献的态度，追求爱情且不求对方回报。利他之爱是无怨无悔、纯洁高尚的。

（四）爱情依恋理论

爱情依恋理论将爱情与童年依恋联系起来。这种理论认为，个体在婴儿时期与人建立的依恋关系，会使其形成一种稳定且持久的人格特质，这种特质在个体与异性建立亲密关系时会自然流露出来。阿藏（Hazan）和谢弗（Shaver）将成人的爱情关系视为一种依恋的关系，分为以下3种类型。

（1）安全依恋：个体与伴侣的关系良好、稳定，他们能彼此信任、互相支持。绝大多数人的爱情属于安全依恋类型。

（2）逃避依恋：个体害怕且逃避与伴侣的亲密。电影《和莎莫的500天》中的莎莫就属于这类。

（3）焦虑/矛盾依恋：个体时常情绪不稳，具有极端反应，其善于妒忌且希望跟伴侣的关系是互惠的。《过把瘾》中的男女主人公就属于这类。

阿藏和谢弗在研究中发现，3种不同的爱情依恋风格在成人的爱情关系中所占比例分别为：安全依恋约占56%，逃避依恋约占25%，而焦虑/矛盾依恋约占19%。

（五）爱情阶段理论

爱情阶段理论由默斯特因（Murstein）提出，其主要探讨亲密关系如何发展，注重爱情的阶段性。这种理论认为亲密关系的发展依据双方接触的次数多寡分为刺激、价值和角色3个阶段。

1. 刺激阶段

通常双方第一次的接触即属于刺激阶段。在这个阶段中，双方互相吸引，这种吸引主要建立在外在条件上，例如被对方的外貌或身材所吸引。

2. 价值阶段

一般而言，双方第二次至第七次的接触，属于价值阶段。在这个阶段中，双方情感上的依附主要建立在彼此价值观和信念的相似程度上。

3. 角色阶段

通常双方第八次及以后的接触，便属于角色阶段。在这个阶段中，彼此对对方的承诺主要建立在个体是否能成功地扮演在此关系中对方对自己所要求的角色上。

虽然默斯特因认为亲密关系的发展包含刺激、价值、角色3个阶段，但在亲密关系的每个阶段中，这3种因素对亲密关系都有影响，只是在每个阶段中，各有一种因素是最主要的影响因素。从整个亲密关系的发展历程来看，刺激因素一开始便占较高的比重，之后随着接触次数的增加其占比逐渐上升，但是上升的幅度很小，最后会趋于平稳；价值因素虽然一开始时占的比重较低，但亲密关系发展至价值阶段时，这种因素的比重会迅速提高，不过在角色阶段时，其比重也会趋于平稳，且其稳定后所占的比重比刺激因素所占的比重高；角色因素所占比重一开始最低，到角色阶段则会超越另外两种因素，且随着亲密关系的继续发展，其比重会不断地提高。

世上的爱情多姿多彩，每个人的爱情都因其独特性而显得与众不同，以上几种爱情理论显然不能包括所有的爱情类型，但所有的爱情都值得祝福！

 小贴士

曝光效应

曝光效应指的是我们会偏好自己熟悉的事物。对人际交往吸引力的研究发现，我们见到某个人的次数越多，就越觉得此人招人喜爱、令人愉快。因此，如果一个男生中意某个女生，他经常在她身边出现是有好处的。如果两人能一同上课，或者男生经常能在健身房看到女生，这些露面行为都能帮助男生提高自己在女生心目中的好感度。第一次看到男生的时候，女生或许只给男生打50分，但在健身房多次看到男生之后，女生或许就会给男生打80分或90分，而男生几乎还没采取任何追求行动呢。

三、培养大学生爱的能力

爱的能力不是与生俱来的，它与一个人的成长环境、家庭背景、生存状态等后天因素有关。一般来说，家庭幸福的孩子，可能更能以一种快乐、宽容的心态看待一切事物。一个从小就在充满阳光、充满爱的环境中长大的孩子，成年后对爱的把握、理解和表达可能会更准确；一个生长在不幸家庭的孩子，对爱的把握、理解和表达也许就会欠缺一些。

爱的能力包括对爱的感知、认知及接受能力，给予爱的能力，拒绝爱的能力，解决恋爱冲突的能力，承受失恋挫折的能力，等等。不是每一个人都能接受爱，不是每个人都懂得如何去爱。有的人害怕爱的到来，一旦有异性想和自己建立亲密的恋人关系，就逃避、退缩。人人都应该是渴望爱的，但为什么有人会有这样的表现呢？原因虽然多种多样，但缺乏爱的能力是其中一个重要原因。因此，培养爱的能力，是大学生拥有幸福爱情的前提。

（一）什么是爱的能力

美国心理学家弗罗姆说："爱是人的一种主动的能力，一种突破把人和其他同伴分离之围墙的能力，一种使人和他人相联合的能力；爱使人克服了孤独和分离的感觉，但爱允许他成为他自己，允许他保持他的完整性。"爱的能力是指和他人建立亲密关系的能力，爱的能力会引导一个人真正地爱他人，也真正地爱自己，能让人真正体验到爱带来的快乐和幸福。恋爱的过程就是培养爱的能力的过程。

爱的能力来源于爱自己、接纳自己、认同自我的能力。当人内心的自我价值感、自信和自我力量逐渐强大的时候，爱就从原来的小溪变成了大海，这种能量不需要太多的技巧就能得到。"心理上还像个孩子""自己的控制性太强"是很多人的根本问题所在。如果一个人有很强的自我认知能力和很强的学习能力，那么他已经走在了成功的道路上。

（二）爱的能力构成

爱情是美好而甜蜜的，但是不具备爱的能力的人，只能收获爱情的苦果，难以品尝到爱情的甘甜。爱是一种能力，也是一种艺术。爱融汇于生活的各个方面，学习和发展爱的能力应贯穿每个人的一生。爱的能力包括识别爱的能力、迎接爱的能力、拒绝爱的能力、发展爱的能力、应对恋爱挫折的能力等。

1. 识别爱的能力

年轻人的心常常是"大雾弥漫"，他们看不清自己感情的港湾，分不清什么是真正的爱情，从而导致出现一些"虚假恋爱"。因此，对于渴望爱情的大学生来说，学会识别爱的真伪是迎接爱情的必要准备。识别爱的真伪需要明白3点。首先，好感不是爱情。好感是一种直觉性的感情，如果把爱情的历程描绘为"好感、爱慕、相爱"3部曲，那么好感只是爱情的前奏，但它不一定会发展成爱情。好感以直觉和印象为支点，而爱情以心灵的融合为基础。其次，感情冲动不是爱情。感情冲动常常是暂时的、脆弱的，一时的感情冲动可以产生于任何一对男女之间，它是两性吸引的结果，往往使人头脑发昏、忘乎所以，甚至做出不久便后悔的愚蠢举动。爱情则是一种炽热又深沉、强烈又持久的感情，它使恋爱双方变得更加完美。最后，异性的友谊不是爱情。异性的友谊随时存在，但经常会被误解为爱情，而爱情和友情是不同的。

2. 迎接爱的能力

迎接爱的能力包括施爱的能力和接受爱的能力。前者是主动给予爱，后者是被动接受爱。尽管恋爱起初或许是一方施爱、一方接受爱，但就恋爱的整个过程来说，必定是男女双方互相施爱和接受爱，否则恋爱就无法持续下去。一个人心中有了爱，在理智分析之后，要敢于表达、善于表达，这是一种爱的能力。一个人面对别人的施爱，能及时准确地对爱做出判断，并做出接受、拒绝或再观察的选择，这也是一种爱的能力。缺乏这种能力的人，或是匆忙行事，或是无从把握。大学生要具有迎接爱的能力，就应懂得爱是什么，要有健康的恋爱价值观，知道自己喜欢什么、需要什么、适合什么，对自己、对他人、对万事保持敏感和热情，主动关心他人、热爱他人。拥有迎接爱的能力的人，能及时准确地对爱的信息做出判断，坦然地做出理性选择。

3. 拒绝爱的能力

拒绝爱的能力是指一个人对自己不愿或不值得接受的爱加以拒绝的能力。生活中可能有并不期待的爱情来到眼前的情况，有时还可能出现挥之不去的情形。所以，拒绝爱的能力也是很重要的。拒绝爱要注意两个方面。一是在并不希望得到的爱情到来时，要果断、勇敢地说"不"，因为爱情不能有半点勉强和将就，优柔寡断或屈服于对方的穷追不舍，这样发展下去对双方都是不利的。二是要掌握恰当的拒绝方式。虽然每个人都有拒绝爱的权利，但是珍惜每一份真挚的感情是对他人的尊重，也是一种自我尊重，同时还是对一个人道德情操的检验。不顾情面，处理简单轻率，甚至恶语相加，会使对方的感情和自尊心受到伤害，这些做法是很不妥当的。被爱是一种幸福，但我们不能被幸福冲昏头脑而不去拒绝，否则可能会导致无法挽回的结果。

4. 发展爱的能力

发展爱的能力，就是指要培养无私的品格和奉献精神，要培养善于处理矛盾的能力。有效地化解恋爱和生活中的矛盾纠纷，对恋人负责、对社会负责，才能创造出幸福的婚恋生活，让爱情一直美满地发展下去。对于大学生来说，为了让自己的爱情之花盛开不败，发展爱的能力不可或缺。选择合适的恋爱对象，培养理智的行为方式，塑造自身良好的人格，这样才能找到真正属于自己的爱情，享受爱情带来的美好。

5. 应对恋爱挫折的能力

大学生的恋爱受多种因素的制约，大学生在追求爱情的过程中遇到各种波折是在所难免的。单相思、失恋等恋爱挫折对大学生的心理承受能力是一种考验。如果一个人的心理承受能力较强，就能较好地应对挫折；如果一个人的心理承受能力较弱，就有可能造成不良后果。因此，提高应对恋爱挫折的能力，对大学生的心理健康教育来说是必不可少的一课。

法国著名戏剧家莫里哀（Molière）曾说："爱情是一位伟大的导师，它会教会我们重新做人。"恋爱，往往会成为大学生人格再造的契机，促进大学生的人格发展：一方面，恋爱中双方关系的协调、各种矛盾的解决，都会丰富大学生的生活经验，促使双方在心理上趋于成熟；另一方面，恋爱中的大学生为了获得异性对自己的爱，提高自己在对方心目中的形象，总是力图完善自己、丰富自己，爱就变成了一种强大的内在动力。另外，处于恋爱中的大学生总是显得朝气蓬勃、自信乐观，他们之间的这种美好的情感，美化了自己，也美化了环境，并形成一种良性循环，最终促使人格趋于完整。当然，这一切都只能建立在正确的恋爱观、合适的恋爱对象、理智的恋爱方式以及恋爱者良好的人格基础之上。

 小贴士

黑暗效应

在光线比较暗的场所，双方看不清对方的表情，这样就很容易减少戒备感而产生安全感。在这种情况下，他们彼此产生亲近感的可能性就会远远高于在光线比较明亮的场所。心理学家将这种现象称为"黑暗效应"。

由此可见，对于谈情说爱的男女来说，再没有比昏暗的灯光来得更惬意的了。昏暗的灯光阻碍了人的视线，会让人更容易产生安全感。在这种情境下，男性和女性更容易产生身体和心理上的亲近感。

任务二　性的解析

饮食男女，人之大欲存焉。

——《礼记·礼运》

对于人类的历史现实与社会现实来说，性至少有 3 种存在方式：生物存在、社会存在与心理存在。换言之，对人类而言，性是以生物遗传为基础，与人们的性心理活动、社会历史条件、性角色规范准则密切结合且高度统一的体系，它是人类自然性和社会性相统一的充分体现。

一、性的内涵

一般来说，人们对于性的含义是比较熟悉的，因为性与每个人都有密切的关系。作为一种本能，它贯穿人类历史发展的全过程；作为生命延续的手段，它使人类完成了种族的繁衍；作为一种两性结合的方式，它维系着每个家庭的夫妻关系；作为衡量文明的标准，它体现着社会文明的程度。由此可见，性具有极其广泛的内涵。但是，给"性"下一个准确的定义，是很不容易的。性的内涵涉及生物学、心理学、社会学、伦理学等领域。

（一）生物学角度的性

性别和细胞里的染色体有关。染色体的数目因物种的不同而不同，但在同一物种中，其数目是不变的。不论人种，也不论男女，染色体数目都是一样的。不过男女之间有一对染色体是不一样的，这一对染色体在女性中为 XX，而在男性中则为 XY，这就产生了性别的不同。

人类的性别在成胎的那一刻就已经决定了，任何想在胎期内影响性别的方法都是无用的。男性和女性各有其正常的第一性征，一般到性发育成熟的时候，一切应有的第二性征也发展得很好了。

 小贴士

性激素

性激素有雌激素和雄激素之分。性激素中的雌激素会使女性更加温柔妩媚，雄激素会使男性更加粗犷阳刚。在青春期时，女性胸部在雌激素中的黄体素的刺激下开始快速发育，而男性在雄激素的刺激下开始出现变声、长胡须、长出喉结等现象。并且性激素会促使人们开始对异性产生好奇，这是身体在性激素作用下产生的一种相互吸引的自然反应。

（二）心理学角度的性

性在心理学中，是指一个人在社会环境中，主观感受到自己是男人或是女人的实际状态，称为"性别"。因为性别不同，男女在情感、性格、行为等方面都有明显差别。心理学角度的性，是指在性生理的基础上，与性征、性欲、性行为有关的心理状态与心理过程，也包括与异性交往和婚恋等状态。性生理是性心理发展的生物学基础，性生理发育的障碍或缺陷，会使性心理的发展出现偏差。我们通常所说的性心理健康是指通过丰富和完善人格、人际交往和爱情方式，达到性行为在肉体、感情、理智和社会诸方面的圆满和协调。性心理健康是人类健康不容忽视的重要组成部分，正越来越受到人们的重视。

性心理主要包括两个方面：一是与性有联系的或以性为内容的各种心理过程（知觉、记忆、想象、思维、欲望、情绪、冲动、意志）；二是与人格特质相联系的性心理，这主要涉及个人对性的态度、评价和取向等。在性心理方面，两极性是明显的，如对异性或有关性的事物的趋向为：偏好一偏恶、主动—被动、性客体的固定—易变、性动机的强烈—微弱、性追求的持久—短暂等。

小贴士

多巴胺

　　脑科学以及心理学研究发现，浪漫、轰轰烈烈的爱情是一种生物程序，有关爱的行为都是源于多种吸引力。生物学对爱情的解释是：通过进化的力量主导，通过激素起作用，所有疯狂的行为只是为了把基因传递给后代，而其中起主导作用的激素则是多巴胺。科学研究发现，共度20年的伴侣中，大约只有1/10的人看到爱人照片后，脑中会迅速分泌大量多巴胺。

（三）社会学角度的性

　　性在社会学中，是指一个人在社会环境中的客观分工状态，称为"性角色"。由于男女在身体素质、生理机能和心理状态等方面的差异，男女之间存在不同的社会分工。

　　社会是个人的系统，个人也是社会系统的一员。社会也有新陈代谢，有进化、创造、发展。因此，社会被称为个人的有机体的集合，也可称为男女两性结合的大系统。

（四）伦理学角度的性

　　伦理学主要从4个方面去揭示性的本质：人是一种有性别的生物，性冲动是人的天性的一部分，性关系是衡量人类文明的重要尺度，性伦理是把握世界的特殊方式。

科学释放性冲动

二、性观念的变化

　　性观念是人类社会实践活动的产物，同时它又必定会深刻地影响人类的社会实践活动。特定社会的性观念，一般来说，总会与特定时期的政治、经济、文化和习俗相适应。无论过去的性观念在今天看来是如何不合时宜，它在那个时代总是具有存在的合理性。从同样的角度来审视当代社会，旧的性观念必须被新的性观念替代，新的性文化建设必须以新的性观念为先导。

　　科学的性观念是指对性的自然客观规律和性的社会必然规律的认识的真实水平；进步的性观念首先体现在认识的真实水平上；健康的性观念以能够增进个体和人类整体的健康水平、能够提高生活质量为衡量标准；有益的性观念以性的观念形态会对解放和发展生产力及社会稳定产生积极效应为衡量标准。人类社会发展到今天，有充分的证据表明，性禁锢、性放纵的观念都不符合当今社会的发展潮流，其不仅会给个人身心造成损害，破坏家庭幸福，而且会给社会带来极大的负面影响。

　　人类对性的各种观念都反映在社会中，性也是一种文化现象。那么，应该如何正确地理解人类的性呢？性，是人类基本的生物学特征之一，对现实中的人来说，异性间的相互吸引是性的本能反应，动物也有这种本能反应，这是一种完全自发的反应。但人和动物不同，在性的问题上，人类不仅表现出生物学特征，更表现出社会特征，这也是人类和动物的本质区别之一。人类的性欲总是同种种精神过程紧密地联系在一起。

拓展阅读

　　柏拉图式的爱情也称为精神恋爱，是以西方哲学家柏拉图命名的一种人与人之间的精神爱情。这种爱情追求心灵沟通，是理性的、精神上的纯洁爱情。也有人说它是一种永久的、不求回报的爱。即使不能相守，只要看到对方幸福，这份爱便会绵延下去，直到永恒。

三、培育大学生的性道德责任

　　性道德是调整两性关系的行为规范的总和，它是一种社会意识，作为社会上层建筑的构成因素，存在于人们的社会生活中。从根本上说，性道德的产生、发展、变化及其性质和内容都受制于社会的经济基础，也受政治、法律、宗教、文化的影响和制约。在人类复杂的行为中，有些行为具有道德意义，有些行为则不具有道德意义。一种行为是不是道德行为，取决于以下两方面：一是道德行为是基于对他人和社会的一种自觉的道德认识之上的，没有这种自觉的道德认识，人的行为就不构成道德行为；二是道德行为必须是行为主体自由选择的结果，也就是说，道德行为必须是由行为主体根据自己的意志而自由做出的抉择。所以，道德行为本身必须是一种价值行为，而决定行为价值大小的主要原因是人们道德境界的高低。

　　性道德感是指人在两性生活中对自己的思想和行为，按照社会性道德规范的要求所做出的一种自我制约。人们应根据本国、本民族的道德规范和社会行为准则来约束自己的性行为，提升自己的性道德感。

　　两性关系是人的自然属性使然，但人是社会化的动物，人的性行为不只是个人的事。为了有效地调节两性关系和控制人类的性行为，人类在不同时期都会有不同的性行为准则。这一准则要求人无论在何种情况下发生性行为，都要遵循基本的道德要求，承担应该承担的道德责任。性行为准则有以下4个基本要求。

（一）性关系要以爱情为基础

　　自从有了人类以来，就存在男女之间的性行为和性关系，但是作为两性之间特殊感情联系的性爱，是人类社会发展到一定历史阶段的产物，是伴随婚姻形式出现的。这种性爱包括性欲和爱欲，性欲是人类的本能，是男女性成熟后产生的正常生理需求；爱欲是一对男女基于共同的生活理想而在内心形成的相互倾慕、相互依恋的感情，是一种渴望与对方身心融合的感情。性爱是性欲和爱欲的结合，是在性欲基础上形成的两性间相互吸引的爱慕之情，是男女双方的情绪、情感、理想、希望、道德价值的相互感知和彼此适应。它不仅仅源于两性之间的自然吸引，更重要的是，它是一种社会情感活动。人类的性爱要受到社会道德、法律、文化等方面的约束，它不是一个人自我完成的行为，而是与他人密切相连的社会活动。两性间的吸引和性行为是在一定的社会方式下进行的，是以爱情为基础的完整的生物、心理、美感和道德的体验。

（二）恋爱、婚姻与性行为相统一的原则

　　在恋爱期间产生的爱情是婚姻的基础，在现代社会中，性行为应该是基于恋爱与婚姻的，它排斥出于性本能、唯生殖目的、唯感官享乐的性行为。男女之间通过相互了解所产生的感情是极其纯真的。他们彼此是对方一生的幸福依托，所以忠贞专一是爱情的本质，也是对两性关系的最基本要求。

友情可以广泛发展，而爱情只能专注于自己的恋人或配偶，不能与任何人分享。一旦确立了爱情关系，双方就应当相互忠诚、甘苦与共，竭尽所能地承担由此产生的道德和法律责任，不能受任何因素的干扰，更不应在婚姻之外发生性行为。

 小贴士

避孕小知识

（1）使用安全套。使用安全套避孕是成功率较高的避孕方式，并且安全套能起到屏障的作用，可以有效防止传播感染性疾病。

（2）计算安全期。安全期避孕是许多年轻人比较喜欢的一种方式，但其实安全期避孕并不可靠，其成功率是各种避孕方式中最低的。因为女性排卵时间可能会因为压力、环境等的变化而发生变化，所以安全期避孕很容易失败。

（3）服用短效避孕药。现在一般用得比较多的避孕药是短效避孕药，这种避孕药的避孕效果是比较好的，但短效避孕药不能长久服用，因为它有可能会导致女性内分泌失调。

（4）服用事后避孕药。事后避孕药也就是在同房以后再服用的一种避孕药，在事前没有采取避孕措施，事后又担心怀孕的时候用。不过这种避孕药副作用较大，可能会导致女性月经紊乱，还可能导致女性出现排卵障碍，影响以后怀孕，所以一定要慎用。

（三）性行为遵循自愿、无伤、私密的道德原则

自愿是指发生性行为的双方都必须是自愿的，不能侵犯对方的性权利。无伤是指不伤害对方和不给社会带来不良影响，无伤原则体现了两性关系中自然属性的社会化，体现了人性的升华和性的人道主义精神。在张扬个性与独立性的现代社会中，人们应当学会尊重对方的人格和专长，不能只要求对方顺从自己，而要留给双方足够自由的时间和空间。私密是指两性关系的非公开性。人类的性爱关系，是一对男女之间最亲密的肉体和精神的结合。爱恋的方式、炽热的感情表达与流露，不仅具有个性，而且含蓄，不容与他人分享。

（四）勇于承担性行为带来的后果

大学生发生性行为时基本没有结婚，这种行为无法受到法律的保护，所有的后果都只能是双方当事人自己承担。因此，双方当事人是否能承担道德责任就显得尤为重要。发生性行为带来的后果，涉及眼前与未来、个人与社会。不管当事人有怎样的意图，有无承担后果的能力，他们都无可避免地会涉及道德的取舍。所以，发生性行为不应该是一时的冲动。

大学生的性道德责任表现为对性的约束，相爱的男女对自己情欲的自然本能属性所持有的态度反映了他们的道德责任感。爱情是自由意志的表现，但同时也受责任和义务的约束；爱情是情感的猛烈表达，但同时又显示着不可推卸的道义感，大学生要自尊、自爱、对自己负责。

大学生在对待爱情与学业（或事业）的关系上，要明白人生不能没有爱情，但人生也不能只有爱情，只靠性欲来维持的所谓爱情是不能长久的。爱情只有同学业（事业）结合起来，才有旺盛的生命力。

小贴士

艾滋病

　　艾滋病是一种危害性极大的传染病，由感染艾滋病病毒（HIV）引起。HIV是一种能攻击人体免疫系统的病毒，它把人体免疫系统中最重要的CD4T淋巴细胞作为主要攻击目标，大量破坏该细胞，使人体丧失免疫功能。

　　艾滋病的传播途径主要有以下3种。

　　（1）性传播。一个人可能因与另一个人的性行为而感染艾滋病。

　　（2）母婴传播。感染了艾滋病的妇女可能通过妊娠、分娩和哺乳将艾滋病病毒传染给婴幼儿。

　　（3）血液传播。这包括输入或注入被艾滋病病毒感染的血液或血液制品，使用被艾滋病病毒污染而又未经消毒的注射器、针灸针以及其他可刺破皮肤的医疗器械，等等。

拓展阅读

依附理论

　　为什么一个平时很独立的女孩，恋爱后会对男友十分依赖？为什么分手会使人做出异常的行为和举止？为什么丈夫有外遇时，对妻子冷若冰霜，而对外遇对象却曲意讨好、柔情似水？这些问题都能用依附理论来解释。

　　依附理论是通过研究母亲与婴儿的互动提出的。因为母婴关系与恋人关系有很大程度的相似性：在一起时的心理满足和所谓的分离焦虑；"被无条件接纳"的心理需求和"最被重视"的心理需求（如果婴儿发现母亲不理他，就会以哭闹来引起母亲的注意，期望母亲内疚来更好地满足自己）。有人戏称，所有相爱的人的心理年龄都会降到3岁以下。

　　下面介绍一下依附实验。将母亲和婴儿引入一间有玩具的房间，观察在母亲离开一会儿再回来的过程中婴儿的反应，发现了4种典型的表现，这4种表现同样在恋人关系中有所反映。

　　（1）安全型依附。母亲欲离去时婴儿欲挽留，母亲不在时婴儿无心玩玩具、不快乐，母亲回来后婴儿张开手希望被抱，被抱一会儿后就要下地接着玩。这类恋人在恋爱中表现较好，能够包容、谅解、尊重爱人，易相处，不论爱人需要个人空间还是想亲近，他／她都可以给爱人积极回应。

　　（2）逃避型依附。母亲欲离去时婴儿无反应，母亲回来后婴儿也无反应。通过仪器测量可以发现，婴儿也有焦虑情绪，只是不表露出来。这与母婴平时的相处经验有关，婴儿学会了不期望母亲能长时间相伴自己。这类恋人表面看起来冷漠，其实内心很需要爱，只是不知道该怎样去爱，他们更倾向于通过网络等其他非面对面的渠道寻找爱情。

（3）焦虑型、不安全型依附。母亲欲离去时婴儿哭喊不从，母亲回来后婴儿还要打母亲，过了很久婴儿才会安静下来，边玩边看着母亲，怕母亲再次离去。给予这类恋人的忠告：首先懂得怎样当一个快乐的单身人士，然后才能在恋爱中找到快乐。

（4）紊乱型依附。母亲欲离去时婴儿表现慌乱，不知道该怎么办，母亲回来后亦不知道该怎么办，婴儿有时会张开手要母亲抱，同时又后退不让母亲接近。因为婴儿心中爱的对象——母亲，也是造成其痛苦的对象，所以婴儿内心爱恨交织。这种类型的恋人一般受伤很多，分手时常会做出比较出格的事，需要理性引导。

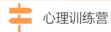 心理训练营

心理训练游戏：你的魅力在哪里？

对于正在热恋中的情侣来说，约会是最幸福的事情了。现在有3对情侣正在约会，你觉得哪一个女主角看起来最开心呢？

A. 轻松地与男朋友对坐在咖啡厅里喝咖啡的女主角。

B. 快乐地和男朋友在羽毛球场上对打的女主角。

C. 开心地与男朋友在舞会上跳舞的女主角。

答案解析如下。

A. 轻松地与男朋友对坐在咖啡厅里喝咖啡的女主角。

你觉得轻松地与男朋友对坐在咖啡厅里喝咖啡的女主角看上去最开心吗？你应该是比较喜欢没有压力的气氛吧！或许你也是个不喜欢负担的人呢！你的魅力所在，正是你最沉静、自然、毫不掩饰的地方。如果你是女孩子的话，"不化妆比较好看""我喜欢你素净的样子"这类的话，你应该常听到！你的"性感度"可能不高，但也不要失望，因为你可是很有异性缘的！

B. 快乐地和男朋友在羽毛球场上对打的女主角。

你认为快乐地和男朋友在羽毛球场上对打的女主角看起来最开心吗？你一定是个像夏天一样的人，健康、有活力，别人和你在一起一定会很快乐。你的朋友是不是也常这么说呢？活泼、开朗正是你的魅力所在；而当你很专注地投入某件事情时，更是你具有吸引力的时候！

C. 开心地与男朋友在舞会上跳舞的女主角。

你心里一定在想：光是想象那个情景就已经觉得开心了！你应该是一个很热情的人，你的个性、思想都是成熟的，行为模式也很"大人"！基本上，你给人的印象是充满自信的，这也正是你的魅力所在！给你一个衷心的建议，该谦虚的时候就要收敛一些，可别让你的"魅力"变成"自我膨胀"了。

心理测试

测试你的恋爱态度

1. 你（男性）对未来妻子最主要的要求是（　　）。
   - A. 善于料理家务，利落能干（2分）
   - B. 容貌漂亮，温柔大方（1分）
   - C. 人品不错，能体贴帮助自己（3分）
   - D. 顺从你的意思（1分）

2. 你（女性）对未来丈夫最主要的要求是（　　）。
   - A. 潇洒大方，有风度（1分）
   - B. 有钱有势，社交能力强（1分）
   - C. 为人诚实正直，有进取心，待人和蔼可亲（3分）
   - D. 只要他爱我，其他都不考虑（2分）

3. 你认为完美的结合应是（　　）。
   - A. 门当户对（1分）　　　　B. 郎才女貌（1分）
   - C. 心心相印（3分）　　　　D. 情趣相投（2分）

4. 你对最佳恋爱时间的考虑是（　　）。
   - A. 自己已经成熟，懂得人生的意义和爱情的内涵，并且确定了事业上的主攻方向（3分）
   - B. 随着年龄的增大，自有贤妻（好丈夫）光临（2分）
   - C. 先下手为强，越早越能掌握主动权（0分）
   - D. 还没想过（1分）

5. 你希望自己结识恋人的方式是（　　）。
   - A. 青梅竹马，情深意重（2分）
   - B. 一见钟情，难分难舍（1分）
   - C. 在工作和学习中逐渐产生恋情（3分）
   - D. 经熟人介绍（1分）

6. 你认为推进爱情的良策是（　　）。
   - A. 极力讨好取悦对方（1分）
   - B. 尽力使自己变得更完美（3分）
   - C. 百依百顺，言听计从（2分）
   - D. 无计可施（0分）

7. 你希望恋爱的时间是（　　）。
   - A. 越短越好，最好是"闪电式"（1分）
   - B. 依进展而定（3分）

C. 要拖长一些（2分）

D. 自己无主张，全听对方的（0分）

8. 谁都希望完整全面地了解对方，你觉得了解他（她）的最佳途径是（　　）。

　A. 精心布置特殊场面，连连对恋人进行考验（0分）

　B. 坦诚地交谈，细心地观察（3分）

　C. 通过朋友打听（2分）

　D. 没想过（1分）

9. 你十分倾心的恋人，随着时间的推移，暴露出一些缺点和不足，这时候你（　　）。

　A. 采取婉转的方式告知并帮助对方改进（3分）

　B. 无所谓（1分）

　C. 嫌弃对方，犹豫动摇（0分）

　D. 内心十分痛苦（2分）

10. 当你刚刚踏进爱河之中，一位条件更好的异性对你表示爱慕时，你会（　　）。

　A. 说明实情（3分）

　B. 对其冷淡，但维持友谊（2分）

　C. 瞒着恋人与其来往（0分）

　D. 听之任之（1分）

11. 当你向倾慕已久的一位异性发出爱的信号时，你忽然发现他（她）另有所爱，你会（　　）。

　A. 静观其变，进退自如（2分）

　B. 参与角逐，穷追不舍（1分）

　C. 抽身止步，成人之美（3分）

　D. 不知道（0分）

12. 恋爱进程很少会一帆风顺，你对恋爱中出现的矛盾、波折的看法是（　　）。

　A. 最好平顺些。既然已经出现了，也是件好事，双方正好趁此了解和考验对方。（3分）

　B. 感到伤心难过，认为这是不幸。（2分）

　C. 疑虑顿生，就此提出分手。（1分）

　D. 没对策。（1分）

13. 由于性情不合或其他原因，你们的恋爱搁浅了，对方提出分手，这时候你（　　）。

　A. 千方百计缠住对方（1分）

B. 到处诋毁对方（0分）

C. 说声再见，各奔前程（3分）

D. 不知所措（1分）

14. 当你十分信赖的恋人背信弃义，喜新厌旧，甩掉你以后，你会（ ）。

　　A. 当自己看错了人（2分）

　　B. 你不仁，我不义（0分）

　　C. 吸取教训，重新开始（3分）

　　D. 痛苦得难以自拔（1分）

15. 你爱途坎坷，多次恋爱均告失败，随着年龄增长，你（ ）。

　　A. 一如从前，宁缺毋滥（1分）

　　B. 讨厌追求，随便凑合一个（1分）

　　C. 检查一下选择标准是否实际（3分）

　　D. 叹息命运不佳，从此绝望（0分）

16. 你认为恋爱作为人生中一个极其重要的环节，其最终所达到的目的应当是（ ）。

　　A. 找到一个情投意合的爱侣（3分）

　　B. 成家过日子，抚育儿女（2分）

　　C. 满足性的饥渴（0分）

　　D. 只是觉得新鲜有趣，没有明确的想法（1分）

评分说明

将你所选选项对应的分数相加，总分在42分以上说明你的恋爱观正确，总分为33～41分说明你的恋爱观基本正确，总分在32分以下说明你的恋爱观需要调整。

 项目思考

1. 如何区分爱情和友情？

2. 性行为准则有哪些？

项目七

一"网"情深——网络心理透视

07

📖 项目目标

分析网络心理需求。

疏解网络心理问题。

培养健康网络心理。

📖 导学案例

案例1：某高职院校的小王在校学习了电子商务专业知识后，决定运用自己的专业知识，利用网络平台进行电子商务交易。刚起步的时候，小王和合伙人一起去调查市场，寻找货源，摸清潜在客户。涉足电子商务，小王才发现它和现实中的商品经济是完全不同的概念。刚开始，由于不懂运营流程中的环节，小王经常被客户给差评，也经历过退货和投诉，但是，在小王的坚持下，事业渐渐有了起色。他们从一开始十几平方米的小仓库搬到了一百多平方米的大仓库，慢慢地也有了老客户。即便有问题出现，小王也能够妥善解决，并不断增强服务意识，改进服务方式，提升客户的满意度。在创业过程中，网络成为她的创业工具，所学的电子商务专业知识成了她成功的助推剂，这对于事业发展起到事半功倍的效果。

案例2：女大学生张某在某网络社交平台上认识了自称在一家金融公司上班，收入颇丰，有房有车的"高富帅"刘某。在短暂的聊天之后，刘某提出要和她交往。交往期间，刘某编造多种理由向张某借钱。张某借出了一千元生活费后，又在其怂恿下从网络平台贷出一万余元给刘某。之后，刘某以各种理由不见张某并拖延还款，并再次要求张某帮其借高利贷，张某因此起了疑心并报警。侦办该案件的派出所民警介绍，这起案件是网络上比较常见的"交友诈骗"，犯罪嫌疑人虚构出家境优越的"高富帅"形象与年轻女性交往并诈骗钱财。经查，刘某是一名"五无"人员，因为赌博欠下巨额高利贷，无力还款，就想通过网络进行诈骗。张某也不是第一个上当受骗的姑娘。

案例3：李某以优异成绩考入某高职院校。然而，在上大学后他接触到网络游戏，从此一发不可收拾。他在大一时，长时间玩游戏，昼夜颠倒，导致完全跟不上学业，多门功课不及格。一年中，学校请家长前去沟通了3次，其间家长还曾陪读，但是李某仍然无法戒掉游戏瘾。由于沉浸在网络游戏的世界里，李某日常作息毫无规律，与同学交流减少、关系变得疏远，性格也变得封闭内向，情绪常常不稳定。

案例分析

大学生上网人数越来越多，上网时间越来越长，网络对大学生学习和生活的影响也越来越大。网络成为大学生之间较流行的沟通渠道，网络改变着大学生的生活、学习和人际交往方式。网络对大学生来说犹如浩瀚的大海一般，有的大学生从中寻找宝藏，有的大学生却沉溺其中。网络环境下，大学生应当趋利避害，培养健康的网络心理。

知识讲坛

  任务一　大学生网络心理需求

　　科学是强有力的工具，怎样用它，究竟是给人带来幸福还是灾难，全取决于人自己，而不取决于工具。

——爱因斯坦

一、当代大学生与网络

　　21世纪，人类正处于以计算机、信息技术和大数据为支撑的网络时代。互联网为人类信息交流提供了快捷、便利的手段，也对人类生活方方面面的变革起到了巨大的推动作用。互联网的优势很多，可以用"多、快、好、省"4个字来概括。

　　多——上网人数多，信息多（一个网站的信息量相当于成千上万个图书馆的信息量），服务器多，关键是机会多、创意多等。快——互联网以"光的速度"交换信息，人们到网上查找信息比到图书馆更为方便快捷，把一封甚至上万封邮件发送出去只要单击鼠标即可完成。好——对于互联网的好，多数人都有体会。观看电视剧未必要每天在电视机前等待，通过网络搜索可以一次看个够，还可以利用网络在QQ、微信等平台沟通交流，也可以运用网络平台的各类软件进行网上约车、网上购物、网上购票等。省——省时间、省精力。网络凭借其开放性、全球性、虚拟性、平等性、互动性等特点与其他媒体区分开来，大学生是网络的忠实追随者，网络时代的大学校园中，"无处不网""无时不网""无人不网"。

　　互联网技术和智能应用设备的普及，使得人们的学习、工作、生活等发生了巨变。根据中国互联网络信息中心（China Internet Network Information Center，CNNIC）发布的第52次《中国互联网络发展状况统计报告》，截至2023年6月，我国网民规模达10.79亿人，较2022年12月增长1109万人，互联网普及率达76.4%。其中，手机网民规模达10.76亿人，较2022年12月增长1109万人，网民中使用手机上网的比例为99.8%。从上述数据中可以看出，手机已经逐步成为新型的网络使用工具，而大学生的智能手机持有率相当高，他们个人的价值观念、意志品质和行为习惯都会受到互联网潜移默化的影响。某大学对大学生上网现状进行调研的数据如下所示。

　　从上网地点来看，58.0%的人在宿舍上网，25.4%的人在教室上网，还有人在其他地点上网，大学生随时随地生活于网络世界。30.1%的大学生有时会对上网上瘾，10.5%的大学生难以抗拒网络的诱惑力，会在网络中流连忘返。大学生上网的目的主要有3个。一是以学习、娱乐、购物为主。网络已经成为大学生学习的重要工具，在学习过程中遇到困惑时，55.5%的人选择通过网络引擎搜索答案，25.4%的人选择网上发帖求助（每个分类中未提及的占比人数属于其他情况）。对于网上有用的信息，48.6%的人将网址放入收藏夹，25.9%的人将信息复制并保存到计算机内，14.1%的人将信息摘录到学习日志并分类整理，仅1.4%的人将要点整理并记录下来。虽然大学生擅长利用网络学习，但是从动机层面的调查结果来看，选择上网进行学习者仅占12.4%，而35.4%的人选择娱乐（游戏、电影、音乐），23.2%的人选择购物，17.1%的人选择更新微博，11.9%的人选择获取信息。二是注重在网上释放与表达情绪。调查显示，54.7% 的大学生认为网络产生的积极影响大，能满足个体多层面的心理需求。其中排在第一位的是"满足情绪调适的需求"，占 29.0%；排在第二位的是"满足自尊、成就感和自我实现的需求"，占 21.1%；排在第三位的是"满足归属感的需求"，占 17.1%；排在第四位的是"满足被关注、被爱的情感需求"，占 14.6%；然后是"满足获取丰富的知识的需求"，占 9.4%；最后是"满足寻求刺激的需求"，占 8.8%。三是进行网络心理测试与咨询。调查发现，从心理测试与咨询的方式来看，85.6% 的人选择网上心理测试，57.7% 的人选择网络心理咨询，28.2% 的人选择网上心理论坛，20.7% 的人选择电子邮件咨询，22.9% 的人选择其他。同时，从大学生浏览的网上心理内容来看，36.2% 的人选择心理测试类，19.9% 的人选择心理问题解答类，17.1% 的人选择心理知识类，14.1% 的人选择心理博客类，12.7% 的人选择其他。

二、大学生网络行为的心理需求

从整体上，大学生网络行为的心理需求可分为积极的心理需求与消极的心理需求。

（一）积极的心理需求

1. 关注社会热点

关注社会热点是大学生富有爱国情怀和视野开阔的表现，同时，也表现了大学生"成人化"的趋同心理。但现实的身份决定了他们无法正式参与社会事务，校园环境限制了他们对复杂社会现象的认知和信息反馈。因此，在网络上"指点江山，激扬文字"成为大学生抒发抱负的一种形式。

2. 自由平等参与和自我实现的尝试心理

网络自由平等的氛围非常适合当代社会中对自由、平等呼声较高的大学生群体。在网络这个虚拟空间里，只要参与进来，任何人都是网络的"主人"。相同观点的交流、强烈的互动欲望等都可以让大学生在他人的点赞、支持中得到满足。

3. 情感交流的满足心理

情感萌发的大学生迫切需要纯洁的友情和精神共鸣。但在现实生活中，同学之间存在竞争，一些大学生因为利益冲突、人际关系紧张，很多时候难以与同学推心置腹。网络提供的心理安全意识和非功利意识使渴望情感交流的大学生可以随意表露内心想法，在虚拟世界找到心灵的慰藉。

4. 缓解压抑与宣泄情绪的减压心理

许多大学生进入大学后，人生地不熟，并且远离父母和家庭，必须独自面对来自学习和生活的挑战。因此，有的人感觉缺乏关爱，感到孤独、寂寞，还有一些人因为现实生活中的人际冲突、学习压力等形成压抑的心理。网络给大学生的精神世界营造了一个自由空间，其倾诉意识和倾听意识可以同时在这里得到满足，不少大学生压抑的心理和孤寂的情绪在网上得到缓解和宣泄。

5. 追求开放性和多元性的求新心理

网络以其信息传递快、内容新、手段先进等优势吸引了很多大学生。网络又是一个开放的信息共享世界，各种文化、思想、观念都可以在这里碰撞。网络极大地满足了大学生学习新思想、新观念、新知识、新技能的心理需求。

（二）消极的心理需求

1. 追求感官刺激的心理

有些大学生上网的目的是获取在现实生活中难以了解、通过正当渠道难以获得的新奇事物或信息，并借以获得感官刺激。他们往往会出于好奇或冲动的心理去刻意寻找一些色情、暴力信息。

2. 急功近利的心理

网络信息的丰富与快捷使许多大学生把上网当作通往成功的捷径和有利条件。在他们眼里，网络就是商机，网络就是生财之道。同时，一定程度上的社会误导（包括网络上基于商业目的的信息误导）也使大学生对成功的理解产生了偏差。他们渴望凭借这些信息，省一些力气，快人一步，成为网络时代的成功人士。

3. 发泄欲求的心理

在互联网上，大学生往往可以比在学校、家庭里更自由地发表自己的见解，抒发自己的爱与憎，表达自己的思想。平时对周围人或事件不敢提、无处提的意见可以发表到网络空间中，平时对异性不敢表达的感情也可以在网络空间中淋漓尽致地抒发。

4. 逃避现实的心理

不论是在学习上、感情上、人际关系上，大部分大学生都会遇到这样或那样的挫折和危机。同时，复杂的社会生活也会使思想相对不成熟的大学生感到难以应对。于是，部分大学生在现实中受挫时，往往愿意到虚幻的网络空间去倾诉，互联网成了他们逃避现实、寻求自我解脱的渠道和平台。

5. 自卑的心理

这种心理常出现在那些初次尝试上网的大学生身上。他们怀着兴奋与好奇的心理上网，但由于缺乏系统的网络知识和检索技能，操作不熟练，英语水平有限，与身边那些操作娴熟、进出网络自如的同学相比，差距甚大。在羡慕的同时，他们会产生某种无形的心理压力，初始的兴奋、喜悦之情自然被自卑心理所代替。

6. 焦虑的心理

一方面，由于网络技术的迅速发展，部分大学生担心自己的知识更新速度赶不上网络的发展速度，担心被新技术淘汰，产生焦虑心理；另一方面，网络通道拥挤、传输速度缓慢、网上人际关系的不确定性与隐匿性、庞杂无序和良莠不齐的内容、访问速度太慢等，使部分大学生上网时感到无所适从，他们在连连"碰壁"之后产生焦虑心理。

7. 虚拟的自我实现心理

强烈的自我意识是大学生群体的一个显著特征，虚拟的网络世界成为大学生群体实现自我的一个理想王国。在网络上，大学生可以体会到平等、自由、成功、刺激等感觉，学习与就业的压力、社会与家长的期望造成的心理上的压抑与孤独，在上网时一扫而光。他们可以突破社会及他人对其行为的评价，轻松地成为"侠客""领袖"等，实现从小的梦想；可以在游戏中"指挥千军万马，拼杀疆场"，在游戏获胜后获得成就感和成功体验。

三、大学生网络社交的心理需求

网络已成为大学生学习和生活中不可或缺的一部分。网络的飞速发展和广泛使用丰富了大学生的交流方式，也极大地满足了大学生对交流和沟通的渴望。迈克尔·塞勒（Michael Saylor）在《移动浪潮：移动智能如何改变世界》一书中提出：社交网络是一个移动的社交世界。

（一）大学生网络社交的特征

1. 虚拟性和隐匿性

与现实社交不同的是，网络社交以虚拟技术为基础，人际互动的交流可以是跨空间的，交往主体也可以是虚拟的，即可以隐藏真实的姓名、性别、年龄及形象等信息，可以根据自己的偏好随意选择身份，这也造成了一些大学生在网络社交环境中道德感弱化的现象。

2. 开放性和平等性

网络空间的交流非常具有开放性和包容性，让不同家庭背景的大学生都可以参与其中，自由表达自己的观点和看法，而且开放的网络空间给大学生提供了平等交流的平台。为了保护个人隐私，他们往往会隐藏自己的缺点、不足，根据自己的需求扮演不同的角色。尽管这种虚拟角色与现实生活中的他们并不一致，但是可以帮助大学生根据自己的兴趣爱好进入不同的网络社区，这可以减少现实社交时产生的压力和矛盾冲突。

3. 多样性和丰富性

随着网络技术日益发展，网络社交的方式和途径也呈现出多样性。从过去的电子邮件、网络论坛到如今的 QQ、微博、微信等，大学生不仅能够实时发送和接收语音、文字、图片及文件等，还可以同步语音和视频。他们还可以随时在网络空间中与网友分享自己的看法、照片或视频，展现自己的生活，与网友交流生活感受。网络交流的内容和形式充分体现了网络社交的多样性和丰富性。

社交网络的高效、快捷使大学生提高了社交的效率，同时延展了交流的空间，并给大学生提供了无限的选择，使网络社交的范围扩大到全世界。但是，网络社会中每个人的文化程度、价值取向、认知水平等有差异，因而在网络社交中呈现的内容会有优劣之分，且雅俗不一。在网络社交中活跃的大学生应当学会甄别和抵制低俗网络语言和内容，提升社交网络的道德水准和修养，共同维护社交网络的健康环境。

📑 **拓展阅读**

　　"社交网络"是近年来备受关注的互联网名词，即 Social Networking Service，英文缩写为 SNS。SNS 概念来源于社会网络的研究者美国哈佛大学心理学教授米尔格拉姆最先提出的"六度理论"：你与任何一个陌生人之间所间隔的人不会超过 6 个人，也就是说，最多通过 6 个人你就能够认识任何一个陌生人。社交网络将现实中的这种人际关系搬到了网络上，从而使世界上的任何一个人都能联络到彼此。

　　一部以 SNS 为题材的美国电影《社交网络》是根据本·麦兹里奇的小说《意外的亿万富翁》改编而成，影片讲述了 Facebook 创始人的故事。他为了拓展自己的社交圈子，把哈佛大学里学生们的电子邮箱地址汇集在了一起，形成了一个哈佛大学的通信工具，并将其命名为 Facebook。天才主人公创建的 Facebook 为成千上万的年轻人打造了庞大而喧嚣的社交网络，帮助人们在虚拟世界中更加接近彼此。然而，主人公本人却偏偏是一个几乎没有社交的人。影片里，他似乎无法与任何人建立长久稳固的关系，无论是爱情还是友情。影片结束的画面是马克一个人不断刷新前女友的 Facebook 主页，最后发送了好友请求。这不禁让人反思：社交网络的创立本应当让人们获得更多朋友，可是事实上，更多人的生活是像马克这样，孤独地在屏幕前一遍遍刷新界面。

（二）大学生网络社交的心理需求分析

1. 自我意识与人际交往的需求

大学生有被人关注的需求，渴望被人认可，渴望获得社会的尊重和平等相待。网络社交恰好与大学生强烈的社会交往需求相匹配。因此，网络社交给大学生提供了一条倾吐心声、表达自我的渠道和途径。此外，日趋成熟的大学生有建立更加广泛人际关系的需求，但校园和家庭关系的人际关系难以满足他们的这种需求，而网络平台则充分地提供了这样的便利。通过各种网络社交工具，大学生可以结识来自不同地域、不同职业、不同兴趣爱好的朋友，用极为便捷的方式与他们沟通交流。

2. 归属感和从众心理

根据人本主义心理学家马斯洛的需要层次理论，个体生活在社会环境中，总想把自己归属于某一个群体或集体，即有归属的需要。大学生远离家庭来到过着集体生活的大学校园，希望能归属于或融入大学新集体，但由于地域文化、个性、经济状况等多重因素的影响，部分大学生难以适应大学新集体，而在网络平台上他们往往更容易找到志趣相投的朋友，在网络社交的各类社区中更容易产生归属感。也有部分大学生担心如果不使用网络社交工具，就容易被认为是落伍的、不合群的，从而产生孤独感。有的大学生本来对网络社交是比较陌生的，但是为了能与周围同学拥有共同话题，不至于被集体隔离和抛弃，因而从众使用网络社交工具。

3. 自我实现与社会参与意识

自我实现是指个体的各种才能和潜能得以充分发挥，从而实现个人理想和抱负，获得最大的满足感。当代大学生有强烈的社会参与意识，希望通过大学学习实现自己的人生价值。他们关注社会热点，评价周围的人与事，并把自己的想法融入网络语言中。关注社会热点问题，表现了大学生在意识上日益"成人化"。大学生在网络热点事件发展的过程中可以自由发表自己的意见，抒发自己的情感，在这个过程中得到"自我实现"的感受。与现实生活相比，他们会发现在网络中自我价值似乎更容易实现。

任务二　疏解大学生网络心理问题

技术每提高一步，力量就增大一分。这种力量可以用于善恶两个方面。

——汤因比

网络的发展和普及使人类社会在科技的道路上迈出了一大步，同时网络时代的到来对大学生心理健康产生了巨大影响。如何提高大学生网络心理健康素质成为亟待解决的重要问题。

一、网络心理健康的标准

基于心理健康的一般标准，结合生理健康和社会健康的要求，大学生网络心理健康的标准应包括4个方面。

（一）培养正确的网络心理健康的意识或观念

网络是把机遇与挑战并存的"双刃剑"，只要善加利用，就没有必要视网络为洪水猛兽。大学生应养成良好的网络使用习惯，合理安排上网时间，注意保护网络信息安全。网络是一个丰富多彩的世界，信息量大、更新速度快，自由度高，因此大学生要学会对网络信息进行合理评估、判断和选择，不要受网络上不良信息的影响，继而造成认知和行为上的偏差。网络所形成的虚拟社会与现实社会一样，同样受法律法规的制约。大学生要了解网络道德与法律法规知识，不做违反网络道德与法律法规的行为（如不登录、不浏览不良网站，不盗用他人信息资源，不散播色情、暴力和反动言论等），文明上网，自觉维护良好的网络秩序。

（二）培育健全的网络社会人格

人格是具有一定倾向性且比较稳定的心理特征的总和。一个人的人格受遗传和后天环境的影响。大学生的网络社会人格是大学生在网络人际交往过程中形成的心理品质和人格特征。大学生作为网络当中最为活跃的群体之一，其网络社会人格表现出双重性或多重性，甚至存在人格分裂的现象。网络给大学生提供了一个全新的虚拟生存平台，他们不必以现实生活中真实的身份出现，由此便会形成不一样的虚拟人格。他们需要时常在虚拟的网络世界和现实社会中进行角色转换和思维、行为协调，一旦转换和协调出现问题，就容易出现心理障碍。因此，大学生要正确把握虚拟世界与现实社会之间的关系，培育健全的网络社会人格。

（三）协调网络人际交往与现实人际交往之间的关系

网络沟通能够满足大学生伪装自我的需求，使他们成为现实生活中无法企及的完美的"我"。网络能给大学生带来足够的安全感和归属感，体现其个人价值。相比现实人际交往，越来越多的大学生更偏好网络人际交往，更加信任网络上的朋友。这样会让他们表现出一种特定认知偏差，从而导致他们依赖网络人际交往，逃避现实，在现实人际交往中不能进行正常的情感交流和体验，容易出现孤僻、不合群的现象。因此大学生要学会合理安排上网时间，处理好网络人际交往与现实人际交往之间的关系，在网络交流和交往中保持真诚、自律，确保网络人际交往不影响现实人际关系的协调发展。

（四）保持网络与学习、生活之间的平衡

网络给大学生提供了便捷的服务、大量的信息、轻松自在的氛围，容易使大学生不知不觉地沉溺其中，无法自拔。从一个网站链接到无数的网站，部分大学生长期被新奇的网络世界吸引注意力，忽略了当下的学习和生活。大学生在利用网络的同时，要学会进行自我管理，规划好学习和生活，有效控制上网时间，不因上网而影响自己正常的作息。大学生不能过度依赖网络，把上网作为逃避现实生活的方式。尤其在学习、生活中遇到挫折和困难时，大学生应主动寻求支持，勇敢地面对挑战和解决问题。

二、大学生网络心理问题的类型

近年来，随着网络的普及，大学生心理问题出现了一个新的发展趋势，即偏好把网络当成宣泄的对象，这使大学生产生了网络心理问题。大学生网络心理问题是指大学生因无节制地上网导致行为异常、人格障碍、交感神经系统功能失调等。其主要表现为：开始是精神上的网络依赖，渴望上网；随后发展为身体上的依赖，不上网则情绪低落、疲乏无力、外表憔悴、茫然失措，只有上网后精神才能恢复正常。大学生网络心理问题的基本类型如图 7-1 所示。

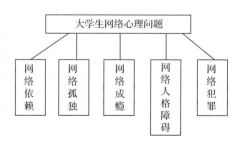

图 7-1　大学生网络心理问题的基本类型

（一）网络依赖

网络依赖是指长时间沉溺于玩网络游戏、上网聊天、使用网络技术，醉心于浏览网上信息，造成对网络的精神依赖。一些大学生对网络相当依赖，上网时亢奋，不上网时颓废，沉溺于虚拟世界，个人身心健康受损，正常的学习、生活及社会交往均受到一定程度的影响。网络依赖者更有可能发展为网络成瘾者。网络依赖包括以下 6 种类型。

1. 网络色情依赖

大学生正处于青春期，性生理趋于成熟，而性心理仍处于延迟满足期，因此他们与其他年龄段的人相比，对性更加敏感，也更容易受到色情内容的诱惑而形成网络色情依赖。一些大学生如果长期接受畸形、不健康的网络色情信息，他们的身心健康会受到破坏性的影响。因此，整个社会都应提高警惕，高度重视网络色情的严重危害性，共同打击网络色情。大学生也应当不断加强对自身素质的培养，坚决抵制网络色情的诱惑，养成健康的上网习惯。

2. 网络交际依赖

QQ、微博、微信等社交聊天软件的出现，使人们可以跨越时空结交世界各地的朋友。网络交际依赖者每天花费大量时间和精力上网，与屏幕另一端的人交流，吐露自己的真情实感，甚至把网上结识的朋友看得比现实中的家人、朋友更重要。大学生渴望友情与爱情，因各种原因在现实中无法满足需求，部分大学生就转而在虚拟世界中寻求满足，最终导致他们在现实中的人际交往能力退化。

3. 网络游戏依赖

这是最早引起人们关注的网络依赖。很多大学生在层出不穷的各类网络游戏中不能自拔，甚至因此废寝忘食。他们或与计算机程序设定对打，或通过互联网与网友联机进行团战，以击败对手和实现游戏等级晋升而获得满足感和成就感。如果大学生长时间无法自控地玩游戏，学业会日渐荒废，心理状态甚至人格也会发生扭曲。

4. 网络恋情依赖

爱情是永恒而美好的话题。网络的兴起和发展使恋爱蒙上了一层神秘的面纱，更令富有好奇心的大学生对于虚幻的网络恋情充满了向往和憧憬。网络恋情中的双方突破时间和空间的限制，无须在现实生活中交往，而在网络中通过文字、图片等形式相互结识，拉近距离。网络恋情比现实生活中的恋情更容易让人得到虚拟的情感满足，获得情感交流的快乐体验。陷入网络恋情的大学生会投入更多的时间和精力，被网络另一端的人所吸引而陷入其中，这样容易使大学生产生网络恋情依赖，并使其在回到现实生活时产生情绪低落、生物钟紊乱、注意力缺失等问题。而且，由于网络交往角色的虚拟性，这也方便了一些人利用网络的隐匿性遮掩自己游戏爱情、欺骗他人的感情的目的。这样不仅让有些脆弱的大学生产生情感上的大起大落，也会导致游戏爱情等畸形恋爱心理的滋长，从而扰乱大学生正常的人际交往和情感交流。对网络恋情的过度依赖会让大学生远离当下的现实人际交往，在现实生活中越发孤独。

5. 网络信息收集成瘾

在信息爆炸的时代，网络使信息的采集、传播速度和规模达到空前的水平，网络实现了全球的信息共享与交互。多数人有选择地浏览网页，收集对自身有意义的信息。而网络信息收集成瘾者上网时冲动地、强迫性地收集无关紧要的或者不迫切需要的信息，不断储存和传播这些信息。他们每天都将大量时间花在上网浏览信息上，但心里还是不踏实，总担心漏掉重要的信息。一旦出现网络堵塞、断网导致网页无法打开等现象，他们就会感觉极其不适应，变得焦虑不安、心情浮躁。此外，大量收集信息容易因信息超载而影响人的身体健康，导致大脑过度疲劳，严重时会引起头疼、烦躁、易怒等症状。

6. 网络交易依赖

多数大学生进入大学以来，第一次远离家庭和亲人，需要学会自主规划日常的消费开支。国内飞速发展的电子商务正好满足了大学生的各种购物需求，但也会致使大学生长时间陷于挑选、比价、咨询客服等行为而不自知。网络购物往往伴随着无数的促销广告或满减优惠活动，自制力不强的大学生易进行循环消费，掉入商业陷阱，入手一堆不需要的物品，从而浪费了有限的生活费，导致内心的矛盾和冲突，使自己陷入抑郁、焦虑、悲伤等心理困境之中。有的大学生对自己的过度网络消费行为感到后悔、焦虑，却抗拒不了诱惑，抑制不了冲动。网络交易的便捷也使部分大学生"宅"在宿舍，不愿意与同学、朋友一起出门购物，导致其产生孤独感和人际焦虑。还有些大学生沉迷于外卖、跑腿代购、网上拍卖等不能自拔。网络交易采用的电子支付方式而非现金支付方式，也让大学生忽略了金钱的流失，以致有的大学生因还不起巨额消费账单而陷入经济危机，甚至走上偷盗等犯罪道路。

在这 6 种类型中，网络交际依赖者、网络游戏依赖者、网络恋情依赖者及网络信息收集成瘾者占大学生网络依赖群体中的多数。

（二）网络孤独

网络交往这种隐匿身份的交往形式受到很多大学生的青睐。有的大学生上网向网友发泄自己的不良情绪，排解忧虑，讲自己的"心情故事"。这时他们会感到一定程度的放松，从网友那里得到一定的心理支持，可不上网时他们发现自己面对的依然是周围没有人的孤独。在人与人之间的交往中，80% 的信息是通过非口头语言的方式，如眼神、姿势、手势等传达的，那些善于通过这些身体语言来解读对方心理的性格内向者，在试图借助网络来消除自身的孤独感时，会发现网络能给他的只有稍纵即逝的心理慰藉。网络孤独多发生在性格内向者身上，其典型症状是：沉溺于网络，脱离现实，寡言少语，情绪抑郁，社交面狭窄，人际关系淡漠。

（三）网络成瘾

美国临床心理学家伊万·戈德堡（Ivan Goldberg）首先提出"网络成瘾"一词，在临床上也称其为病理性网络使用，通常简称为网瘾、网痴。网络成瘾是指上网者由于长时间地和习惯性地沉浸在网络当中，对互联网产生了强烈的依赖，以致达到了痴迷的程度而难以自我解脱的心理和行为状态。如果在网络成瘾的基础上，伴发焦虑性、抑郁性、强迫性、恐惧性（以社交恐惧为主）等神经症或人格改变，就称这种情况为网络成瘾综合征。英国的心理学专家金伯利·扬（Kimberly Young）认为后果是判断网络成瘾的自然标准，判断是否为网络成瘾，主要看其成瘾行为是否影响了个体正常的学习、工作和生活，是否导致人际关系恶化、学习能力减弱、工作效率低下、生活质量下降，等等。

《中国青少年健康教育核心信息及释义（2018 版）》指出："网络成瘾，是指在无成瘾物质作用下对互联网使用冲动的失控行为，表现为过度使用互联网后导致明显的学业、职业和社会功能的损伤。"但对网络成瘾的界定，需要根据相关标准进行严谨、专业的评估。判定网络成瘾的关键在于"无法控制，功能失常"。网络成瘾具有特征性的临床表现，常伴有躯体和精神症状。其核心症状有：强迫性，指不能控制上网的冲动；戒断性，指不能上网时会出现身心反应；耐受性，指上网的欲望越来越不能被满足，所需上网时间越来越长。很多网络成瘾的患者伴有情绪困扰问题，容易迷失真实的自我，导致角色混乱、道德感弱化、人格异化、学习困难、健康损害等，甚至可能会出现伤害自我、伤害他人、依赖药物、患精神疾病等情况。根据使用网络的主要目的及内容，网络成瘾可分为以下 5 类：网络游戏成瘾、网络色情成瘾、网络关系成瘾、网络信息成瘾、网络交易成瘾。大学生患者中网络游戏成瘾者居多。

网络成瘾患者或多或少都面临着一些自身无法解决的现实问题或无法改变的现状，这导致他们进入虚拟的网络世界进行宣泄或逃避，慢慢地他们形成了一种习惯，逐渐网络成瘾。网络成瘾患者在进行治疗时，应当选择专业、正规的医疗机构，接受规范治疗，而不能采用过激手段。例如，某些自诩专业的民间治疗中心利用网络成瘾患者治疗心切的心理，在缺乏专业精神科医生指导的情况下，盲目采用非正常手段对网络成瘾患者进行所谓的"治疗"，导致网络成瘾患者在生理、心理方面受到严重的伤害，这对他们今后的身心发展极为不利。

摆脱网瘾
找回自我

（四）网络人格障碍

人格是由先天获得的遗传素质与后天环境相互作用而形成的，包括能代表个人本质及个性特点的性格、气质、品质、信仰以及由此形成的尊严、魅力等。大学生多数表现出正直、诚实、有礼貌等优秀的个人品质。网络交往具有匿名性与隐身性，为大学生进行多重人格的转换提供了方便，大学生可以在网络空间中拥有多种虚拟身份，扮演多种虚拟角色。通过扮演网络中的虚拟角色，大学生可以隐藏自己的性别、年龄、学历等，表现出一个截然不同的"我"，彰显自己所谓的个性。如果长期在网络交往中戴上各种面具，扮演不同的虚拟角色，有些大学生就可能出现自我心理失调、自我认知混乱，并进一步导致人格分裂或异化，形成网络人格障碍。

（五）网络犯罪

大学生正处于成年初期，生理发育基本完成，但心理尚未完全成熟。大学生多具有较高的网络技术水平，思维活跃，但道德责任意识相对较弱，自律性较差，容易受外界环境的影响，容易冲动，行为偏激，在虚拟的网络环境里易滋生破坏欲和犯罪意识。大学生也会因为生活阅历有限，对社会认识不深刻，辨别是非能力不足，在缺乏正确引导的情况下误入歧途。有的大学生为了彰显自己的"才华"，破译他人网络密码，窃取、篡改他人在网上发布的信息，编制、传播计算机病毒。有的大学生利用网络技术窃取其他网络用户及公司、企业的网站账号，从中牟取非法利益。还有的大学生为了发泄自己的不满情绪，泄露他人隐私、损害他人名誉和形象，在网上散布虚假信息，甚至恶意中伤他人，对他人进行人身侮辱，发布不良信息攻击学校和社会。有些大学生为完成作业，通过网络窃取他人劳动成果，侵犯他人知识产权。也有的大学生通过聊色情话题、发送图片等方式大肆传播黄色信息。这些非法利用网络的行为给他人、组织、社会造成极大损害，同时也给大学生自身带来严重的身心伤害。

大学生结束了紧张的高考，进入大学校园后学习、生活均发生了变化，这极易导致他们的世界观、人生观、价值观随环境转变而变化。大学时期是大学生社会观念形成的重要阶段，在这一阶段的大学生通过专业性实习、社会实践活动或兼职等方式渐渐接触社会。但大学生对社会了解程度有限，分辨是非的能力不足，再加上他们对计算机网络应用比较熟练，容易因为心智不成熟、出于炫耀目的或受人蛊惑、法律意识淡薄等，而不把非法侵入、破坏计算机信息系统看作违法犯罪行为，仅仅把它当作一种富有挑战的智力游戏，这也导致大学生实施网络犯罪的比例逐渐增加。树立网络法治观念，遵守网络法规，成为新时代大学生的必修课。

📘 **拓展阅读**

2023年7月下旬，在湖北上学的大二女生小怡突然接到学校派出所打来的电话，警察通知她因她名下一张手机卡涉嫌诈骗，需要配合调查。在警察的询问下，小怡想起自己不久前做过一份群发"广告"短信的"兼职"。"那个时候才知道是被人利用了。"小怡说。在派出所，她还看到两名把自己的银行账户出借给诈骗分子洗钱的大学生。"警察告诉我，暑假期间很多大学生都被骗了，有人因为情况比较严重还被拘留了。"

据了解，针对大学生的暑期兼职陷阱五花八门，通过梳理，有两类情况比较常见。一类是大学生被诈骗分子利用，充当诈骗工具。小怡是在学校的"校园墙"上看到的兼职招聘信息，对方声称只需群发普通的"广告"短信给指定用户，便可获得不错的报酬。出于对"校园墙"的信任，小怡并未多想，按照诈骗分子的要求向几十个电话号码群发了内容为"添加社交平台：××××"的短信。可没过几分钟，她便收到了运营商发来的停机短信，提醒她手机出现了异常使用情况，可能被不法分子利用从事违法违规行为。如今，还出现了一类名为"手机口"的兼职诈骗，骗子盯上的不是大学生的钱财，而是他们的电话卡。完成这种骗术需要两部手机，一部手机与所谓的客服保持通话，另一部手机则按照客服的指令拨打他们提供的电话号码，电话接通后，客服便开始实施诈骗。之所以这样做，一是因为诈骗分子想要利用大学生的电话号码降低被骗者的心理防备；二是诈骗分子隐藏于网络之后，其行动更加隐蔽。在这个过程中，一旦有人上当受骗，打电话的大学生便难逃干系。

此外，还有一类名为"代发图文"的兼职。发布方会以每单100元的价格试图诱导人们在某短视频平台发布淫秽色情信息，为色情网站提供引流服务。如今，有不少大学生因参与此类兼职，导致账号被封。

三、网络心理问题的防治方法

（一）想象厌恶法

想象厌恶法，是指将某些厌恶情境与人的不良行为联系在一起，从而使人产生厌恶反应，以达到减少或中止某种不良行为的目的。以失恋为例，有的年轻人失恋后因对恋人念念不忘而很痛苦，于是就想对方的坏处或体貌上的缺陷，从而减弱对方对自己的吸引力，摆脱苦闷，这样做就是对想象厌恶法的运用。一个人非常想上网或正在上网的时候，可以想象某些与上网相关的令人厌恶的情境，从而达到减少上网行为的目的。例如想象眼前站着某位使自己感到害怕的人，如威严的父亲或者严厉的老师等。

（二）自我管理法

1. 转移注意力

大学生可以在想上网的时候，强迫自己转移注意力，主动离开放有计算机的房间，用看书、打球、跑步、听音乐等其他活动取代原来的上网行为，甚至可以主动建议暂时取消家庭上网服务，或请他人给计算机设置密码，将自己与网络隔离开。

2. 上网时间递减法

大学生可以设立合理的"小步子"目标，逐渐减少上网时间。如果每天上网6小时，那么第一个目标应该是每天上网5小时，这个目标实现并维持一段时间之后，再把目标定为每天上网4小时，以此类推，直到上网时间合理为止。在此过程中，每次上网的时候，大学生可以使用闹钟提醒自己准时离开网络，与此同时，也可以让父母、朋友对自己进行监督。

3. 自我指令

大学生可以给自己制作学习时间安排表，规定每天什么时候必须学习。每当有上网的念头时，可以反复地自我暗示："不行，现在不是时候，现在应该学习，等周末再说。"每当抵制住了诱惑，认真学习并度过了充实的一天之后，就进行自我鼓励："今天学得有收获，很投入，坚持就是胜利！"

4. 自觉提高上网效率

每次上网之前，大学生应该先花两分钟时间仔细想一想自己要上网干什么，把具体要完成的任务列在纸上，然后花一分钟时间估计大概需要多长时间才能完成所有任务。如果估计要用 60 分钟，就定一个 30 分钟后的闹钟，提醒自己检查任务的完成情况，并反思自己有没有做与任务无关的事情。

5. 自我奖励与自我惩罚

运用这种方法，大学生可以根据自己完成的效果给予自己奖励或者惩罚。如果完成得好，就可以好好奖励自己，如去大吃一顿或买一个自己喜欢的东西等；如果完成得不好，就惩罚自己做 100 个俯卧撑或者做家务等。

（三）认知行为疗法

认知行为疗法是目前心理治疗中的常用方法，由美国心理学家阿伦·贝克（Aaron Beck）提出。它是一种通过改变思维、信念或行为来改变不良认知，达到消除不良情绪和行为的目的的心理治疗方法。该疗法通过矫正技术改变患者不合理的认知观念，并时刻把认知矫正与行为矫正联系起来，努力在两者之间建立一种良性循环，使其取代原来存在的恶性循环，从而使原来的不良症状减轻、消失。近年来，这种疗法被学者和临床医生用于过度使用网络（或者病态网络使用）患者的治疗中。作为一种结构式的心理治疗方法，认知行为疗法不同于一般的教育、批评，而有其特殊的方法、技术和程序。首先，心理咨询师与患者一起找问题，即找要治疗的不良症状；其次，心理咨询师分析导致不良症状的不合理认知；最后，心理咨询师帮助患者重建新的、功能性的、合理的认知，由这些新的认知促使患者产生合理的情绪与适应性的行为。整个咨询治疗过程由心理咨询师与患者合作完成。

任务三 培养健康的网络心理

单靠科技是远远不够的，必须要让科技与人文科学以及人性相结合，其成果必须能够让用户产生共鸣。

——史蒂夫·乔布斯

拓展阅读

成都某高校的一名大学生，有这样一张作息时间表：13:00，起床，吃午饭；14:00，去网吧玩网络游戏；17:00，在网吧叫外卖，吃晚饭；通宵练级，第二天早上 9:00 回宿舍休息……这位大学生几乎把所有的空余时间都用来玩游戏，并开始拒绝参加同学聚会和其他活动。大约两个月之后，他发现自己的思维跟不上同学的节奏，脑子里想的都是游戏里发生的事，遇到事情会首先用游戏中的规则来考虑。他开始感到不适应现实生活，陷入深深的焦虑之中。

　　小马是一名在读大学生，除了取外卖，他足不出户，一直待在出租屋里玩游戏。小马和同学们的互动很少，由于不喜欢所学的专业，加上和舍友有矛盾，他早早从宿舍搬了出来。"游戏里比较纯粹，你可以从对一个新英雄一窍不通到用它迅速击败对方，这种感觉特爽。"说起游戏，小马眼睛里有了光，他向前倾了倾身子，声音中透露着喜悦："再凑齐一套装备，我这个号就能'毕业'了。"游戏可以"毕业"了，然而小马的学业却亮起了红灯：由于长期缺勤，学分、绩点没有达到培养方案的最低要求，小马要么选择延期毕业，要么无法取得学位证书。

　　作为使用网络非常活跃的群体之一，大学生的心理和行为不可避免地深受网络影响。网络为大学生的学习和生活提供了一个极大的空间，但也容易使大学生迷失其中。如何培养健康的网络心理成为大学生心理健康教育的重要内容。

一、树立正确的网络认知

　　网络的出现，宣告着人类信息时代的真正到来。它消弭了人类跨地域沟通的"时滞"，拓宽了人类的交往空间，深刻地改变着人与人、人与社会的关系，给人类带来了一个全新的时代。网上学校、电子商场、电子银行等新生事物的出现，使人类的生活方式发生了深刻的变革。网络也同样改变了大学生的学习、生活和交际方式。大学生客观正确地认识网络世界，是培养健康的网络心理的关键。网络因所包含的信息量极大、更新速度快，实现了全球共享知识成果，极大地满足了大学生的求知欲。网络为大学生打开了通往知识宝库的大门，但是，网络世界既是一个自由、开放、平等的世界，也是一个充满诱惑与陷阱的危险之地。网络只是一种工具，网络资源是人类社会不可缺少的财富，对网络的破坏与网络资源的滥用就是对社会正常秩序的极大破坏，这会危及社会中的每一个人。大学生要认清网络社会并非真实的社会，网上暂时的成功并非真实的成功，虚拟的情感宣泄与满足也并不能带来真正的快乐。那些迷恋上网而不能自拔的大学生，随着上网时间不断延长，记忆力开始下降，对学习也逐渐产生厌烦感，进而出现逃课上网、对各种活动漠不关心、进取意识减弱、与周围同学关系紧张等问题。夸大网络的功能进而使人们认为网络是解决一切问题的灵丹妙药；或认为网络使人迷失自我、相互欺骗，使社会秩序混乱，从而全盘否定网络的作用：这些观点都是错误的。大学生只有对网络树立正确的认知，明确上网目的，端正上网动机，才有可能正确地面对网络，合理地使用网络资源，提高网络信息处理能力，准确把握自我，正确处理现实社会与虚拟社会的关系，避免产生网络心理问题。

二、加强自律与自我管理

　　网络为大学生提供了获取信息和沟通交流的新渠道，他们可以通过网络搜索和订购各类演出票，节约时间和精力；也可以通过网络报名参加各种考试；还可以利用网络查询考试结果，不用再等遥遥无期的邮件通知。他们更乐于运用社交软件与世界各地的朋友及时交流沟通。因此，许多大学生每天花费在网络上的时间和精力相当多，但真正获取的有效信息却很少。培养大学生形成坚定的网络意志和健康的网络心理，规范其网络行为，网络环境是外因，大学生进行自我修炼是内因，也是根本。一个人没有自我修养的高度自觉性，外部的网络环境再好，也毫无意义。因此，大学生的自律与自我管理显得尤为重要。对于大学生来说，只有自律才能既充分体现其自尊、自主与自由，又充分培养其自我控制力，养成良好的慎独习惯。大学生在大学期间要明确学习目标和生活目标，合理规划自己的日常学习、生活和工作，积极参加各种社会活动，控制上网时间，规范上网、理性上网。必要时大学生应制作校园学习生活规划量化表（见表7-1）。通过一段时间的记录和比较，大学生从数据上能一目了然地看出自己合理规划和上网的时间，以此来获得信心和成就感。

表7-1 校园学习生活规划量化表

日期时间量项目	作息时间量化表						
	周一	周二	周三	周四	周五	周六	周日
课堂							
课外自学							
睡眠							
图书馆							
课外活动							
上网							
其他							

三、增强网络道德和法律意识

良好的网络环境有助于培育健全的人格，恶劣的网络环境往往造就有缺陷的人格。共同维护网络环境，一方面需要社会、学校等多方力量加强监管，抵制不良信息的入侵，净化网络环境，大力开展网络道德的宣传教育；另一方面，大学生在现实生活中的道德规范和法律意识较强，但是网络的虚拟性可能使他们缺乏自我约束，缺失自律意识，甚至降低道德水准，淡化法律意识，在网络世界中随心所欲，做出违反法律法规或道德标准的行为。大学生要明确在网络世界中仍要遵循法律法规和道德标准，保持线上线下言行一致，提高网络道德素养，自觉维护网络秩序，主动参与到净化网络环境的行动中来。

四、主动接受心理咨询和团体心理辅导

大部分高校都提供线上线下的心理咨询和团体心理辅导。大学生可通过微信、QQ、微博、电话等方式，也可以采用直接与心理咨询师面谈的方式，请专业心理咨询师为自己答疑解惑。这样既可以保护大学生的隐私，使大学生能敞开心扉诉说心理困扰，又可以让大学生听从专业指导，精准解决心理问题，从而让大学生成为符合时代要求的网络达人。同时，接受团体心理辅导也是一个行之有效的方法。在团体中，网络心理障碍者会发现自己的心理问题并不是独一无二的，团体中的其他人也有相似的困扰，有的甚至比自己还要严重，从而降低网络心理障碍者的担忧与焦虑程度。由于有共同的心理体验，团体成员的心理认同感很强，群体归属感也会增强，他们进而会感受到社会的支持。团体成员可以订立互相监督上网行为的契约，这对彼此的行为能起到有效的约束作用。团体动力和心理咨询技术的交互作用，可以帮助团体成员学会自助，解决共有的心理问题。

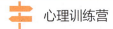 心理训练营

心理训练游戏："兴趣"大比拼

打篮球、散步、游泳、跑步、爬山、旅游、唱歌、看书、跳舞、购物、看电影、听音乐、找朋友聊天……你在现实生活中喜欢做什么呢？在网络上又喜欢做什么呢？现在，同学们就来进行网络与现实中的兴趣大比拼吧。

首先，将你在网络上喜欢做的事情填在表 7-2 中对应的位置。接下来，你可以从现实中的兴趣中选取你觉得最有可能替代网络行为的事情，并填在表 7-2 中对应的位置，也可以填写你自己认为更愿意从事的现实行为。

表 7-2　网络与现实兴趣大比拼

序号	在网络上喜欢做的事情	在现实中喜欢做的事情
1		
2		
3		
4		
5		
6		
7		
8		
9		
10		

大学生使用网络，一方面，有正面作用，如了解时事、学习知识、与人沟通、休闲娱乐等；另一方面，如果沉迷于网络游戏，导致网络成瘾等也有可能造成很多伤害。因此，大学生要以健康的心态使用网络，提高自我约束能力，在现实生活中培养广泛的兴趣和爱好，多进行人际交往，积极参加社会实践，以充实和丰富自己的大学生活。

 心理测试

网络成瘾自测

如果你怀疑自己已经网络成瘾了，想知道自己的猜测是否正确，可以通过以下测试了解自己是否已经网络成瘾和成瘾的大概程度。

请对以下 20 个陈述按照发生的频度，用 0～5 分进行评分。0～5 分的具体含义如下：0 分表示没有，1 分表示罕见，2 分表示偶尔，3 分表示较常，4 分表示经常，5 分表示总是。

1. 你发现上网的时间会超出预计时间。
2. 你上网太过频繁，以至于忘记了要做的事情。

3. 你觉得在网上的愉悦已经超过了在现实生活中与恋人或伴侣相处的愉悦。

4. 你会与网上的人建立各种关系。

5. 你的亲友会抱怨你花太多的时间上网。

6. 你花在网上的时间太多，以致耽误了学业和工作。

7. 你宁愿去查收电子邮件，也不愿意去完成必须做的工作。

8. 上网影响了你的学习或工作效果。

9. 你会尽量隐瞒你在网上的所作所为。

10. 你会同时想起网上的快乐和现实生活中的烦恼。

11. 在准备开始上网时，你会觉得你早就渴望上网了。

12. 没了互联网，你的生活会变得枯燥、空虚和无聊。

13. 别人打扰你上网时，你会恼怒或吵闹。

14. 你会因为深夜上网而睡不着觉。

15. 睡觉时你仍全身心想着上网或幻想着在上网。

16. 你上网时老想着"就再多上一会儿"。

17. 你尝试减少上网时间，但失败了。

18. 你企图掩饰自己上网的时间。

19. 你会选择花更多的时间上网，而不是和别人出去玩。

20. 当你外出不能上网时，你会感到沮丧、忧郁和焦虑，但一上网后，这些感觉就消失了。

评分说明

请把各个陈述的分数加在一起，计算得出总分，对照以下不同分数段的解释，评判自己是否已经网络成瘾和成瘾程度。

0～23分：目前，你没有网络成瘾，应继续保持健康的上网习惯。

24～49分：你是一个一般的上网者，只是有时上网时间会多些，但总体上仍能够自我控制，尚未沉溺于网络。

50～79分：对你来说，上网似乎开始引起一些问题，你应该谨慎对待上网给你带来的影响以及对你身边的人带来的影响。

80～100分：上网已经给你和你的日常生活带来很多问题，你必须马上正视并解决这些问题。

 项目思考

1. 常见的网络心理问题有哪些？如何调适？

2. 网络成瘾有哪些危害？大学生如何避免网络成瘾？

项目八
长风破浪会有时——压力管理与挫折应对

08

 项目目标

科学认识压力，积极舒缓心情。

分析挫折成因，了解常见挫折。

理解防御机制，掌握应对策略。

 导学案例

小曹，某大学在校生。他总是看不进去书，坐在教室里东想西想，精神不能集中。他对自己的行为很不满意，觉得自己很讨厌，非常担心自己一直是这种状态。近来他尝试着改变自己，但不知从何做起，更不知道自己的问题到底是什么。他的心情越来越差，他越来越爱胡思乱想，对任何事情好像都提不起兴趣，吃饭也经常没有胃口。小曹去医院检查过，医生说没什么问题。小曹的父母均为下岗工人，生活水平低，为了攒小曹的大学读书费用，平时总是省吃俭用，生活十分拮据。父母把未来的希望全寄托在他的身上，对他的期望值很高。同时，父母对他的要求也很严格，有时父母的话语会伤害到他的自尊心。小曹对自己的要求也比较高，他没考虑过毕业后的就业问题，因为他的唯一目标就是继续深造。小曹感到压力很大，平时不愿回家，不愿意面对父母，整个人感觉像背负了一座山。

案例分析

每个人在成长过程中，都会经历痛苦、失败和挫折。当今社会，压力无处不在。每个人的生活都并非一帆风顺，尤其是大学生，常常会在学习、交友、恋爱、择业等活动中遇到各种各样的压力、矛盾与挫折。因此，培养良好的心理素质，科学管理心理压力，增强挫折承受力，提高战胜挫折和适应环境的能力，是大学生心理健康发展的重要环节。

 知识讲坛

任务一　压力管理

一切幸福都并非没有烦恼，而一切逆境也绝非没有希望。

——培根

在竞争激烈的现代社会里，每个人都要面对来自工作、生活、学习和感情等多方面的压力。

一、认识压力

压力有物理与心理两个领域的定义。物理领域的定义具有客观属性，是指垂直作用于流体或固体界面单位面积上的力；而从心理学角度看，压力是压力源和压力反应共同构成的一种认知和行为体验过程，即心理压力（以下简称压力）。

（一）压力概述

压力（Stress）在西方文献中也称为应激，压力是一般意义上使用的概念，应激则是临床中使用的概念。压力这个概念首先由加拿大心理学家谢尔耶（H. Selye）提出。他认为压力是产生于个体无能力、无资源应对外在需求时的一种非特定的生理反应。当代心理学认为，压力至少有3种含义：

（1）指那些使人感到紧张的事件或环境刺激，如失业、贫困、天灾等；

（2）指某种具有威胁性的刺激引起的生理或心理反应；

（3）指刺激与反应的交互关系。

简言之，心理学意义上的压力是外部事件或环境刺激引发的人的内心冲突及与之相伴随的情绪体验。

（二）压力源

压力源是指个体面对的具有威胁性刺激的情景，它是一种客观存在。导致压力的因素很多，且来源和性质不尽相同，生活中的任何改变都有可能成为压力源。压力既可能来自内部，也可能来自外部；既可能来自生理方面，也可能来自心理方面；既可能是来自社会的，也可能是来自家庭的；既可能是愉快的，也可能是不愉快的；既可能是有益的，也可能是有害的。压力源大致可以分为3类：

（1）生物性压力源，如躯体创伤或疾病、饥饿、性剥夺、睡眠剥夺、噪声、气温变化等；

（2）精神性压力源，包括错误的认知结构、个体不良经验、道德冲突、不良个性心理特点等；

（3）社会环境性压力源，包括重大社会变革、环境污染、人口过剩、交通拥堵、战争、恐怖主义等纯社会性的事件及由自身状况如个人心理障碍、传染病等造成的人际适应问题，例如恐人症、社会交往不良等。

（三）大学生的压力源

大学生的压力源也很广泛，就外在诱因来说，不外乎学习、就业、经济、前途、人际关系、情感等各方面的客观事件，而这些客观事件是否成为他们真实感受到的压力，还要看个体内在的抗压素质。大学生的压力源主要包括以下4种。

1. 个体内部压力

个体内部压力主要是指来自机体内部的生理和心理因素，个体面对压力的反应受先天遗传的神经类型的影响。比如神经类型弱者、癔症性格者，因为敏感多虑，优柔寡断，面对压力源易产生恐惧焦虑，应激反应较强烈；A型性格的人争强好胜，有强烈的时间紧迫感，好控制别人，对应激事件的忍耐力差，也易产生过度压力。同时，个体面对压力的反应受个体以往的知识经验、处理问题的能力、应对问题的方式以及习惯化的认知评价倾向等心理素质的影响。大学生的生理成熟、心理成熟和社会成熟的差异，对其面对压力的反应有一定的影响。

小贴士

ABCD 4 种性格类型

基于心脏病和性格的研究，美国学者弗里德曼（M. H. Friedman）、罗森曼（R. H. Roseman）等人把人的性格分为 ABCD 4 种类型，不同性格表现出不同的特点。A 型性格，典型的竞争型人格，这类人具有强烈持久的目标动机，有很强的上进心，追求完美，追求高效。B 型性格，平和型人格，这类人很容易满足，安于现状，与世无争，信奉知足常乐，喜欢安静、为人友好，社交能力强。C 型性格，克制型人格，这类人常控制自己的情绪，容易满足，十分细心，人际交往中十分谦虚、谦让、迁就、包容，服从权威。D 型性格，忧伤型人格，这类人最明显的表现是消极、忧伤、孤独、压抑和爱独处，情绪敏感，胆子比较小，回避社交也不善于社交，沉默寡言，喜欢在自己的舒适圈内生活。性格类型并不是单一且不变的，4 种性格类型各有优缺点，只要保留优势同时改正缺点，人格就能更加完善且健康。

2. 家庭压力

家庭形态是影响大学生心理的重要因素，采用不同教养方式的家庭对大学生心理健康有不同影响。放任型家庭和高压型家庭都会给大学生的心理带来很大的压力，这些压力处理不好，就会影响他们的健康成长。高压型家庭的家长对大学生的期望值过高，有些大学生怕自己的成绩不符合家长的要求，害怕受责备而产生压力；还有的大学生因怕辜负了家长的一片苦心，压力很大。成熟型家庭的家长对待生活的态度是积极的，对大学生精神上的关心是充足的，当大学生出现心理困扰时，家长能及时察觉并加以指导，寻求积极的解决途径。另外，有些大学生的家庭经济并不宽裕，导致他们整日忧心忡忡，希望能早日帮助家庭，但又力不从心。

3. 校园压力

进入大学，学业仍是大多数大学生最关注的问题。多数大学生都想学好专业知识，但又为学习方法不当、学习知识与发展能力的矛盾、不知道社会需要具有什么样知识体系的大学生等问题而苦恼，这给他们造成很重的心理负担；部分大学生面对人才济济的大学校园，自信心下降，患上学习焦虑症、考试恐惧症，心理负担更重，压力变大。另外，随着高等教育的大众化，现在许多大学生从大一便开始考虑未来的就业方向，为找一份好工作，必须做好各方面的准备。为此，大学校园里出现了考各种证书的热潮，各种各样的考试让大学生倍感压力，大学生经常处于紧张和焦虑中，部分大学生出现头疼、失眠等一系列身心反应。

4. 社会环境压力

大学生既承载着家长的高期望，也承载着社会的高期望。当前，我国社会正处于急剧变革时期，当代大学生处于这种新旧社会价值观并存且相互冲突的复杂环境中，依据自己有限的认知经验，很难合理而准确地认同某一种社会价值观。他们对新的社会价值观常常是一知半解，对旧的社会价值观中的合理内核又认识不足，在兴趣爱好、生活方式、职业的选择上，却有一种消除旧的社会价值观、趋向新的社会价值观的紧迫感和超前感，这些会给当代大学生带来很大的压力。

二、压力的反应及作用

当人们面临压力时会产生一系列压力反应，这通常表现在生理反应和心理反应两方面。这些压力反应在一定程度上是机体主动适应环境变化的需要，它们能够唤起和发挥机体的潜能，增强人体抵御疾病的能力。但是，如果压力反应过于强烈或持久，超过了机体自身调节和控制的上限，就可能由于生理或心理功能的紊乱而导致生病。

（一）压力反应的表现

压力反应一般表现在生理反应和心理反应两个方面。

1. 生理反应

压力会使人体的内分泌系统、神经系统、循环系统、消化系统以及肌肉和皮肤的机能发生改变，使人出现心跳过速、手心冰冷或出汗、呼吸短促、头痛胃痛、恶心呕吐、腹胀腹泻、肌肉刺痛、健忘失眠等症状。近年来，在美国、日本等国，有4种失调症已经变得非常突出，它们被称为"文明的苦恼"，分别是心脑血管病、癌症、关节炎和呼吸系统疾病。另外，压力和紧张也会影响免疫系统。

2. 心理反应

压力的心理反应从知、情、行（意）3个方面表现出来。

（1）认知功能：分散或集中注意力，降低或提高工作能力和逻辑思考能力。

（2）情绪反应：包括焦虑、不安、恐惧、易怒、攻击、无助、工作成就感降低等。

（3）行为反应：生产力水平降低或提高、行为慌乱、易发生意外事件。

（二）压力反应的阶段

谢尔耶认为压力反应可以分为3个阶段。

1. 警觉阶段

在此阶段，个体会感知到压力源，大脑和身体暂时失衡，稳定状态被轻微打破，心跳加速，体温和血压降低。个体还会调动身体中储存的物质和能量，收集相关信息，充分准备人力、物力，并进行组织、构思，以便应对危机的来临。

2. 抗拒阶段

在此阶段，适应性资源被动员起来抵挡压力源。先前的症状逐渐消失，内分泌系统开始发挥作用，脑垂体与肾上腺皮质分泌大量激素。个体会增强对压力源的抗拒力，用实际行动尝试解决问题。

3. 衰竭阶段

在此阶段，个体已经无法适应长期的压力，脑垂体与肾上腺皮质无法再继续分泌激素，导致对身体产生伤害。若发展下去，可能产生极端衰竭，甚至死亡。

（三）压力的作用

不管怎样，人面对压力总是要采取某种态度去适应它。愉快的、有利的压力，一般来说对人的健康不会造成危害；但如果不愉快的、有害的压力不能得到积极应对，往往会导致种种疾病。短暂的压力对人的身心健康也危害甚小，但长期的压力会使人在生理上产生过度的反应。

1. 压力的积极作用

一般单一性社会压力有益于身心健康，它使人生活得充实，让人生变得有意义，这类压力被称为良性压力。事实上，完全没有压力的生活是不可想象的，也是不真实的。压力的大小，是由压力源事件的客观性和人自我感觉的主观态度两种因素共同决定的。在这两种重要因素中，起主导作用的还是人们的主观态度，用公式表达就是压力的大小 = 压力源 / 承受力。同样一个压力源事件，有着不同承受力的人，感受到的压力大小是不一样的。当然，压力源事件大小的不同带来的压力感受也会不同。而人对压力的承受力，则决定了压力源事件最终的影响力。对于大学生而言，适度的压力是维持身体正常功能活动，激发积极性和主动性，锻炼和培养良好意志力的必要条件。

 小贴士

压力和工作绩效的关系

　　心理学家做过很多实验，他们发现压力和工作绩效的关系不是简单的正比或反比关系，而是呈倒 U 形，如图 8-1 所示。也就是说，在压力不大的情况下，个体压力越大，工作绩效越好。当压力超过了某个峰值，则会出现个体压力越大，工作绩效越差的情况。心理学家表示，在压力为中等程度、符合个体耐受能力的情况下，个体的工作绩效最好。

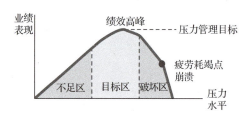

图 8-1　压力和工作绩效的关系

2. 压力的消极影响

　　容易对健康造成影响的常见压力类型有继时性叠加压力和破坏性压力。继时性叠加压力使人处于慢性心理应激状态，时间一久便容易引发一系列的身心症状，如呼吸困难、易疲劳、心悸、胸痛和紧张性头痛等生理症状。此外，还有焦虑、抑郁等心理症状。继时性叠加压力被视为慢性应激障碍。破坏性压力，比如地震、战争等则容易使人患上创伤后压力失调或创伤后应激障碍，造成感知、情绪、行为等方面的问题，因此其被视为急性应激障碍。

三、压力管理

　　人生一世，总会遇到各种各样的压力，压力无处不有，无可逃避。通常情况下，压力是可承受的，几乎没有什么影响。但总有些时候，人会遇到一些比较大的压力。为了能很好地适应大学乃至今后的学习、生活和工作，大学生宜进行有效的压力管理，提高自己的压力适应能力。所谓压力管理，是指人们对可预见的压力源进行必要的干预，维护身心健康，提高问题处理的效率，保证学习、生活和工作目标顺利实现的管理活动。

压力管理

（一）释放和转移压力

在面临压力时，人们可以通过放松训练、运动、丰富业余生活、积极调整自我等多种方式来释放和转移压力。

1. 放松训练

放松训练是通过一定的练习程序，让人有意识地控制和调节自己的身心活动，降低机体唤醒水平，调整因紧张而紊乱的身心功能，从而使机体内的环境保持平衡与稳定的过程。从脚趾到头顶的肌肉交替的放松训练，可以有效进行压力释放和转移。例如，人们可以采用深呼吸、自我按摩、泡热水澡、沉思冥想等方法来进行放松训练。

2. 运动

运动是非常有效的减压方式，可以迅速改善某些生理系统及其功能，降低血压、心率和肌肉张力，让机体充满生命活力，帮助个体找回控制感，从而有效减轻压力。当人感到有压力的时候，需要做的不是坐在那里发愁或抱怨，而应该出去进行散步、慢跑、打球等运动，在运动的过程中让身体得到放松。人们也可以进行郊游或远足活动，根据时间和经济条件，把自己交给大自然。

3. 丰富业余生活

发展个人爱好，培养生活情趣，往往让人心情舒畅。绘画、书法、下棋、养花、唱歌等能增添许多生活乐趣，调整生活节奏。看电影、听音乐、欣赏书画作品等能让人真正欣赏和感受到美的活动，都可以去尝试。在欣赏和感受美的过程中，人会产生一种向上的激情，从而找回人性的光辉，感受到世界的美好和对生活的希望，这个过程也会增强人的自信心，让一切忧愁悲伤都烟消云散，在潜移默化中人也会逐渐变得心胸开阔，不惧压力。

4. 积极调整自我

压力并不总是坏事，研究表明，在一定的压力之下，人们才能充分、有效地调动体内的积极因素。对于无法改变的事实或环境，最好的办法就是接受它们，用积极乐观的态度告诉自己，不要紧，会过去的。人们可以主动找他人倾诉，与他人分享，帮助自己减轻压力。人们也可以把自己的感受写下来，然后放到一边，给自己留出一定的"忧虑"时间，随后再去解决。当面对压力不知所措时，人们还可以从榜样身上寻找力量。

（二）直面问题，解决问题

直接面对问题，而不是逃避、压抑、转嫁或迁怒于无关的人或事；理性地评价、选择解决问题的方案；解决问题的策略要与现实相符，其出发点是对问题的真实估计，而不是自我欺骗或自暴自弃。问题的具体应对步骤取决于问题的本质，有时这是一种持续性的困难，如身体的残疾；或是一个可预期的事件，如需要做一个手术；等等。一旦确定了问题，厘清问题症结所在，人们就可以增强控制感，减轻对压力情境认识的模糊感或因夸大威胁而产生的焦虑感。

（三）构建社会支持系统

社会支持是他人提供的一种资源，我们生活在社会网络之中，是被爱、被关心、被尊重的。社会关系良好不只会令人快乐，还能使人健康，甚至更长寿。当一个人独自面对压力的时候，其应激反应的消极作用远远大于社会支持的作用。因此，要想不在压力面前孤立无援，最好构建自己的社会支持系统，这包括自己的亲人、朋友、同学、老师等。社会支持系统可以在人需要的时候给其情感安慰、有形帮助、信息支持、行动建议等，帮助人渡过难关。强大的社会支持系统让人不再感到孤立无援，可以迅速恢复人的信心和勇气，让人勇于面对挑战、解决问题。

任务二　挫折概述

> 患难困苦，是磨炼人格之最高学校。
>
> ——梁启超

挫折广泛存在于每个人的生活之中，贯穿人的一生，遍布生活的方方面面。对挫折的心理行为反应和应对挫折的能力，在很大程度上反映了一个人的心理素质和心理健康水平。挫折是客观的，更是主观的。挫折对人的影响与其说取决于挫折本身，还不如说取决于人对挫折的评价和态度。正确把握挫折的实质，是有效应对挫折的重要前提。

一、认识挫折

（一）挫折的含义

心理学意义上的挫折，是指个体在某种动机的推动下，在实现目标的活动过程中，遇到了无法克服或自以为无法克服的障碍或干扰。个体在面对挫折时不能获得满足或不能实现目标，所以会产生紧张状态和消极的情绪反应。

挫折三要素

挫折由 3 个要素构成。一是挫折情境，即对人们有动机、有目的的活动造成阻碍或干扰的情境状态或条件。构成挫折情境的可能是人或物，也可能是各种自然、社会环境。二是挫折认知，即对挫折情境的知觉、认识和评价。挫折认知既可以是对实际遭遇的挫折情境的认知，也可以是对想象中可能出现的挫折情境的认知。三是挫折反应，即个体在挫折情境下所产生的烦恼、困惑、紧张、焦虑、愤怒等负面情绪体验或攻击、退缩、逃避等行为反应。其中，挫折认知是核心因素，挫折反应的性质及程度主要取决于挫折认知。正如巴尔扎克（Balzac）所说："世上的事情永远不是绝对的，结果完全因人而异。苦难对于天才来说是一块垫脚石，对于能干的人是一笔财富，而对于弱者是一个万丈深渊。"

📑 **拓展阅读**　　　　　　　　**两粒沙**

（1）第一粒沙

蚌生活在海里，每天平静度日。突然一粒沙被吸到了它身体里，它想把那粒沙弄出去，可它只要一动就疼得厉害。它不敢再动，开始分泌黏液想将沙粒弄出去。可有了黏液，沙粒还是纹丝不动，而蚌好像不再痛了。于是它继续分泌黏液……日复一日，沙粒越来越像蚌的一部分，蚌也不再痛苦了。渔人把蚌带到岸上，打开它的壳，惊呆了：一粒光彩夺目的大珍珠静静地躺在里面！

（2）第二粒沙

一位勇士发誓要排除万难去攀登一座高峰。不知何时，他的鞋里落入了一粒沙。起初，他是有时间将那粒沙从鞋子里倒出的，但是他并没在意。随着路程的增加，那粒沙钻进他的皮肤内，他越走越觉得磨脚。最后，他每走一步都伴随着锥心刺骨的疼痛。勇士终于意识到这粒沙的危害，于是将它取出，但脚已磨出了血泡，伤口很快感染化脓。最后，为了保住脚，他在成功唾手可得时遗憾而归。

沙粒如同生活中突然出现的困难和挫折，人人都会遇到。你不能决定它什么时候到来，也不可能预测它会对你做些什么，但你能够决定自己用什么样的态度对待它。你的态度决定了你将是"望山垂泪"，还是因拥有珍珠而骄傲。

（二）承受挫折

不同的人在同一情境中经受同一强度的挫折，会有不同的反应。这不仅源于对挫折的认知存在差异，还与他们对挫折的承受力有关。每个人的挫折承受力是不同的：有的人遇到一点小的挫折就会引起主观世界的混乱，颓废沮丧，一蹶不振；有的人即使遇到重大挫折，仍意志坚定，百折不挠，顽强进取。

1. 挫折感和挫折阈限

所谓挫折感，是指个体在实现目标过程中，认识并感受到自己的动机性活动受到阻碍后所引起的心理状态和情绪反应；是个体受挫后，对自己的动机、目标与结果之间关系的认识、感受和评价。挫折感是一种复杂的内心体验，是烦恼、困惑、焦虑、愤怒等各种负面情绪交织在一起形成的。

挫折阈限是指个体在挫折面前所表现出的一种感觉阈限。人的每一种感觉都是在适宜程度的刺激作用于感官时产生的，心理学上把刚刚能够引起感觉的最小刺激程度叫作感觉的"下阈"，将继续增强也不能使感觉进一步变化的刺激程度叫作感觉的"上阈"。挫折感也有范围，心理学上将这种挫折感的范围叫作挫折阈限。一般来讲，挫折本身的性质、分量和强度与挫折感的强弱成正比，即挫折本身的性质越严重、分量越大、强度越高，挫折感就会越强烈。而挫折的心理体验强弱主要取决于需要的层次和强度，需要的层次不同、强度不同，挫折的心理体验强弱也会不同。

2. 挫折承受力

挫折承受力是指个体在遭遇挫折时对挫折的忍受程度，是检验个体能否经得起打击和承受压力，能否摆脱和排解困境而使自己避免心理与行为失常的一种耐受力；亦是个体适应挫折、抵御挫折和应对挫折的一种能力。挫折承受力的强弱反映了一个人的心理素质和心理健康水平，挫折承受力是个体能否保持良好适应、维持心理健康的重要标志。增强挫折承受力，是实现对挫折的良好适应和保持心理健康的重要途径。

 小贴士

逆商

逆商（Adversity Quotient，AQ）全称为逆境商数，也被译为挫折商或逆境商。它是美国职业培训师保罗·斯托尔茨（Paul Stoltz）提出的概念，是指人们面对逆境时的反应，即面对挫折、摆脱困境和超越困难的能力。

保罗·斯托尔茨将逆商划分为 4 个部分，即控制感（Control）、起因和责任归属（Origin &Ownership）、影响范围（Reach）和持续时间（Endurance），简称为 CORE。

心理学家认为，一个人要想获得事业成功，必须具备高智商（IQ）、高情商（EQ）和高逆商（AQ），这 3 个因素并称 3Q，被人们称为获取成功必备的不二法宝，有专家甚至断言，100% 的成功 =20% 的智商 +80% 的情商和逆商。在智商和情商都跟别人相差不大的情况下，逆商对一个人的事业成功起着重要的作用。高逆商可以帮助人们取得非常好的成绩、生产力、创造力，可以帮助人们保持健康、活力和愉快的心情，并且高逆商是可以培养的。

3. 影响挫折承受力的因素

大学生的心理发展层次不一，个人的知识水平不同，动机及其重要性亦因人而异。因此，不同的人的挫折心理体验和造成挫折的情况均有极大差别。影响挫折承受力的因素主要有以下 4 个方面。

（1）期望水平。期望水平是指一个人期望自己的学习生活达到何种标准的心理需求。规定标准越高，期望水平就越高；规定标准越低，期望水平就越低。例如两位同学参加某考试，甲发誓要考出优异成绩，而乙对考试及格都信心不足。结果两人均以一般成绩通过考试，乙因而感到欣喜，而甲却感到受挫。

（2）生理条件。一个身体健康、发育正常的人，对挫折的承受力一般比一个疾病缠身、有生理缺陷的人强。面对挫折时，神经系统强、均衡、有灵活性的人比神经系统弱、失衡、无灵活性的人更有耐受力，身体强壮者比体弱多病者更有耐受力。例如，身体强壮的人不怕偶尔的饥寒交迫，可以熬夜，也可以长时间工作而不感到疲劳，对体弱多病者来说这样会使其身体更虚弱。

（3）社会经验。挫折承受力是个体在后天生活过程中为适应环境而习得的能力之一，可经过学习和锻炼而获得增强。大学生社会阅历不同，挫折承受力也不同。挫折经验多、体验深的大学生，在同逆境的搏斗中锻炼了自己应对逆境、战胜困难、摆脱困境的能力。受到较好挫折教育的大学生，掌握并积累了处理挫折的技巧，遇到挫折时善于自我解脱。而从小娇生惯养，在父母保护下成长的大学生，或是从小缺乏爱抚和温暖，情感冷漠、适应能力低的大学生，挫折承受力就较弱。

（4）个性因素。个性是一个人所具有的意识倾向性和较稳定的心理特征的总和。每个人的性格特征、兴趣爱好、世界观都对挫折承受力有重要的影响。例如，性格开朗、乐观、自信、坚强的人，挫折承受力强；性格孤僻、懦弱、内向、心胸狭窄的人，挫折承受力弱。兴趣爱好广泛的人，受挫后不良心境的持续时间较短，他们只要适当地转移兴趣，就能淡化挫折造成的不良心境。有崇高理想和明确人生目标的人能更好地承受和应对挫折。缺乏理想和科学信念、对人生持消极看法的人，可能遇难而退、遇难而败甚至遇难而死。健康的人生观是一个人挫折承受力的核心。

此外，挫折准备和社会支持也是影响挫折承受力的因素。事先有所预见，将挫折的出现视为正常情况的人，比无准备的人更能经受挫折。在同样的挫折情境中，获得社会支持多的人比获得社会支持少的人挫折承受力更强，所以社会支持是承受挫折有效又有力的武器。

二、挫折成因

众所周知，人的需要、动机只是一种主观愿望，它同客观现实之间总是存在这样或那样的矛盾。

这种主观愿望和客观现实之间的矛盾，正是形成挫折的基本原因。引起个体挫折心理的原因是多种多样的，但总的来说可概括为客观因素和主观因素两个方面。挫折心理的产生，是客观因素和主观因素相互作用、相互融合、相互制约和相互影响的结果。

（一）客观因素

形成挫折的客观因素是指导致人们动机和目标不能形成和实现的各种外部因素，包括不以个体的主观愿望、意志或能力为转移的自然事件和社会环境。自然事件包括人们无法预料或无法避免的某些自然灾害、伤残疾病等。社会环境包括个体在社会生活中受到的经济、道德、风俗习惯、家庭关系、社会规范的限制等。在社会快速发展时期，社会环境的变迁较大，对个人动机和目标的形成和实现产生的阻碍远比自然事件所引起的要多，而且影响也更深远。

（二）主观因素

生活中不同的人在同一情境中经受同一强度的挫折会有不同的反应，原因就在于个体在主观因素方面存在差异。形成挫折的主观因素主要指某些随着个体主观而变化的自身条件，主要包括个人特点和动机冲突等。

1. 个人特点

个体的生理特征、心理素质、人格特点、社会经验以及个体对挫折的承受能力是正确地应对挫折的重要因素。个体对自身所具备的生理特征、人格特点、自身生理缺陷的认知评价及对环境的了解程度会有较大偏差。自身心理状态不佳，是产生挫折感的根源。社会阅历不同的人，其挫折承受力也不同。经历挫折多、体验深、应对技巧多的人，更能应对逆境、战胜困难；而社会阅历不足、适应能力差的人，对挫折的承受力则较弱。此外，个体是否感受到挫折与自己对成功所定的标准有密切关系。抱负水平高的人比抱负水平低的人更易产生挫折感。

2. 动机冲突

在动机推动下实现目标的过程可能受到个体多种自身条件的限制、阻碍，导致发生动机与客观条件的冲突，这是动机外冲突。在实际生活中，常常会有数种动机并存，其各自的强度也会随时发生改变。但在某一时刻个体动机结构中有一些性质和强度非常相似或相互矛盾的动机，使人难以取舍，为多种动机所困扰，这便构成了动机间的矛盾冲突。动机冲突一般可归为 4 种典型的冲突情境，即双趋冲突、双避冲突、趋避冲突和双重趋避冲突。有时候只有一种动机，但可以通过几种不同的方法或途径达到目的，此时也可引起动机冲突。

📖 **拓展阅读**　　　　　　　　　　**"挂科"的恐惧**

某高校大二男生说："来到大学之后，我现在最缺乏的就是自信。我的成绩一直不太好，从大一第一学期就开始挂科。第二学期我下功夫学，还是挂了一科。这样下去，我担心自己拿不到毕业证，所以就不想再读书了，想着退学算了，但是又不敢跟家里说，觉得对不起父母。再说，我也舍不得离开朝夕相处的同学们。我现在很烦恼，很迷茫，不知该怎么办。"

该学生基础较差，考试总"挂科"，担心毕不了业，内心恐惧，压力很大，有退学想法，但由于对父母的愧疚和对同学们的不舍，他很难决断，内心发生冲突。要改变这种状况，首先，他要缓解对"挂科"的恐惧心理，"挂科"虽不好，但因为"挂科"而放弃学业，则是因噎废食。其次，"挂科"后还可以补考，因此他应该调整心态，积极面对，认真复习，争取补考通过。

三、常见的挫折

大学生正处于人生的黄金时期，他们潜心追逐美好的未来。由于缺乏社会阅历，大多数大学生在心理发展、人格发展、为人处世上远未达到完善的程度，因此在学业、人际交往、恋爱、择业等方面遇到一些挫折是不可避免的。常见的挫折有以下 4 种。

1. 学业挫折

许多大一新生刚经过由高中阶段向大学阶段的转变，心理上一下子难以适应大学的学习方法。社会对于大学生的角色期望以及大学生的自我期望使学业问题成为大学生的主要问题。学业挫折是大学生最常遇到的挫折之一。学业挫折具体表现为：不适应学习环境，目标不明确；学习方法不当，效率低；对所学专业缺乏兴趣；不能合理安排时间，未养成良好的学习习惯；专业基础薄弱而学习吃力；忙于社会工作或沉迷于网络而严重影响学业；自己感兴趣的课，听老师讲却觉得乏味；纪律观念淡薄；考试失败、升学竞争激烈，觉得没前途；等等。

2. 人际交往挫折

人际交往对于大学生而言是仅次于学业发展的一项重要的社会需要。大学生都希望获得更广泛的良好的人际关系，从而将其作为维系个人发展与社会需要之间的纽带。但是，由于性格或成长经历的影响，在人际交往中，他们既不愿把自己的想法轻易告诉别人，又希望别人能够了解自己，能真诚、坦率地对待自己，但往往难以达到理想效果。有的大学生要么难以摘下自尊、自傲和矜持的面具，畏缩不前，交往面狭窄，缺乏主动性，与同学之间不易吐露真情、交换思想；要么自命不凡、目空一切，以自我为中心，只关心自己的利益和兴趣，忽视他人的处境和利益，以错误的方式向别人伸出橄榄枝，反而引起别人的误解，导致产生人际交往挫折。

拓展阅读 "小气"的洋洋

洋洋是某大学的大四学生，长得很高，也很漂亮，却因与室友关系处不好，进行了长达两年的心理咨询。因为性格问题，洋洋在宿舍里并不愿意和别人分享自己的东西，从而被室友认为"小气"。久而久之，她与室友的关系处得不是很好，她一直游离于这个集体之外，显得很焦虑，在大三时她主动向学校的心理老师求助。"这个女孩本来长得挺高的，挺有气质，但每次来办公室都是弓着腰，没有精神，就是因为和室友处不好关系，而没有了自信。"该大学心理健康教育中心主任说。从大三开始的 20 多次的咨询和交流，还是起到了不小的作用。洋洋尽量站在对方的角度去思考问题，或者干脆接受一些事实，最终自我感觉好了不少，她和室友的矛盾也不再那么尖锐。

3. 恋爱挫折

对爱情的渴望也常常折磨着大学生。大学生在身体发育上基本成熟，性意识处于觉醒和发展阶段。在心理上，大学生普遍对爱情充满憧憬，渴望拥有浪漫的爱情。但由于社会经验比较少、人际沟通技巧有所欠缺、没有稳定的经济收入、毕业后去向不定以及人生观还处在变化之中等因素，大学生在恋爱方面经常会遇到困扰。例如：自己不爱的人爱上自己，或自己爱的人不爱自己；恋人之间吵架；遭遇异性纠缠；等等。当一个人的爱情不被接受或失恋时，他不仅会失去情感上的依恋对象，而且自尊心会受到巨大的伤害，导致精神不振。有些大学生会因此而否定自己，对自己能否被爱、被认可产生怀疑。

4．择业挫折

求职就业是许多大学生在毕业时都要面临的问题。双向选择、自主就业的制度给大学生提供了发展的空间，也给他们带来了更大的挑战。因此，对于将要毕业的大学生来说，择业更是一种现实的挫折。有的大学生不能正确评价自己，缺乏自信，不敢竞争，错失良机；有的大学生盲目自大，结果高不成低不就；有的大学生盲目冲动，片面追求高待遇；有的大学生在主观愿望与客观实际脱节时，便惊慌失措，产生心理障碍，长时间陷入不良情绪的困扰而不能自拔。

四、挫折反应

个体在遭遇挫折后，无论挫折情境是由客观因素还是由主观因素造成的，都会对个体的生理、行为带来一些影响。

1．受挫后的生理反应

心理挫折不可避免地会引起生理上的变化。因为在强烈的或持续的消极情绪作用下，个体的神经系统、血液循环系统、消化系统和内分泌系统等都会发生一系列不同程度的反应。这些反应的实质，就是精神状态的失调所导致的生理状态的失调。生理状态失调是为了适应精神状态失调，这是机体内在的维持生存状态的自我调节机制。然而，以不平衡适应不平衡，将直接危及个体的身心健康。医学研究表明：心律失常、支气管哮喘、消化道溃疡、类风湿性关节炎、偏头痛、失眠等疾病多与受挫后的生理反应有关。

2．受挫后的行为反应

由于个体的心理承受能力不同，自我调适能力不同，反映出来的挫折强度不同，因此，大学生遇到挫折后，会有不同的行为表现。总体上可以分为两种，一种是积极的心理行为表现，指个体在遭受挫折后能够审时度势，不失常态，有自我控制能力，有以摆脱挫折情境为目标的理智性行为。受挫者或坚持目标，继续努力；或调整目标，变换方式；或选择寻求社会支持；等等。另一种是消极的心理行为表现，指失常的、失控的、没有目标导向的情绪性行为。受挫者会出现攻击性行为，包括直接攻击和间接攻击；或固执不化；或轻言放弃；或过度焦虑；或冷漠、退缩、逃避；或孤立自己；或推诿责任；等等。在不同的大学生身上，因情况不同，这种行为表现也会有程度上的差异。

任务三　挫折应对

生活就像海洋，只有意志坚强的人，才能到达彼岸。

——马克思

个体在遭遇挫折与冲突情境时，会自觉或不自觉地寻求摆脱由其造成的压力，以减轻内心不安和精神痛苦，恢复正常情绪和心理平衡。这种有意无意地自我调节和自我保护的方式，称为心理防御机制。

一、心理防御机制

每一个人，无论是正常人还是神经症患者，都会在不同程度上使用心理防御机制。常见的心理防御机制有 3 类：消极心理防御、中性心理防御和积极心理防御。

落井之驴

有一天，农夫的一头驴不小心掉进了枯井里，农夫绞尽脑汁想要救出驴，但几个小时过去了，驴还在枯井里哀号着。最后，农夫决定放弃救它，他想这头驴已经老了，不值得大费周折地把它救出来。可是，无论如何这口枯井是一定要填起来的，于是农夫就找邻居帮忙，准备一起将枯井里的驴埋了，以免除驴的痛苦。

大伙人手一把铲子，开始将泥土铲进枯井里。这头驴意识到自己的处境时，刚开始叫得很凄惨，但出人意料的是，不一会儿它就安静下来了。大家好奇地往井底一看，出现在眼前的情形令他们大吃一惊：当铲进枯井里的泥土落到驴的背部时，它将泥土抖落在一旁，然后站到泥土堆上面。就这样，驴一步一步地升到井口，然后在众人的惊讶中飞快地跑掉了。

（一）消极心理防御

消极心理防御是指当个体遭遇挫折后所表现出来的带有强烈情绪色彩的非理性行为。常见的消极心理防御机制有：压抑、否认、隔离、退行、投射等。

压抑是最基本的一种心理防御机制。压抑是指个体把意识所不能接受的观念、欲望、冲动、情感或行为在不知不觉中抑制到潜意识里去，不去回忆，主动遗忘，而使内心保持"纯洁"和"安宁"。例如对痛苦体验或创伤性事件的选择性遗忘就是压抑的表现。压抑有其正面的社会作用，对于维持人际关系和社会关系有重要的作用。但是，压抑也有其负面作用，因为不想、不做不等于不存在，一旦有机会，坏情绪就会爆发。所以这种机制应适度使用，否则对身心危害较大。

否认是指拒不承认现实，对引起精神痛苦的事予以否定，借以减轻焦虑和痛苦的心理防御机制。不承认似乎就不会痛苦，这一过程可使一个人逐渐地接受现实而不致一下子承受不了坏消息或痛苦，因此这的确是一种有保护性质的、正常的防御。可现实生活中的事实，我们是无法否认的。但是，我们可以通过否认某个不幸事件的重要性，以此来减轻痛苦。

隔离是指个体有意切断意识与不愉快事情的直接联系，把部分事实从意识中加以隔离，不让自己意识到，以免引起精神的不愉快。最常被隔离的乃是整件事情中与事实相关的感觉部分，如人们常不说"死"而说"归天""长眠"等。

退行是指当人们遇到挫折无法应对时，会放弃已习得的成人时期的成熟方式，而使用困难较少、阻力较弱、较安全的儿童时期的幼稚方式去应对挫折，这样会在无意中恢复儿童时期对别人的依赖，表现出与年龄、身份不相符合的幼稚行为，心理状态像是退回到儿童时期的水平。这会让人只想躲避冲突，而不积极去解决自己所面临的问题。

投射包括内向投射和外向投射。内向投射是指个体广泛地、毫无选择地吸收外界的事物，将它们变为自己内在的东西，如常言所说的"近朱者赤，近墨者黑"。外向投射是指人在遭受挫折后，为了保持自尊，减轻焦虑和痛苦，常把自己的过失归咎于他人；或者将自己内心那些不能为社会规范或自我良心所接受的感觉、欲望、冲动、性格、态度、意念等投射到别人身上或外部世界，以某种借口、态度、理论或行为来掩饰自己，从而达到心理平衡。"以小人之心度君子之腹"就属于此。长此以往，这会让人养成不良习惯，不能面对自己的缺陷，妨碍社会适应。

（二）中性心理防御

中性心理防御在个体受挫后能帮助其摆脱压力，让个体恢复正常情绪和保持心理平衡，有很大的正面作用。一般而言，中性心理防御时间比较短暂，没有长久影响，虽然对于解决问题可能无实质作用，但基本上不会造成什么身心危害或社会不良影响。常见的中性心理防御机制有：转移、合理化、抵消、幻想、反向等。

转移是指个体在遇到挫折后，因某种原因无法向对象直接表现对其的欲望、情感、意图或幻想等时，会将其转移到其他较安全或自己较为接受的对象或替代的象征物上去，以减轻精神负担，获得心理安宁。例如学生受到老师批评或家长指责后，满腔愤怒，转而把怒气转移到其他人和身边的物体上。一定的情感发泄，对神经的暂时松弛和身心的健康是有益的。

合理化又称文饰作用，指个体遭受挫折或无法达到所追求的目标以及行为表现不符合社会规范时，无意识地用一种似乎有理但实际上站不住脚的理由来为其难以接受的情感、行为或动机辩护，以使它们可以被接受，从而减轻心理痛苦。"阿Q式的精神胜利法"即属于此。合理化有两种表现：一是酸葡萄心理，吃不到葡萄就说葡萄是酸的；二是甜柠檬心理，当得不到葡萄而只得到柠檬时，就说柠檬是甜的。

抵消是指一个人以象征性的动作、语言和行为，来抵消已经发生了的不愉快的事情，以弥补内心的愧疚与不安。

幻想是指个体遇到现实困难时，因为无力处理这些实际问题，就利用幻想的方法，任意想象应如何处理，以达到内心的满足。这是一种对待挫折的非现实的方法。幻想对遇到挫折后的情绪可以起到缓冲作用，但它终究代替不了现实，还是不能使实际问题得到彻底解决。如果完全依赖这种方法来应对实际问题，则属不正常的表现。

反向是指个体表现出与自己的欲望、动机、观念等截然相反的矫枉过正式的态度和行为，以减少焦虑，维护安宁。"此地无银三百两"正是反向作用的心理表现。如果一个人的某些行为过分的话，表明他潜意识中可能有刚好与此相反的欲望。

（三）积极心理防御

积极心理防御是指正视挫折、承认挫折，正确分析挫折产生的主客观原因，总结经验教训，争取采用积极的行为方式，最后战胜挫折。积极心理防御机制有：坚持、补偿、仿同、幽默和升华。

坚持是指个体受挫后，应根据自己的知识、经验进行分析，如果发现自己追求的目标是现实的，那么即使暂时遇到了挫折，也应克服困难，加倍努力，找到摆脱挫折情境的办法，毫不动摇地朝既定目标迈进，最终实现自己的愿望，达到预定的目标。许多科学家都是在经历多次失败后，仍坚持不懈而最终获得成功的。

补偿是指个体由于生理上的缺陷、心理上的不适应或个体条件不够，致使目标无法实现而产生挫折感时，会试图以种种方法来进行弥补，以减轻挫折感，获得心理平衡，即所谓的"失之东隅，收之桑榆"。例如盲人的触觉、听觉敏锐；有些口吃者可成功地变成一位说话流利的演说家。因而个体受挫后，可以用新的目标或活动取代原来的目标或活动，进而获得心理的平衡。

仿同是指个体无意识中取他人之长归为己有，把一个他所钦佩或崇拜的人的特点当作自己的特点，作为自己行为的一部分去表达，用以掩饰自己的短处，借以排解焦虑的一种心理防御机制。仿同有两种。一种是近似模仿。例如在不知不觉中，男孩会模仿父亲，女孩会模仿母亲；儿童遇到困难时，常说"我要学习解放军叔叔"；家境优渥的子女常以父辈之尊为己尊。另一种是利用别人的长处，满足自己的愿望、欲望。例如有些人喜欢把自己和在事业上非常成功的名人、名校连在一起，从而得到间接的光荣。

幽默是指当一个人遇到挫折时，常可用幽默来化解困境，维持自己的心理平衡。它没有公开显露个人的不适及不快，以致影响别人的情感。它与诙谐、说笑话还不完全一样。幽默仍然允许一个人集中注意力于困窘的境遇上。例如，大哲学家苏格拉底有位脾气暴躁的夫人。有一次，当他在跟学生谈论学术问题时，突然听到叫骂声，随后他夫人提了水桶过来，把水浇了他一身，弄得他全身都湿透了，在场的人都很尴尬。可是苏格拉底只是一笑，说："我早知道打雷之后，一定会下雨。"本来很难堪的局面，经此幽默的语言，也就自然化解了。

升华是指个体将被压抑的本能欲望导向人们所接受、为社会所赞许的具有创造性和建设性的活动，即把痛苦化为一种具有建设性的动力，将低层次的需要和行为上升到高层次的需要和行为，把情感和精力投入到有利于社会和他人的活动之中，在重大挫折面前重塑自己的人生价值。升华是一种最积极的富有建设性的心理防御机制。人生能有几回搏，遭遇重大挫折后选择拼搏，是人生的最佳境界！

消极的心理防御只能起暂时平衡心理的作用，不能解决问题，它还会使个体在自我欺骗中与现实脱节，降低适应能力，形成一些恶习，埋下心理病患的种子，影响个体身心健康和全面发展。积极的心理防御有助于个体适应挫折、化解困境，利于其成长发展。了解了这些心理防御机制以后，每个人都可以看一看自己无意中运用的心理防御机制是哪几种，学会运用积极的心理防御机制，以更有效地应对挫折，增强自己的承受力，保持身心健康。

二、积极应对挫折

个体在遭遇挫折时，不仅要经得起打击并承受压力，更为重要的是能有效地排解和摆脱困境，亦即应对挫折。承受挫折是挫折适应的第一阶段，是应对挫折的基础。应对挫折是人对挫折的积极主动的适应。不同的人，在同一情境中遇到相等强度的挫折时，会有不同的反应。这不仅因为各人经受挫折时的心理状态不同，对挫折的认知、态度、评价和理解不同，还在于他们应对挫折的行为方法存在差异。大学生应对挫折有很多的方式和策略，主要有以下3种。

挫折应对

（一）在认知层面上正视挫折

挫折情境中许多不理智的反应和行为，都是缺乏对挫折的正确认识造成的。挫折是客观存在的，应对挫折的关键在于人们怎样认识它和对待它。

1. 树立正确的压力与挫折观

（1）压力与挫折普遍存在。人生旅途中遭遇压力与挫折是很平常的事，每个人都会遇到压力与挫折。不是遇到这种不幸，就是遇到那种厄运；不是遇到大坎坷，就是遇到小麻烦。因此，必须改变一些不合理的观念。常见的不合理观念有3种：第一，认为此事不该发生；第二，以偏概全；第三，无限夸大后果。

（2）压力与挫折是人生的宝贵财富，是可以克服和战胜的。压力与挫折虽然给人带来痛苦和烦恼，但对人的影响并不都是负面的。压力与挫折是人成长的必要条件，它们的积极作用就在于可以激发人的进取心，促使人为改变境遇而奋斗，磨炼人的性格和意志，增强人的创造能力，增长人的知识和才干，提高人解决问题、适应环境的能力。古今中外，无数杰出人物以他们自身的人生经验，诠释着人类意志的力量。

（3）变换角度看，别盯住不放。譬如照相，同一景物，从不同角度拍摄，就会得到不同的形象。对待压力与挫折也是这样。有这样一句名言："生活是一面镜子，你对它笑，它就对你笑；你对它哭，它也对你哭。"压力与挫折是生活的组成部分，但它们仅仅是生活的一小部分。在我们的整个生活中，还有那么多欢乐和幸福的事情，我们为什么不去注意它们，而要对自己的一些创痛念念不忘呢？

2. 做好受挫心理准备

挫折既然不可避免，人们就应该做好随时容忍、接受和应对的心理准备。挫折适应力和对挫折的心理准备有很大的关系。有的人喜欢把未来设想得很容易，对困难却不愿多想；而另一些人在憧憬未来时，尽量考虑到各种可能出现的困难，做好了和困难搏斗的思想准备。这样，即便真的遇到了困难，后者也会因为早就有了心理准备，而并不感到有很大的压力和很强的挫折感。

3. 正确的分析和归因

正确的分析和归因，就是要对造成挫折的因素进行实事求是的分析，弄清造成挫折的因素到底是外部的还是内部的，或是内外部两种因素相互交织，共同起作用的。正确的分析和归因，是应对和摆脱挫折情境的必要基础。把失败结果一概归于外部因素的人，不能对行为进行自我控制和自我调节，面对挫折会感到无能为力和束手无策；但是，把失败结果统统归结于个人的努力不足，过多地责备自己的人，同样不能有效地应对挫折情境。

（二）在人格层面上修身养性

人在遇到挫折时，总希望得到别人的帮助、鼓励和安慰。俗话说，"劝皮劝不了心"。外力还要靠自己内化，才能从根本上解决问题。所以关键还是要自我安慰、自我调节，培养乐观品质。

1. 宣泄不良情绪

遇到挫折时产生的情绪，就像洪水一样，堵是堵不住的。人们要学会管理自己的情绪，对各种不良情绪必须进行疏导，进行适当的宣泄管理。愤怒时可以离开当时的环境和现场，转移注意力；苦恼不堪或烦恼不安时，可以欣赏音乐；悲伤时干脆痛哭一场；委屈时找个人倾诉苦衷；妒火中烧时尽力控制自己；思虑过度时去户外散步消遣。有关研究证明，人的负面情绪是危害健康的大敌，受挫后如果陷入负面情绪而不能自拔对身心伤害极大。

2. 悦纳自己

大学生的生理成熟与心理成熟并不是同步的。在心理上，他们仍带有许多少年时期的情绪，表现为自制力差、幼稚、好冲动、感情脆弱、依附性强、好高骛远、成功心切、急躁冒进等。个体具有差异性，只有以平衡的心态肯定自己、悦纳自己、悦纳环境，人们才能更好地发展自己，走向成功。在遭受挫折而失意的时候，人们对自己的评价差不多到了最低点，这时应对挫折的关键在于人们能否发现自己的优点和长处，肯定自己的能力，平衡心态，悦纳自己，扬长避短，振作精神。

3. 调节抱负水平

如果说一个人的价值观决定其行为的方向，那么，抱负水平则决定其行为达到什么程度。确定适度的抱负水平，是避免挫折和失败，获得成功与自信，使自己顺利发展的一个重要条件。要确定适度的抱负水平，人们就应当把社会利益、自己的主观条件、客观环境条件等综合起来加以考虑，做出正确的分析和判断。挫折总是跟目标连在一起的，挫折就是行为受阻，目标没有实现。因此，当遇到挫折时，人们要重新衡量一下目标是否定得过高，是否符合主客观条件。如果是由于自己的目标不切实际而受到挫折，那就要重新调整目标。

4. 知足常乐

知足常乐是人们通常用来说服别人或自己以求得心理平衡的道理，但道理归道理，做起来却较难。倘若一个人能采取一种理智的、能使自己知足的比较方法，那这个人就会真的知足了。这种比较方法很简单，即在物欲上和过去比、和自己比、和收获不如自己的人比。当然，如果仅仅是知足，人类就不会进步发展了，所以在精神上、知识上、人生境界上，人要不知足，不知足，人才会努力拼搏进取。欢乐是一种很高的人生境界，一个人只有在经历痛苦、品尝忧伤之后，才会明白欢乐并不是一时的高兴，而是一种乐观向上、积极进取、淡泊宁静的人生态度。

5. 优化自身人格品质

不同的人对相同的挫折情境产生的主观压力也不尽相同。感知能力和反射性行为是个体行为上的第一道防线。它包括积极的态度、良好的情绪及健全的个性等。积极的态度可降低人对不良刺激的感受强度。因为情绪是感知的映射，它可对不良因素起放大、缩小或歪曲作用，如感到恐惧时"草木皆兵"、充满激情时"山欢水笑"，愉快的心情能明显提高人对挫折的承受力。为了提高挫折承受力，每个人都应主动地优化自身的人格品质，重点培养自信乐观、自强不息、宽容豁达、开拓创新等品质。挫折是人生路上的一个音符，人只有保持欢快、愉悦的心情，才能弹奏出美妙的乐章。

> **拓展阅读**　　你是什么？是胡萝卜，是鸡蛋，还是咖啡？
>
> 　　一位女儿对父亲抱怨她的生活，抱怨事事都那么艰难。她的父亲是位厨师，他把她带进厨房，烧开了 3 只锅里的水，分别往每只锅里放了胡萝卜、鸡蛋、粉末状的咖啡。大约 20 分钟后，他关了火，把胡萝卜、鸡蛋捞出并放入碗内，把咖啡舀到杯子里。此时胡萝卜变软了，鸡蛋熟了，咖啡香浓。他解释说，这 3 样东西面临同样的逆境——煮沸的水，但它们的反应各不相同。胡萝卜入锅之前是坚硬的、结实的，但经开水一煮，它变软、变弱了；鸡蛋原来是易碎的，经开水一煮，它变得不易碎了；而粉末状的咖啡则很独特，经开水一煮，它改变了水的味道，使水的味道更好。"哪个是你呢？"他问女儿。
>
> 　　你呢，亲爱的朋友？当逆境找上门来时，你是胡萝卜，是鸡蛋，还是咖啡？

（三）在行为层面上增强应对技巧

1. 化心理防御机制为激励机制

心理防御机制具有积极和消极两种作用。它能暂时减轻和消除人的痛苦和不安，对情绪起缓冲作用，还能用间接性或代替性的方式使个人的动机得到满足，使原来的挫折得到化解，这些是心理防御机制的积极作用。但心理防御机制在某些方面也带有掩耳盗铃式的自我欺骗作用，使现实问题不但未能得到真正解决，反而复杂化。因此心理防御机制也能起到一种妨碍成长的消极作用。学习和善于使用积极的、成熟的心理防御机制来应对可能面临的挫折情境，化心理防御机制为激励机制，既能缓解内心冲突，又能调节行为。

2. 增强挫折承受力

遭遇挫折的情绪体验可引起相应的生理改变，挫折通过反馈作用可能使人的心理反应向恶性方向发展，从而损坏身心健康，造成心理、生理障碍。挫折阈限受许多因素的影响，但其中很重要的一个因素是挫折经验。因此，人要有意识地容忍和接受日常生活中的一些挫折，培养不屈不挠、再接再厉、坚韧不拔的精神，锻炼坚强的性格、良好的心理素质和应对压力的能力。

3. 改变挫折情境

挫折情境是产生挫折和挫折感的主要原因，如果挫折情境得以改善和消除，则挫折感自然会随之发生降低，乃至不复存在。但在现实生活中，改变环境，往往可能超出个人能力范围。因此常需要调整个体的需要来适应环境。改变挫折情境的另一种方法就是暂时离开当时的挫折情境，到一个新的环境里去。

4. 提高挫折应对能力

挫折的缓解与消除可由提高实际应对能力来实现。应对挫折的能力，可随某些因素而变化，如年龄、身心状况等。为了提高挫折应对能力，人应该向生活学习，勇于实践，磨炼自己。同时，人必须提高自身的思想修养、道德修养、知识素养，培养慎独精神，养成冷静思考的习惯，经常自我分析、自我反省、自我激励。从心理发展的角度来看，积极主动地适应，勇敢顽强地拼搏，反复不断地磨炼，会使人的心理更成熟，使人增强承受挫折、化解冲突的能力，促进人的心理朝着健康、向上的方向发展。

5. 寻求社会支持

个体在遇到挫折之后，应该积极主动地寻求他人的支持和帮助，从外界获取信息、方法和策略，必要时请他人出面解决问题。俗话说，"当局者迷，旁观者清""一个篱笆三个桩，一个好汉三个帮""三个臭皮匠，顶个诸葛亮"。不要羞于开口，主动寻求帮助并不意味着一个人无能，恰恰相反，这是人心理成熟的表现。也就是说，人要学会运用助力来抵消阻力，化险为夷，转败为胜。当人们遇到挫折时，既要充分利用社会关系，寻求社会支持，也要主动改变不利的社会关系，宽容他人，告别嫉妒，克服困难，战胜挫折。

心理训练营

心理训练游戏一：两粒沙

活动目的：通过故事引导学生明白，个体可以选择对待事情的方式，个体对事情的态度和做法决定了事情将来的发展方向。

活动形式：分组活动，6～8人一组。

活动时间：20分钟。

活动准备：活动卡纸和笔。

活动步骤：

（1）全班分组，然后阅读故事"两粒沙"。

（2）请同学们思考这个故事让自己想到了什么。

（3）请同学们思考：生活中最近一次遇到的"沙粒"是什么？你是怎样处理的？处理效果如何？

（4）请同学们在组内分享上一步骤中提到的问题的答案，其他组员对此发表意见和提出建议，分享者评估意见和建议是否可以采纳，若值得采纳，分享者请思考当务之急是做什么，组员轮流分享。

（5）请每位同学用一句话提炼自己对故事的感悟。

（6）教师总结。

心理训练游戏二：绝地反弹

活动目的：让学生意识到自己有克服逆境的勇气，让学生提高承受高压的能力，在逆境面前保持良好的心态，增强自信心。

活动形式：分组活动，9～11人一组。

活动时间：30分钟。

活动准备：活动卡纸和笔。

活动步骤：

（1）全班分组。每组一人扮演挑战者的角色，其他组员分成两排，保持一定距离并面对面站好，扮演参与者的角色。

（2）挑战者在两排参与者的中间分别向每一位参与者面带微笑地打招呼，请求参与者提供帮助。挑战者在发出请求时，站成两排的参与者都要一脸严肃地拒绝他。无论挑战者说什么，参与者都要从不予接受的角度去驳斥，采用手势、语言暗示等皆可。在挑战者要求提供帮助的时候，站成两排的参与者要不停地、缓慢地向挑战者靠拢，缩小空间，将他夹在中间，给其空间压抑感。结束后换一位挑战者继续进行活动。

（3）挑战者分享感受。被大家拒绝并被不断靠近时是怎样想的？会做些什么来改善这种境况？效果如何？

 心理测试

生活事件压力测试

表8–1是压力事件程度排名的修订版，每个压力事件后面都注明了相应的分值。勾选出自己在过去一年内经历的压力事件，并计算出压力事件的总分。

表8–1　压力事件程度排名（修订版）

压力事件	压力分值	压力事件	压力分值
1. 亲密家庭成员的死亡	100 分	16. 学校工作负担的加重	37 分
2. 亲密朋友的死亡	73 分	17. 出众的个人成就	36 分
3. 父母离异	65 分	18. 处在大学的第一学期	35 分
4. 服刑	63 分	19. 生活条件的改变	31 分
5. 个人受伤严重或患重大疾病	36 分	20. 和老师激烈争论	30 分
6. 结婚	58 分	21. 低于期望的分数	29 分
7. 被解雇	50 分	22. 睡眠习惯的改变	29 分
8. 重要课程不及格	47 分	23. 社会活动的改变	29 分
9. 家庭成员健康上的变故	45 分	24. 饮食习惯的改变	28 分
10. 怀孕	45 分	25. 长期的汽车使用上的麻烦	26 分
11. 性问题	44 分	26. 家庭聚会次数的改变	26 分
12. 和亲密朋友发生严重的争吵	40 分	27. 缺课过多	25 分
13. 改换专业	39 分	28. 更换学校	24 分
14. 和父母发生冲突	39 分	29. 一门或多门课程跟不上	23 分
15. 失去你的女友或男友	38 分	30. 轻微的交通违章	20 分

评分说明

如果你的分数在 150 ～ 199 分，那么你在一年内的压力处于低水平。生活中你需要适当的刺激和改变。

如果你的分数在 200 ～ 299 分，那么你的压力处于适当水平。

如果你的分数超过 300 分，那么你的压力处于高水平，你的身体可能会有一些症状，你急需减压，可以寻求专业人员的帮助。

项目思考

1. 你有压力吗？你的压力主要来自哪些方面？你会怎样进行压力管理？
2. 分析自己曾经遭遇的挫折和当时的感受以及自己是如何应对的。
3. 面对竞争激烈的社会，你将如何提高自己的挫折承受力？

项目九
风雨之后见彩虹——心理问题识别与应对

09

 项目目标

了解心理问题，提高防御能力。

掌握求助方法，保障身心健康。

导学案例

小李是某学校大二学生，一个月前，她的母亲生病去世，由于离家远，她没能见到母亲最后一面。奔丧结束，返回学校以后，小李和舍友的关系变得很糟糕，且矛盾都是由一些琐事引起的。舍友说她变了，脾气比以前大很多。小李为此感到十分委屈，觉得明明是舍友的错，怎么怪到自己身上了。

丽丽从小是个留守儿童，父母常年在外打工，她主要跟着奶奶长大。奶奶是个倔强、要强的人，对孙女管教严厉，不管是学习还是生活中的小事，丽丽表现不好就会受到责罚。在小学三年级的某一天，丽丽因为心情不好，偶然抠了一下嗓子，刚吃的饭都吐了出来，吐完以后她觉得心里很舒服。从此以后，只要心情不好，她就会偷偷地抠嗓子。长大以后，尤其是上了大学以后，丽丽意识到自己抠嗓子的习惯不好，尤其怕男朋友知道了嫌弃自己行为怪异，但是她自己又改不了这个习惯，为此十分苦恼。

案例分析

人们的心理、精神和躯体一样，可以保持正常状态，也可能出现异常、障碍或者疾病。一般来说，人们容易理解和接受躯体疾病和生理障碍，并且会主动求医治疗；但对于心理障碍和精神疾病，人们却不甚了解。有一些大学生存在不同类型、不同程度的心理障碍和精神疾病，但由于不知道是怎么回事，他们不懂得去寻求心理咨询机构的专业帮助，在日常生活中饱受痛苦。大多数人从网络或书籍中了解到一些心理异常的知识，就会不明就里地对号入座，整日忧心忡忡，心理压力巨大，严重影响正常的学习和生活。

知识讲坛

任务一　正确识别心理问题

博学之，审问之，慎思之，明辨之，笃行之。

——《礼记·中庸》

一、心理问题及其识别

（一）心理问题的含义

心理问题也称心理失衡，是指所有心理及行为异常的状态，如情绪消沉、焦虑、恐惧、人格障碍等都是心理问题。心理及行为的正常与异常之间并没有明确的、绝对的界限，一般认为，人的心理及行为是在正常和异常间变化的。所以说，在现实生活中，几乎每一个人都会在一定时期内，在一定程度上存在心理问题。心理问题是普遍存在的，只是程度不同而已。

（二）心理问题的分类

根据心理健康的定义，按照健康程度的不同，心理问题可以分为 3 类：发展性心理问题、适应性心理问题和障碍性心理问题。

1. 发展性心理问题

发展性心理问题主要是指个体自身不能形成正确的自我认知，特别是对自我能力、自我素质方面的认知。个体的心理素质及心理潜能没有得到有效、全面的发展。发展性心理问题主要体现在个体自负或缺乏自信、志向愿望偏高或偏低、责任目标缺失等方面。

发展性心理问题针对的是心理健康、身心发展正常的个体，但其在发展方面仍有潜力可挖，心理素质尚待提高。发展性心理问题的解决，重在引导个体在一个更新的层面认知自我，开发自我潜能。

2. 适应性心理问题

适应性是指个体通过不断做出身心调整，在现实生活中维持一种良好的、有效的生存状态。适应性心理问题是个体与现实生活不能保持协调一致所带来的心理困扰。

适应性心理问题针对的是身心发展正常，但在适应方面存在困难的个体。适应性心理问题的解决，侧重于对个体工作、人际交往和生活方面的指导，注重的是化解个体的正常需要与其现实状况之间的矛盾、冲突，基于个体的认识水平加以帮助。

3. 障碍性心理问题

障碍性心理问题也叫心理障碍或心理疾病，表现为个体持久地感受到痛苦（一般以 3 个月为界限），个体的社会功能受损，如人际关系糟糕，容易产生对抗甚至敌对行为。障碍性心理问题的种类很多，常见的主要有焦虑性障碍、抑郁性障碍、恐怖性障碍、强迫性障碍和疑病性障碍等。

个体在遭遇人际关系的严重冲突、重大挫折、重大创伤或面临重大抉择时，一般都会表现出情绪焦虑、恐惧或者抑郁，有的表现出沮丧、退缩、自暴自弃、异常愤怒甚至冲动报复。有的人往往过度应用心理防御机制来进行自我保护，表现出一系列适应不良的行为。

如果长期持续的心理障碍得不到适当的调适，个体不能从中解脱，就容易导致严重精神疾病的产生。人人都可能产生心理障碍，此时需要寻求心理咨询或心理治疗的帮助。

（三）心理问题的识别方法

人类心理与行为的正常与异常是相对的，绝对的健康和正常很难做到，即便是有心理障碍的人，他们的心理活动也不全是异常的。而且，心理与行为的正常与异常之间的差别也是相对的，两者之间在某些情况下可能有本质的差别，但在更多的情况下可能只是程度的不同。所以对于判断一个人的心理与行为是否异常、心理与行为异常的程度如何等，目前还没有完全统一的标准。但在进行区分时，一般的方式是把某人的心理状态和行为表现放到当时的客观环境、社会文化背景中加以考虑，通过与社会认可的行为常模进行比较，以及与其本人一贯的心理状态和人格特征加以比较，从而判断此人的心理与行为是否异常，以及心理与行为异常的程度如何。

判断一个人是否有心理问题，特别是判断一个人是否有某种心理障碍或精神疾病，这其实是一个心理评估和诊断问题。这需要专业人员，例如临床心理学家、心理咨询师、精神科医生等，运用心理学和精神病学的理论、技术、方法和手段，根据严格的诊断标准，按照严格的程序去实施。

较常见的心理问题识别方法有以下 3 种。

1. 常识性识别方法

常识性识别方法即非专业人员对正常心理与异常心理的识别，其主要依据日常生活经验进行识别。尽管这种做法不太科学，但也不失为一种方法。假如某人出现以下 4 种情况，可以考虑其心理出现了异常。

（1）离奇怪异的言谈举止。心理正常的人的言谈、思想和行为符合逻辑和社会标准，而心理异常的人则往往怪诞异常。

例如，有个女生在距离中考还有 3 个月时，突然不去上学了，无论家人怎么劝说都没用，她甚至用更大的声音（如唱歌声、读书声）盖过劝说的声音。后来她变得更加奇怪，躲着家里人不见，还做出吐舌头、傻笑等动作。这个学生言谈举止离奇古怪，我们有理由怀疑她的心理出现了异常。

（2）过度的情绪体验。心理正常的人一般能正确表现喜、怒、哀、惧等情绪，而且情绪反应适度，与事件本身表达的情绪反应一致，易于被大部分人所理解和接受。心理异常的人，情绪反应过度，或者兴奋异常、手舞足蹈，或者情绪低落、意志消沉、悲观厌世，有强烈的无望感和绝望感，令大多数人难以理解和接受。根据情绪反应是否过度，可以判断出这个人心理是否正常。例如，人们在观看感人的影片时，看到让人深有感触的场景时会潸然泪下，这是很正常的情绪反应；但如果有人从头哭到尾，一直处于悲观失望的情绪中走不出来，甚至影片结束后很久还止不住眼泪，连续好几天情绪低落，则是不正常的情绪反应。

（3）自身社会功能不完整。心理正常的人通常能较好地与人交往，心理异常的人则会出现社会功能障碍。例如，有人在与他人交谈时，总是没有缘由地躲闪他人的视线，为此不敢见人。又如，一个人认为自己的耳朵比别人的大，所以不允许别人碰他的耳朵，认为碰耳朵是在讽刺自己，为此常常与别人吵架。根据生活经验，可以认定他们的行为偏离了正常。

（4）影响他人的正常生活。心理正常的人，不会无故地骚扰他人、干扰他人的正常生活；而心理异常的人，会没有任何缘由地骚扰他人，比如不顾劝阻地打骚扰电话、搞恶作剧等。

2. 标准化的区分

我国心理学家李心天对区分正常与异常心理提出 4 个判别标准。

（1）医学标准。在这种标准下，精神障碍是躯体疾病。如果一个人的某种心理或行为被疑为有病，就必须找到它的病理或病理生理变化的根据，在此基础上才能认定此人有精神障碍。其心理或行为表现，则被视为躯体疾病的症状。躯体疾病产生的原因则归结为脑功能失调。

这一标准被临床医生们广泛采用。他们深信，有精神障碍的人的脑部应当有病理生理变化的过程存在。有些有精神障碍的人的脑部目前未能发现明显的病理生理变化，但这可能在将来会被发现。他们认为患者的大脑中，已发生了精细的分子水平上的变化。这种病理生理变化，才是区分心理正常与心理异常的可靠根据。医学标准将精神障碍纳入医学范畴，这种做法对精神障碍的研究曾经做出过重大贡献。这种标准比较客观，十分重视物理、化学检查和心理生理测定。现在许多医学的概念仍被心理障碍学所采用。

（2）统计学标准。普通人群的心理特征，在统计学上服从正态分布。这样，一个人的心理正常或异常，就可根据其偏离平均值的程度来决定。以统计数据为依据确定心理正常与异常的界限的方法，多以心理测量为工具。

统计学标准提供了心理特征的量化资料，其操作简便易行，便于比较，因此受到很多人欢迎。但是，这种标准也存在一些明显的缺陷。例如，智力超常或有非凡创造力的人在人群中是极少数，因为数量很少，所以可能被人认为是病态的；再者，有些心理特征和行为也不一定服从正态分布，而且心理测量的内容同样受社会文化的制约。所以，统计学标准的普遍性也只是相对的。

（3）内省标准。内省标准涵盖两个方面：一是患者的内省经验，如患者自己觉得有焦虑、抑郁或说不出明显原因的不舒适感，自己觉得不能控制自己的行为，等等；二是观察者的内省经验，如观察者把被观察的行为与自己的以往经验相比较，从而对被观察者做出心理正常还是异常的判断。这种判断具有很强的主观性，不同的观察者有各自的经验，所以判断标准也就各不相同。当然，如果观察者都接受同一种专业训练，那么，对同一种行为，观察者也能形成大致相近的看法，甚至对许多精神障碍可取得共识。但对某些少见的行为，观察者仍可能有分歧，甚至意见截然相反。

（4）社会适应标准。在正常情况下，人能够维持生理和心理活动的稳定状态，能依照社会生活的需要，适应环境和改造环境。因此，正常人的行为符合社会的准则，正常人能根据社会要求和道德规范行事，这时，我们说他们的行为是一种社会适应性行为。如果某个人的社会行为能力受损，不能按照社会认可的方式行事，那么，我们就认为此人有精神障碍。这一判断，是将此人的行为与社会适应性行为相比较之后得出的。

3. 心理学区分原则

我国心理学家郭念锋教授根据心理学对心理活动的定义，提出了判断心理正常与异常的3条原则。

（1）主观世界与客观世界的统一性原则。任何正常的心理活动或行为，其形式和内容必须与客观世界保持一致，否则就是异常的。例如，一个人听到别人在议论他，说他的坏话，就坚信有人在害他、攻击他、诽谤他，他感到非常愤怒，痛不欲生。但是这根本没有事实根据，这个人所想、所反映的情感不会被人理解，他的主观世界与客观世界是不统一的，因此可以判断这个人心理异常。这种情况多见于精神分裂症患者。

（2）心理活动的内在协调性原则。人类的心理活动自身是一个完整的统一体，各种心理过程之间具有协调一致性。这种协调一致性，保证人在反映客观世界过程中的高度准确性和有效性，若失去了协调一致性，则人会处于心理异常状态。一个人的心理过程一致表现为内心体验与环境的一致，如在该笑的场合就笑，在该哭的场合就哭。又如为儿子结婚办喜事则喜气洋洋，为已故亲人办丧事则痛哭流涕。这就是情感与所处的环境协调一致。病态的人则相反，该笑的时候不笑，该哭的时候不哭。这种反常、病态的情况常见于精神分裂症患者。

（3）人格的相对稳定性原则。每个人在长期的生活道路上形成的自己独特的人格心理特征有相对的稳定性，在外界没有重大变革的情况下，一般不易改变。如果在没有明显外部原因的情况下，一个人的人格的相对稳定性出现问题，如平素开朗外向，突然变得沉默寡言、孤僻、不接触人，人们可以认为他人格的相对稳定性被破坏了，也需怀疑这个人的心理活动出现了异常，如他可能患上了抑郁症。

心理问题的识别

小贴士

如何面对心理问题？

（1）不讳疾忌医，不要因为担心自己有心理问题，就不让周围人知道自己的情况。否则，如果症状发展到自己控制不住的程度，就会影响周围的朋友和亲人，因此要及早就诊。

（2）要理解疾病，要尊重医学知识。人们应认识到心理问题只是一种疾病而已，和糖尿病、高血压一样都是疾病，它们既不是疑难杂症，也不是不治之症，更不是让大家感到羞耻的疾病。

（3）一定要去看专科门诊。很多人不愿意去看精神科，觉得去看精神科意味着自己得了精神疾病，会被人笑话。其实，很多需要看精神科的疾病并不是精神分裂症等重性精神疾病，也有焦虑症、强迫症、睡眠障碍等疾病，所以人们没有必要那么忌讳精神科。不少人会求助网络，盲目相信网上的医疗知识。网上各种信息都有，正规的不正规的，有用的无用的，甚至还有诈骗信息。胡乱搜索只会增加焦虑和心理负担，所以建议人们一定要到正规医疗机构的专科门诊就医。

二、常见的心理问题

（一）神经症

神经症是一组非器质性的大脑机能轻度失调的心理疾病，是常见的心理疾病，主要包括焦虑症、强迫症、恐惧症、疑病症等。神经症特点如下：神经症常与心理压力有关；患者生病前多具有某种个性特征；症状没有可以证实的器质性病变做基础；患者自知力良好，有痛苦感和求治要求；症状有持续性，一般至少持续3个月。治疗神经症，除了药物以外，心理治疗是不可或缺的。

1. 焦虑症

焦虑是一种没有明确对象或具体内容的恐惧，焦虑症患者常常无端地感到惶恐不安、心烦意乱，好像不幸的事情就要来临，伴有心悸、头昏、恶心、多汗、手脚发凉或燥热、呼吸困难等生理症状。焦虑症发作时患者心跳加快、呼吸急促、震颤，发作可持续数分钟到数小时，并可反复发作。焦虑症患者多有胆小、羞怯、过分敏感、忧心忡忡等人格特点，常处于持续紧张状态，终日惶恐、提心吊胆、坐卧不安、注意力不集中、失眠、胃肠不适等。焦虑症患者的焦虑情绪并非由现实情况所引起。焦虑症患者的起病年龄多在16～30岁，患者中女性多于男性，病程可长可短，一般比较容易治愈。焦虑症往往是影响大学生学习精力和效率的重要因素。

2. 强迫症

强迫症是一种以反复出现强迫观念和强迫动作为特征的神经症。强迫症患者常常为那些反复出现的强迫现象所困扰，虽然他们竭力克制，但仍难以摆脱。强迫症患者不能通过理智摆脱和控制自己的观念、感情和行动，并为此感到焦虑和苦恼。强迫症的主要临床特点是：强迫观念（如强迫怀疑、强迫回忆等）、强迫意向（常为某种与正常心理相反的意向所纠缠）、强迫行为（如强迫洗手、强迫数台阶、强迫检查等）。强迫症患者能认识到自己的强迫观念不是外力所强加的，会试图克制，但往往失败。强迫症患者发病前的性格具有谨慎、优柔寡断、办事要求十全十美、深思熟虑、与人交往严肃古板、缺乏灵活性和适宜性等特点。强迫症患者的起病年龄多在 16～30 岁，患者中男性多于女性，以从事脑力劳动者居多。症状有波动性，时轻时重，一般在人们用脑过度、心情焦虑烦躁时加重，在人们心情舒畅、注意力集中和做体力劳动时较轻。

3. 恐惧症

恐惧症是指对某种特定的对象或情境具有持久强烈、非理性的害怕或病态的恐惧，对特定的事物明知其不存在真实的危险，却产生持续的、异常强烈的恐怖反应或紧张不安的内心体验。恐惧症患者极力回避所害怕的对象和情境，虽然知道害怕是过分的、不应该的，但也不能控制恐惧症的发作。他们所害怕的对象和情境是外在的，尽管当时并无危险。恐惧症患者常伴有心跳加速、脉搏加快、呼吸急促、出汗甚至昏厥等植物性神经功能失调现象，因而恐惧症患者要尽可能地回避与这些对象或情境的接触。按照对象和情境的不同，恐惧症一般可分成以下 4 类。

（1）动物恐惧症：害怕猫、狗、老鼠、蛇等动物。

（2）疾病恐惧症：害怕某种特殊疾病，如肿瘤、心脏病等，患者会反复考虑万一得了该病要怎么办，因此他们要求医生反复检查。

（3）社交恐惧症：害怕在众人面前说话，不敢面对别人就座，见人就紧张不安，手足无措，眩晕甚至发抖。

（4）旷野恐惧症：害怕经过空旷的地方，如过广场、过马路、过桥等；害怕处于封闭的空间，如处于地铁车厢内、处于火车车厢内等。

4. 疑病症

疑病症是以怀疑为特征的神经性障碍，疑病症患者自认为患了某种疾病，过分关注自己的健康或身体某一部分的完整性和功能，通常伴有焦虑、抑郁和担心等症状。但疑病症患者无其他精神病性症状，也无器质性病变。部分疑病症患者病前具有固执、敏感、谨慎、多疑、对自身健康过分关注等特点。真正的疑病症患者并不多，很多人常常是神经衰弱并带有轻重程度不一的疑病现象。疑病症患者多于中年起病，患者中男性多于女性。

（二）人格障碍

人格，或称个性，是个体固定的行为模式及在日常活动中待人接物、处事的习惯方式，是个体全部心理特征的综合。人格障碍是指明显偏离个体所处文化期望的持久内心体验和行为模式，这种模式普遍存在且难以改变，起病时间可追溯到青春期或成年早期。人格障碍随时间变化而保持稳定，并会导致功能损害，使人感到痛苦。人格障碍的形成可能与遗传有关，也可能与后天不良环境因素有关，如童年精神创伤、不和谐的家庭环境等对人格障碍的形成有着很重要的影响。

常见的人格障碍主要有以下 4 种。

1. 偏执型人格障碍

偏执型人格障碍患者对他人普遍存在不信任和猜疑，以致认为人们的动机是恶意的。有点偏执在某些情况下是适应环境的需要（如保护自己免受不诚实的人的欺骗），而偏执型人格障碍的特点是无正当理由和普遍的不信任。偏执型人格障碍患者的典型信念包括："我不能相信别人""其他人有隐藏的动机""人们说的话其实另有含义""我所亲近的人是不忠诚的、不可靠的"。

有以下 4 项（或更多）症状的人，可以判断为偏执型人格障碍患者。

（1）没有足够依据地猜疑他人在利用、伤害或欺骗自己。

（2）有不公正地怀疑朋友或同事的忠诚或信用的先占观念。

（3）不愿意信任他人，毫无根据地害怕一些信息会被恶意地用来对付自己。

（4）对良性的评论或事件读出隐藏的贬低或威胁性的含义。

（5）持久地记恨他人。

（6）感到自己的品格或名誉受到侮辱（但在他人看来并不明显），并且迅速地做出愤怒的反应。

（7）没有根据地反复对配偶或伴侣的忠贞表示猜疑。

2. 分裂型人格障碍

这是一种社交和人际关系有缺陷的普遍模式，表现为对亲密关系感到强烈的不舒服和建立亲密关系能力的下降，并且分裂型人格障碍患者有认知或知觉的扭曲和反常行为。具有分裂型人格障碍的人是叛逆的、奇特的，或者具有偏执信念或想法。他们很难建立人际关系，有严重的社交焦虑。他们很少有像生气或高兴这样的两极情绪，而是徘徊在两极情绪之间。

3. 反社会型人格障碍

这是一种对他人权利的漠视与冒犯的普遍模式，反社会型人格障碍患者中男性多于女性。反社会型人格障碍患者的特点是：极端的自私与自我中心，自尊心强，缺乏责任感，行为冲动，违法乱纪，可能会做出许多损人利己甚至损人不利己的事，而其没有丝毫的不安和内疚，常把一切责任归咎于他人。反社会型人格障碍患者至少要到 18 岁才能确诊，但是患者在 15 岁之前就有品行障碍。他们在青春期常见的行为包括虐待动物和人，破坏财产、欺骗和盗窃，等等。他们的一个常见特征就是不负责任，表现为失业、不充分就业、工作表现不稳定、经济上不负责任（如恶性贷款、无法养家）等。有反社会型人格障碍的个体对自己的行为不负责任，通常会责备受害者，认为是受害者刺激了他们的行为。

年满 18 岁，有以下 3 项（或更多）症状的人，可以判断为反社会型人格障碍患者。

（1）不能遵守与合法行为有关的社会规范，表现为反复做出可遭拘捕的行为。

（2）欺诈，表现为为了个人利益或乐趣而反复说谎、使用假名或欺骗他人。

（3）冲动或做事缺乏计划性。

（4）易被激怒及具有攻击性，表现为反复斗殴或攻击他人。

（5）鲁莽地不顾他人或自身的安全。

（6）一贯不负责任，表现为反复不能坚持工作或履行经济义务。

（7）缺乏懊悔之心，表现为对做出的伤害、虐待他人或偷窃物品的行为不在乎或认为那些行为是合理的。

4. 边缘型人格障碍

这是一种在人际关系、自我印象、情绪及冲动性方面具有不稳定特征的普遍模式，表现为突然发火、抑郁、焦虑；这些表现可能会持续几个小时或一整天的时间。边缘型人格障碍患者可能会感到被误解、受虐待、无聊空虚，并且自我认同不稳定。极端的时候，其自我认同紊乱会严重到他们感到自己好像根本不存在。边缘型人格障碍的核心是对被遗弃的深度恐惧。一次小的分离都会被边缘型人格障碍患者错误地解释为被遗弃了。为防止这种分离，边缘型人格障碍患者可能会做出冲动和绝望的行为。

人格障碍的形成有社会、心理和生理 3 个方面的因素，例如，亲子间依恋的缺乏，早期创伤性事件，大脑结构和功能的异常，这些因素互相影响导致了人们人格功能上的障碍。人格障碍是长期存在的行为模式，对人格障碍的治疗极具挑战性，因为必须弄清楚长期存在的行为模式与不适应行为模式之间的精细区别。一般来说，采用心理治疗即可，某些症状需要辅以药物治疗。

小贴士

如何区分人格特质与人格障碍？

　　每个人身上都有可以描述的不同于其他人的特质，例如外向乐观、傲慢自大。现实生活中的人的某种性格的优点后面往往潜伏着相对应的缺点，例如，富有进取心、活动能力强的人常伴有武断、冒进的缺点；而守规矩、谨慎的人又常伴有怯懦、缺乏信心与被动的缺点。因此，判断一个人是否患有人格障碍时必须慎重，不能把常态人格的一些差异误诊为患有人格障碍。所有人都可以被描述成具有某种特定的人格特质，但不是所有人都患有人格障碍。

　　对人格障碍的诊断，应参照《精神疾病诊断与统计手册》（*The Diagnostic and Statistical Manual of Mental Disorders*）第 5 版的标准。

　　（1）明显偏离了个体所处文化预期的持久的内心体验和行为模式，这种持久模式主要表现在认知、情感、人际关系和对冲动的控制上。

　　（2）这种持久模式是稳定的和普遍的，广泛涉及个人和社交场合的各个方面。

　　（3）这种持久模式引起有临床意义的痛苦，或导致社交、职业或其他重要功能方面受损。

　　（4）这种持久模式是稳定和长期的，其发生至少可以追溯到青春期或成年早期。

　　（5）这种持久模式不能用其他心理障碍的表现或后果来更好地解释。

　　（6）这种持久模式不能归因于某种物质（如滥用的药物）的生理效应或其他躯体疾病（如头部外伤）。

（三）精神疾病

　　精神疾病是一种严重脱离现实的精神状态，通常表现为妄想或幻觉，或者两者同时出现。多数患者患病期间对自己的异常心理表现完全丧失了自我辨别能力，不承认自己有病，更不愿主动求医。精神疾病的产生往往是各种因素综合作用的结果，例如各种躯体疾病因素、遗传因素、代谢因素、环境因素、社会心理因素、个性因素等。

1. 精神分裂症

　　精神分裂症是一种严重的心理障碍，表现为思维、知觉及行为上的紊乱。这是人类最多见但至今还没有找到明确病因的精神疾病，多发病于青壮年时期。儿童及 50 岁以上的人初发病的较少。精神分裂症患者的精神活动与现实环境相脱离，主要表现为情感淡漠，缺乏关心和同情，对亲人不体贴，对周围事物反应迟钝，生活学习兴趣减少，该喜时反而悲伤，思维活动无逻辑性以致他人无法理解，言语支离破碎、缺乏联系，精神活动脱离现实，且伴有各种妄想、幻觉、行为与动作障碍，等等。一般将精神分裂症临床症状分为急性和慢性两个阶段：急性阶段以妄想、幻觉为主，慢性阶段以思维贫乏、情感淡漠、意志缺乏和孤独内向为主。精神分裂症是一种严重的慢性心理障碍，需要长期治疗或限定在特殊机构治疗，即使经过良好的治疗，仍会对精神分裂症患者造成严重且通常是慢性的损害。精神分裂症患者常见妄想及幻觉类型如表 9-1 所示。

表 9-1　精神分裂症患者常见妄想及幻觉类型

	症状	举例
妄想	影响妄想	认为行为或思维被控制，包括思维剥夺、思维播散、思维插入或思维被读取
	自我意义妄想	夸大或关联想法（偶然的事件、物体或他人行为对自己有特殊的、不同寻常的意义——如认为自己是超人）、产生内疚或负罪感
	被迫害妄想或偏执妄想	认为有人要害自己
	躯体妄想	认为自己的身体在腐烂
幻觉	幻听	听到噪声或言语，认为是对自己说话或谈论自己
	幻视	看见故去的人
	幻嗅	嗅幻觉
	幻味	味幻觉
	躯体幻觉	感觉身体某些部位疼痛或衰退，或有东西在身上或体内爬行

 小贴士

精神分裂症的早期识别与应对

　　大多数精神分裂症患者在早期都会出现一些症状，从早期症状发展到精神分裂症通常需要几个月到几年的时间。从预防的角度来看，如果能识别潜在的精神分裂症患者（高危群体）进而进行早期干预，就很有可能挽救一部分精神分裂症患者。

　　通常可以从 3 个症状加以判断。

　　（1）轻微的妄想：被害观念、牵连观念、多疑、不信任、警觉，有将环境看作危险和敌意的强烈倾向，过度自信（认为自己有天赋、影响力等）。

　　（2）轻微的幻觉：听觉、视觉、声音和影像缺乏分化（阴影、痕迹、光晕、杂音、低语），感到不寻常或困惑，严重者可能产生更可怕的幻觉。

　　（3）言语混乱：奇怪的言语，表现为模糊、啰唆、混淆、有逻辑障碍。

　　研究表明，满足《精神疾病诊断与统计手册》第 5 版标准的人，3 年后有大约 1/3 会患上精神病性障碍（其中包括精神分裂症），另一部分人会患上精神 / 心理障碍，如抑郁症、双相情感障碍等。

2. 躁狂抑郁症

　　躁狂抑郁症又称情感性障碍、情感性精神病，以显著而持久的情绪高涨或低落为主要特征，伴有相应的思维和行为等方面的改变，间歇期内的精神活动基本正常。有双相循环发作或单相发作两种情况，有反复发作的倾向。躁狂状态和抑郁状态可以在同一个患者身上交替发作，这种情况称为双相循环。一个患者每次发作都是一种状态，如都是躁狂状态或都是抑郁状态，称为单相发作。其中，单相抑郁比较常见。躁狂抑郁症患者在发病时情绪高涨，思维活动加速，言语动作增多、迅速，严重时会有妄想，或者心境抑郁，思维活动缓慢，言语动作减少、迟缓，甚至出现木僵等状态。躁狂抑郁症患者初发病多在 16 ～ 25 岁，患者中女性多于男性。

3. 偏执性精神病

偏执性精神病是以妄想为主的精神疾病的总称，包括偏执狂和偏执状态，主要特点是持久的偏执妄想。偏执性精神病患者的行为和情感反应与妄想内容相一致，程度轻重不一。在不涉及妄想的情况下，偏执性精神病患者不会出现明显的精神异常。该病的产生可能与偏执性精神病患者个性缺陷及人格的不健全有关，并在社会心理因素的作用下逐渐发展起来。

三、识别与关注抑郁症

抑郁症是现在常见的一种心理疾病，世界卫生组织的研究表明，抑郁症影响所有年龄段、来自各行各业和所有国家的人。中国科学院心理研究所发布的《2022年青少年心理健康状况调查报告》显示，约14.8%的青少年存在不同程度的抑郁风险，高于成年群体，需要进行有效干预和及时调整。其中4.0%的青少年属于重度抑郁风险群体，10.8%的青少年属于轻度抑郁风险群体。抑郁正在成为重要的青少年精神障碍问题。对抑郁症的科普、防范、治疗工作亟待重视，抑郁症防治已被列入全国精神卫生工作重点。

纪录片：我们
如何对抗抑郁

抑郁症是以情绪低落且持续两周以上为主要特征的情感性精神障碍，并伴有相应的思维和行为改变，但抑郁症患者没有任何器质性病变。

1. 抑郁症的主要表现

（1）情绪低落

抑郁症患者的主要特点是持续悲伤，整日忧心忡忡、郁郁寡欢、愁眉苦脸，对愉快或不愉快的事件反应迟钝，缺乏情感，对之前喜欢的活动失去兴趣。抑郁症患者感到"心里有压抑感""高兴不起来""什么事情都没意思"，而且疏远朋友，回避社交。严重的抑郁症患者会感到悲观绝望、度日如年。

（2）自卑感重

抑郁症患者有明显的自卑感，主要体现在无端地自责，夸大自己的缺点，忽视自己的优点，对自己的评价总是消极的。这种消极的思维为抑郁症患者和其未来蒙上一层厚厚的灰色，一旦遇到挫折，抑郁症患者就会把责任归咎于自己。

（3）思维受阻

抑郁症患者的思维活动也会受到阻碍，他们通常存在认知功能受损的情况，会出现反应迟缓、协调能力变差的症状，例如思考困难，不能集中注意力，记忆力减退，等等。因此，抑郁症患者解决一些简单的问题都很困难，学习、工作效率降低，这样会加深他们的自卑感，进而让他们更加厌世。

（4）睡眠障碍

抑郁症患者常常会失眠，而且是以早醒为主，一般比正常时间早醒两三个小时，醒后不能再次入睡。有部分抑郁症患者表现为睡得过多。由于抑郁症患者情绪低落，睡眠状况不佳，因而他们常感到浑身乏力、胸闷气短、食欲不佳、消化不良。

绝大多数抑郁症患者可以有效地加以治疗，极轻度的抑郁症患者通常不需要治疗即可缓解症状，重要的是及时诊断、及时治疗，以免病情加重。抑郁症又被称为"心灵感冒"。抑郁症的康复率高于糖尿病、心脏病等。它是一种慢性病，复发率高，抑郁症患者需要家人的陪伴和支持。

2. 抑郁情绪与抑郁症的区别

所谓抑郁情绪，是指悲观、忧伤、沮丧、没精打采、无兴趣、缺乏自信，甚至绝望等情绪表现。在生活中，每个人都会遇到一些困难和挫折，因而产生不愉快的抑郁情绪，这是正常的。正常的抑郁情绪是对人体的一种保护性措施，例如在抑郁期间，人对外界事物失去兴趣，可以借此避免再次受到伤害，也可以面对一些平常避开的问题和思考。正常的抑郁情绪与人的处境相符，程度轻、时间短（一般不超过两周），会随着不良刺激因素的消失而好转，不会严重影响人的心理功能和社会功能。但是难过的情绪如果长期得不到纾解，就易演变成抑郁症。抑郁症患者如果不主动表达自己，外人就很难识别。所以当发现身边的朋友、家人心情不好，且无法自我调节时，就应及时引导其去就医。

3. 抑郁症的诊断

抑郁症一般通过3个因素诊断。

第一，现实症状，即情绪低落、兴趣减退或者丧失、饮食睡眠障碍、头晕胸闷等抑郁症的常见症状。抑郁症患者想改变但是无能为力，这些症状带来的痛苦或导致社交、职业或者其他功能方面的损害。

第二，病程，发作至少持续2周以上，没有明显诱发心境低落的现实事件，这些症状不能归因于某种物质的生理效应或者其他躯体疾病，在近期体检中没有发现器质性的病变。

第三，量表，常见的量表有抑郁自评量表（SDS）、症状自评量表（SCL-90）、焦虑自评量表（SAS）等，抑郁根据最后得分可以分为轻度、中度或者重度。

 小贴士

抑郁的不同状态

轻度抑郁：患者主要表现为心情不好，可调节、可控制，生活功能不受影响，心情受影响；患者适合心理治疗。

中度抑郁：患者有情绪和生理症状。情绪症状表现为心情低落，生理症状表现为易早醒、失眠、体重下降；患者有自知力和求助动机，需要药物和心理治疗联合进行。

重度抑郁：患者生理症状表现为早醒、失眠、绝望，还伴有精神病性症状，有时会出现妄想或幻想等；患者自知力发生改变，认为自己没病，须立即就医。

4. 抑郁症的病因及防治

到目前为止，抑郁症的病因并不非常明确，但可以肯定的是，生物、心理学与社会环境等多方面因素都参与了抑郁症的发病过程，抑郁症是多方面因素交互作用所致的情感障碍。

（1）生物因素

生物因素主要涉及遗传、神经生化、神经内分泌等方面。现代脑生物化学研究表明，抑郁症与神经递质去甲肾上腺素（有调节情绪、维持睡眠状态的功能）和五羟色胺（有调节情绪、让人入睡的功能）的含量有关。人处于抑郁状态时，去甲肾上腺素和五羟色胺的含量明显不足。缓解抑郁的药物会提高它们的含量。药物治疗是中度以上抑郁症发作的主要治疗措施。所以，一旦发现自己出现持续时间超过2周的先兆抑郁症状，务必及时去正规的专业医院接受药物治疗。在遗传方面，一个人与抑郁症患者的血缘关系越近，得抑郁症的概率越高。因此，对有家族抑郁史的同学，学校心理健康机构应密切关注和跟踪，班级辅导员要给予更多的关怀，同学们要给予更多的人际温暖。

（2）心理学因素

与抑郁症关系密切的心理学因素有性格因素和抑郁气质。例如个体狭隘的思想意识和歪曲的认知方式，如非黑即白、以偏概全、过分夸大或者缩小、过度引申等，易引发抑郁障碍。因此，在药物治疗的同时对抑郁症患者进行心理治疗，可取得更佳的效果。对患者来说，心理治疗可以减轻或缓解症状，可矫正不良的认知偏见，改善行为应对能力，改善不良人际关系，提高社会适应能力，改善对药物的依赖。

（3）社会环境因素

成年期遭遇的应激事件和人际关系问题，如社会应激、人际创伤、生活压力等，是具有临床意义的抑郁症发作的重要触发条件。在接受药物治疗和心理治疗的时候，抑郁症患者要重新认识疾病，重新了解生活和自己的性格，学会应对疾病，合理安排学习和生活，调整对待各项事物的认知，缓解心理应激因素。有大量研究表明，缺乏亲密可信关系和社会支持的人，如果遭遇严重的应激事件，更有可能变得抑郁。因此，抑郁症患者提高社交技能，家人和朋友多关怀患者，也可以缓解其抑郁症状。

心理问题的成因

 拓展阅读 "联合起来，消除病耻" 2023 世界精神卫生日绿丝带系列活动举办

2023 年 10 月 10 日是第 32 个世界精神卫生日，由渡过抑郁患者社区主办、人民日报健康客户端媒体支持、灵北中国公益支持、丹麦文化中心策展的"联合起来，消除病耻" 2023 世界精神卫生日绿丝带系列活动——"无须抱歉"抑郁青少年艺术作品展在北京 798 丹麦文化中心举办，并于当天在位于北京、上海的地标建筑点亮绿丝带，旨在通过多种形式、多方力量的呼吁，让更多人正确认识精神领域疾病，联合起来，消除病耻感，共同关注、守护青少年精神健康。

任务二 寻求心理帮助

心若改变，你的态度跟着改变；态度改变，你的习惯跟着改变；习惯改变，你的性格跟着改变；性格改变，你的人生跟着改变。

——马斯洛

心理咨询是现代社会中独特而又专业的人际帮助活动，是治疗心理疾患、保持心理健康、促进人格发展的重要途径与方法。

一、认识心理咨询

（一）心理咨询的概念

心理咨询（Counseling）是指由受过专门训练的咨询人员运用心理学的理论方法以及技巧，对那些解决自己面临的心理问题有一定困难的人提供帮助、指导和支持，咨询人员能找出心理问题产生的原因、与咨询者探讨摆脱困境的对策，从而帮助寻求心理咨询的人缓解心理冲突、恢复心理

平衡、提高环境适应能力、促进人格成长。心理咨询主要帮助那些人格健全但有心理困扰的正常人，解决其在学习、生活、工作、交往等方面存在的不适应问题，从而让他们在认知、情感和行为方面有所变化，更好地适应环境。

与其他咨询不同的是，心理咨询的突出特点是"心理性"，来访者的困难或问题是心理行为方面的困难或问题。许多来访者面临的问题与生活事件有直接联系，例如离婚、诉讼、金钱问题等，心理咨询师并不是告诉来访者如何打官司、做生意等，而是帮助他们解决在面临这些问题时的心理适应问题。心理咨询的目标是促成来访者在心理行为方面的积极改变。心理咨询所依据的理论、使用的方法来自心理学的基础研究。

心理咨询是一个人际互动过程，是双向的信息交流。人际互动成功与否，关系着心理咨询的质量和效果。心理咨询产生效果的首要条件是心理咨询师与来访者之间建立良好的人际关系。在双方信任、关怀和理解的气氛中，来访者可以安全地、无顾虑地探索自我，把内心真实的需要、动机和冲突表达出来，这时候来访者往往可以明白自己的一些情绪和行为背后真正的原因。此外，心理咨询的效果还与来访者的求助动机有很大的关系，来访者想要改变的欲望越强烈，其主动探索新的生活目标、发现新的行为方式的动机越强，心理咨询的效果就越好。

（二）心理咨询的方式

当前，我国人民对心理咨询日益重视，心理咨询的方式以面谈为主，多种方式并存。

（1）个体咨询

个体咨询是心理咨询最常见、最重要的方式，心理咨询师与来访者之间建立一对　的咨询关系。个体咨询的优点是针对性强和保密性好，心理咨询师与来访者之间容易建立信任关系。在个体咨询过程中，心理咨询师可以对来访者的个性、精神状况、心理问题的类型和严重程度进行直接、全面的观察和诊断，来访者能够详尽地向心理咨询师倾诉内心烦恼，并进行充分的讨论和分析。个体咨询的缺点是成本较高，需要双方投入较多的时间和精力。

（2）团体咨询

团体咨询也称集体咨询、小组辅导。团体咨询是根据来访者问题的相似性，将他们分为若干小组，就共同关心的问题进行心理咨询的方式。团体咨询的人数一般没有固定要求，以 10 人左右为宜。团体咨询主要是通过团体成员相互作用所产生的影响而使团体成员调整自己的思想、情感和行为。团体咨询的优点是咨询面广、咨询成本低，对某些心理问题的咨询效果明显优于个体咨询。由于团体咨询比较符合大学教育的要求，对解决大学生的心理问题效果较好，近年来，团体咨询在高校发展迅速，在心理健康课程及心理训练活动中被广为采用，如交友小组、心理剧等。团体咨询的缺点是保密性不强，团体成员在初期有防御反应，心理咨询师与团体成员不容易建立信任关系，咨询深度受到限制，也难以兼顾个体的特殊性。因此，团体咨询在大学生心理咨询中多用于解决一般性的心理问题，如人际交往问题、时间管理问题等，而深层次的心理问题还需要通过个体咨询或治疗加以解决。

（3）电话咨询

电话咨询也是心理咨询的一种常见方式。来访者多处于急性情绪状态，濒临精神崩溃，他们拨打专用电话向心理咨询门诊诉苦和求援。它起源于 20 世纪 50 年代在国外开设的热线电话，旨在防止心理危机所导致的恶性事件，如暴力行为等。这类服务有专用号码，电话中心有专门的咨询人员 24 小时值班。接到呼救电话后，电话中心会立即派咨询人员赶至当事人家中，处理急性情绪危机，安抚其情绪。这种咨询电话在挽救生命、防止恶性事件发生方面有很好的效果，因而被喻为"生命线""希望线"。对一些不愿面谈和怕暴露身份的人，电话咨询也比较方便。目前，国内许多城市都已设立了一些热线电话为咨询者服务。另外，当下也出现了一些以心理咨询为名义的收费电话服务，如××热线、××专线等。对于这些服务形式，还应做进一步的规范和甄别，通过电话聊天解闷、传授一些知识不能算作心理咨询。

（4）书信咨询

书信咨询是通过书信的形式进行的，多用于路途较远或不愿暴露身份的求助者。心理咨询师根据求助者来信中所描述的情况和提出的问题，进行心理指导和疑难解答。书信咨询的优点是避讳较少，缺点是不能全面地了解情况，只能根据一般性原则提出指导性的意见。求助者的来信往往杂乱无章，所述问题往往过多，有些甚至超出了心理咨询的范围。实际效果表明，书信咨询对于某些求助者还是很有帮助的。对于比较严重的问题，心理咨询师可以建议求助者寻求当面咨询。

（5）网络咨询

网络咨询又称互联网心理咨询，是一种新型的帮助人们解决生活和关系问题的咨询方式。它是通过互联网使求助者和心理咨询师实现同时或即时沟通，让他们进行有关心理咨询与治疗的信息互动。广义的网络咨询包括求助者通过专业网站提供的信息，学习、掌握有关心理健康的知识和技能；网络心理咨询师通过网站的各种互动功能，向求助者介绍心理学知识，提供心理咨询服务和心理援助。

网络沟通匿名性的特点使网络咨询更直接、更放松，因此它特别适合那些不善于袒露个人隐私或敏感性问题的求助者。但是，这也带来了新的挑战，如保密性问题，即如何让求助者了解保密原则和保密方式，以及如何保护来访者的声音、图像等个人资料的安全。

 小贴士

网络咨询中求助者的知情同意权

网络心理咨询师应该授予求助者相关的知情同意权，提供一个有关知情同意政策信息的网页，使助者可以获得有关知情同意的信息。新求助者需要阅读并认可这些规定，或者网络心理咨询师给每个新求助者自动发送一封同样内容的电子邮件。重要的知情同意大致包含如下内容。

（1）明确该网络心理咨询师服务的性质是心理治疗还是心理教育，以免误导求助者。

（2）公示网络心理咨询师的学位和执业资格，指导求助者查看网络心理咨询师的证件。

（3）求助者需要提供身份和住址证明。

（4）警示网络咨询保密性和私密性方面的局限，提出提高安全性的建议。

（5）规定除了网络心理咨询师以外，哪些人在什么情况下可以阅读求助者的电子邮件，或给求助者发电子邮件。

（6）告知求助者网络心理咨询师回复邮件的期限以及要求求助者回邮件的期限，同时求助者要知道在一定的期限内得不到回复该如何处理。

（7）提供有关政府、协会等部门办公室的电话号码和地址，供求助者随时投诉未达到管理机构要求的心理服务。

以上各种咨询方式是互为补充的，有的求助者通过专栏介绍，认识到自己的心理问题或症状后，再进行电话咨询、书信咨询或网络心理咨询；有些门诊咨询的来访者，回到异地的学习、工作或生活处所后，通过书信咨询、电话咨询、网络心理咨询等继续得到心理咨询师的帮助；现场咨询中发现的心理问题严重的人，需要转到医院进行门诊咨询。因此，多种方式互相配合，有利于心理咨询的广泛开展和咨询效果的提高。

（三）心理咨询的一般过程

心理咨询的过程一般分为 6 个阶段：收集信息、界定问题、确立目标、选定方案、解决问题和评估结果。

1．收集信息阶段

收集来访者的信息是整个咨询工作的基础，该阶段的首要任务是让心理咨询师与来访者建立互相信赖的咨询关系，美国心理咨询专家拉斯（Russ）曾说："心理咨询师与来访者之间建立一种坦率、信任的关系，是咨询过程中的头等重要的事情，是有效咨询的前提条件。"建立相互信赖的咨询关系，心理咨询师需要做到以下 3 点。

（1）给来访者留下良好的第一印象。要使来访者感觉到心理咨询师是一个和蔼可亲的人，是一个善解人意的人，同时又是一个确有才能的人。良好的第一印象会增加来访者对心理咨询师的信赖。

（2）要以平等的身份对待来访者。只有心理咨询师以平等的身份对待来访者，来访者才会对心理咨询师产生信赖感，才会向心理咨询师吐露真情。如果心理咨询师不以平等的身份对待来访者，将会增加来访者的压抑感和不满，来访者会不信赖心理咨询师，双方难以进行深层次的沟通。

（3）耐心倾听来访者的叙述。心理咨询师要善于启发来访者说出自己的心理问题及其产生原因，耐心倾听并细心观察来访者的言谈举止，不要轻易打断来访者的话题，更不要流露出某种不耐烦的情绪，这些都是建立良好咨询关系时需要注意的。

收集信息阶段的另一个任务是心理咨询师要了解来访者的求助动机、心理问题、个人发展史、人格特点、社会背景和社会适应情况。心理咨询师在和来访者交流时一般应注意收集两方面的信息：一是来访者的具体情况，如年龄、出生地、文化程度等；二是来访者存在的心理问题及产生原因，包括心理问题是何时产生的，心理问题产生前后的情况如何，等等。

2．界定问题阶段

界定问题阶段的主要任务是依据收集到的信息，结合心理咨询的有关知识，对来访者的问题进行界定、诊断，辨明问题的类型、性质和严重程度等，为确立咨询目标和选择咨询方法打下基础。在此阶段，心理咨询师应做到以下两点。

（1）咨询对象的区分。来访者可能是精神疾病患者、脑器质性病变的患者或者有人格障碍的患者，这些都超出了心理咨询的范围，心理咨询师应该介绍来访者去相应的医疗机构。除此之外的来访者，一般来说都可以进行心理咨询。

（2）来访者问题的确认和原因分析。对于适合心理咨询的来访者，心理咨询师要进一步确认他的问题并分析原因。问题的具体情况包括：产生了什么问题？问题是何时产生的？问题在何处产生？来访者对问题的反应是什么？来访者对自身问题的看法是怎样的？问题形成的原因可能与个人经历、人格特征有关，也可能与家庭、单位等环境有关。形成问题的原因很多，心理咨询师需要边提问边分析，一个个排除，最后找出问题产生的真正原因。

3．确立目标阶段

确立咨询目标有助于咨询双方明确努力方向，有助于双方积极合作，有助于双方对咨询效果进行评估。确立咨询目标的原则有以下3个。

（1）咨询双方共同制定咨询目标。这要求咨询双方在心理问题的确认和原因的分析上取得一致意见，心理咨询师将自己的认识、看法、结论反馈给来访者并得到认可，引导和鼓励来访者思考并提出自己的要求以及希望达到的目标，在此基础上逐步达成一致。

（2）中间目标与终极目标相统一。中间目标是向终极目标发展的必经环节，因此，要以终极目标引导中间目标，也要以中间目标的实现促进终极目标的达成。

（3）目标要具体化。心理咨询的目标必须具体、可行，否则难以操作、难以实现。咨询双方要把抽象笼统的目标具体化，使其具有可行性。

4. 选定方案阶段

选定方案对解决问题有重大意义。一般来说，解决问题的方案有多种选择。例如，对考试焦虑的矫治，可以采用自信训练进行自我调整，也可以运用放松疗法进行调控，还可以采用系统脱敏技术逐步消除考试焦虑，或者使用多种方案综合矫治。究竟采用哪一种解决方案最合适，心理咨询师应认真进行比较筛选，并适当征求来访者的意见，然后根据来访者的实际情况和方案成功的可能性做出选择。

5. 解决问题阶段

方案选定之后，就要依据方案具体操作。在解决问题时，要注意首先解决关键性问题，次要问题留待逐步解决。由于心理现象的复杂性、多边性，某些心理问题在解决过程中会出现反复或显效迟缓等情况，这在咨询过程中是常见的。咨询双方都应对咨询过程中的这种情况有足够的认识，互相合作、彼此信任、持之以恒，这样才能达到预期的效果。

6. 评估结束阶段

这个阶段的主要任务有以下3个。

（1）做出结论性解释。在咨询结束之前，心理咨询师要与来访者做一次全面的总结，回顾整个咨询过程，强调咨询要点，使来访者对自己有一个更清醒的认识，进一步了解自己的问题的前因后果，明确今后的努力方向。

（2）帮助来访者运用所学的新经验。心理咨询师要渐渐退出自己的角色，帮助来访者摆脱对自己的依赖，引导来访者把在咨询中学到的新经验应用到日常生活中，让来访者逐渐做到不需要他人指点也能应对周围的环境。

（3）追踪研究。通过追踪研究，心理咨询师可以评估诊断是否正确，帮助指导是否有效，而且追踪研究还可以起到强化咨询效果的作用。

二、心理咨询疗法

心理咨询通常以相应的理论为指导，心理咨询可以帮助患者弄清产生心理障碍的原因，发现问题并找出解决的办法和改进措施。国内外常用的心理咨询疗法主要有以下5种。

1. 精神分析疗法

精神分析疗法（又称心理分析疗法）是由弗洛伊德（Freud）创立的，聚焦于对来访者的无意识心理过程进行分析，探讨这些无意识因素是如何影响来访者目前的关系、行为模式和心理状态的。这种疗法通过对来访者生活历史的探索，探讨来访者是如何经历既往的人生和如何发展变化，帮助来访者更好地应对当下的生活。治疗的目标是分析患者压抑在潜意识中的心理意念，使患者意识到问题的根源。这种方法主要通过自由联想、梦的分析等心理技术使患者潜意识中的冲突上升到意识中，一旦患者领悟了，疾病就会消退。

精神分析疗法属于长程治疗，由于其针对人格结构和深层心理问题工作，力求达到人格结构的完善，因此耗费的时间和精力要比其他治疗更长、更多，而疗效则相对更加稳固。因此，这种方法适合具有稳定经济实力和家庭支持的患者。

具备以下特点的患者，更适合精神分析疗法：

（1）具有强烈的求治动机；

（2）有主观上强烈的痛苦感，有动力应对治疗的严苛挑战；

（3）有相对完整的现实感；

（4）具备一定的冲动控制能力；

（5）有产生洞见的能力；

（6）可以应用类推和隐喻来思考；

（7）能够反思自省；

（8）具有持久的客体关系。

小贴士

自由联想

自由联想是弗洛伊德于1895年创造的一种心理治疗方法。他让患者舒适地躺着或坐好，把自己想到的（进入头脑的）一切都讲出来，不论其如何微不足道、荒诞不经、有伤大雅，都要如实讲出来。因为越是荒唐或感到不好意思的东西，可能越有意义，并对治疗的价值越大。精神分析家的工作在于对患者报告的材料加以分析和解释，因为浮现在脑海中的任何东西都不是无缘无故的。患者沉浸在对往事的回忆中时，内心深处无意识的闸门会不由自主地打开，所谈的事情往往带有情绪色彩。患者有时突然出现不语、转题、冲动行为，这便是心理症结所在。自由联想的最终目的，是发掘患者压抑在潜意识内的致病情结或矛盾冲突，把它们带到意识领域，使患者对此有所领悟，并重新建立现实性的健康心理。

适合自由联想的主要是各类神经症、心因性精神障碍与身心性疾病的患者，它不适用于处在发病期的精神分裂症、边缘性人格障碍、躁郁症与偏执性精神病的患者。

2. 行为疗法

行为疗法又称行为矫正，是建立在行为学习理论基础上的一种心理咨询疗法，强调通过对环境的控制来改变人的行为表现。行为疗法的主要观点认为，人的所有行为都是通过学习而获得的，其中强化对该行为的巩固和消退起决定作用。强化可采用嘉奖或鼓励的方式，也可以采取批评或惩罚的方式。因此，学习与强化，是改变个人不良行为的关键。心理治疗就是要利用强化使患者消除某种不良行为，建立新的行为方式。行为疗法通过提供特定的学习环境使患者改变自我，摒弃或消除不良行为。行为疗法的原则有：取得患者和家属的充分合作，详细了解病情，确定问题行为，选择合适的矫正方法，等等。行为疗法不追究个人潜意识欲望对异常行为的作用。行为疗法的常用疗法有系统脱敏疗法、厌恶疗法、松弛疗法等。

小贴士

系统脱敏疗法

　　系统脱敏疗法是在患者身心松弛的条件下，按照由轻到重的顺序将诱发反应的刺激呈现给患者，让其逐渐习惯该刺激，消除敏感状态。系统脱敏疗法适用于治疗焦虑、恐惧等不良情绪。例如，有一个 3 岁的小男孩，由于某种不明原因，他很害怕兔子。在对他的治疗过程中，治疗师先将他安置在房间的一头，将兔子放在房间的另一头。通过一系列的治疗手段，兔子被逐渐地放在越来越接近小男孩的地方，直到最后，他不再害怕兔子并能够自由自在地与兔子一起玩耍。

3. 认知疗法

　　20 世纪 50 年代末，临床心理学家埃里斯发展出理性情绪治疗法（其示例见表 9-2），他认为思考、情绪与行为间有明显的交互作用，不是事件影响人们的情绪和行为，而是人们对事件的解释（思考模式）决定人们的情绪反应。有很多的情感障碍与心理困扰来自个人的"非理性思考"，而"非理性思考"来自儿童时期对自己具有较大影响力的人（通常是父母、老师），并且经由自己不断地累积相应的情绪经验而得到强化。所以在治疗的过程中，治疗师要协助个体找出自己的"非理性思考"行为，之后要让个体对"非理性思考"行为加以驳斥并训练形成理性的思考方式，这样自然就能消除情绪困扰。在临床实践中，认知治疗常要配合行为治疗，这称为认知行为治疗。

表 9-2　理性情绪治疗法示例

诱发性事件	非理性思考	情绪反应	理性思考	新的情绪反应
在班级中演讲	我必须表现得最棒	紧张、担心、害怕	最棒当然好，但不是必须要做到的，只要我努力了，就接纳表现的结果	坦然、放松

4. 家庭治疗

　　家庭治疗是治疗师与患者及其家庭成员进行有规律的接触与交谈，促使患者家庭发生某些变化，使患者症状减轻或消除。家庭治疗的前提是，所要处理的问题是在家庭中产生的，如对亲子关系、婚姻问题等家庭危机的调适，宜采用此法。家庭治疗从家庭整体结构中寻找病因，通过改变家庭成员间不良的相互作用规则，调整家庭成员间的相互关系，来消除个体行为症状。家庭治疗一般是由治疗师和患者及其父母一起进行谈话、示范和讨论，目的是促进家庭成员间进行直接、积极和有建设性的沟通，解决冲突，改变僵硬失调的相互作用方式。家庭治疗一般分两步，即先对患者家庭进行诊断评价，了解家庭相互作用模式、社会文化背景、家庭对患者症状的作用并找到解决方式等，然后布置家庭作业和进行定期访谈。

5. 来访者中心疗法

　　来访者中心疗法由美国心理学家罗杰斯（Rogers）创立。该疗法的理论基础是人本主义心理学。该疗法认为人都有能力发现自己的缺陷和不足，并加以改进，相信人本身能进行合理的选择，解决自己的问题。所以，采用这种疗法的目的不是改善外界环境及来访者消极被动的人格，而是协助来访者自省自悟，充分发挥潜能，最终达到自我实现。因此，在治疗中，治疗师不是以指导者的身份出现，也不建议来访者应该怎样或不应该怎样，而是起启发作用，启发来访者自己发现自己的问题，并找出最佳的解决办法。在治疗过程中，治疗师只是一个有技术的朋友，帮助来访者成长而已。这种疗法强调建立具有治疗作用的咨询关系，以真诚、尊重和理解为基本条件。当这种咨询关系存在时，个人就会实现对自我的治疗，其在行为和人格上的积极变化也会随之出现。所以，在治疗的过程中，治疗师应该与来访者建立平等、相互尊重的关系，使来访者处于主动的地位，让来访者决定治疗的具体步骤和内容，学会独立决策。

 小贴士

共情

共情也叫同感，是人本主义心理学的核心概念，是指体验别人的内心世界，它有 3 个方面的含义。

（1）心理咨询师借助来访者的言行，深入对方内心去体验他的情感、思维。

（2）心理咨询师借助知识和经验，把握来访者的情感体验与他的经历和人格之间的联系，更好地理解问题的实质。

（3）心理咨询师运用咨询技巧，把自己的共情结果传达给来访者，以影响对方并取得反馈。

共情的意义如下。

（1）心理咨询师能设身处地理解来访者，从而更准确地把握来访者的情况。

（2）来访者会感到自己被理解、接纳，从而会感到愉快、满足，这对建立良好的咨询关系有积极的影响。

（3）共情促进了来访者的自我表达、自我探索，从而让来访者有更多的自我了解并让咨询双方有更深入的交流。

（4）对于那些迫切需要获得理解、关怀和倾诉情感的来访者，共情有更明显的咨询效果。

心理咨询疗法已经被公认是行之有效的医治心理疾病的方法。心理咨询疗法通过影响患者的心理活动，能有效地矫正一些异常行为，例如精神失常、犯罪行为、学习问题、说谎、口吃等，所以心理咨询疗法在各国被广泛应用。当然，心理咨询疗法不是万能的，不能把心理咨询疗法的作用说过了头，也不能把心理咨询疗法神秘化。

 走进心理咨询

三、运用身边的心理资源

大学生在平时的学习和生活中，如果遇到了自己不能解决的心理上的问题，可以运用身边的很多资源。

1. 校内心理资源

校内心理资源有心理咨询室、图书馆、心理健康知识讲座、心理健康杂志等。现在每所高校都免费向大学生提供专门的心理健康服务，包括心理健康教育、心理咨询和团体活动等。

心理健康教育包括开设心理健康课程和开展各种形式的心理素质训练活动，帮助大学生掌握心理健康知识和技能，树立自助、求助意识，学会理性面对困难和挫折，增强心理素质。

学校心理咨询中心提供免费的心理辅导和咨询服务，大学生可以通过电话和邮件等方式联系心理咨询师，寻求帮助。心理咨询师可以帮助大学生分析问题、缓解焦虑、提供支持和建议。

大学校园里还会举办形式多样的旨在传播心理健康知识的团体活动，如心理学相关电影赏析、心理情景剧、心理知识讲座等。尤其是每年的 5 月 25 日（谐音"我爱我"），即全国大学生心理健康日，大学校园里会组织多种多样的活动让大学生体验和参与，增强同伴间的支持，使师生、同学关系更融洽。

2. 校外心理资源

校外心理资源主要包括公益类心理资源和医疗类资源。

（1）公益类心理资源

公益类心理资源主要通过拨打一些服务机构提供的免费服务热线获取，下面是一些常见的心理服务热线。

江苏省大学生 24 小时心理热线：025-58255200。

江苏省大学生心理平台："苏心"App（登录 App →"我在你说"→选择心理咨询师或朋辈聆听者→开始倾诉。也可以在"咨询预约"板块进行线上预约咨询，每个用户可免费咨询 8 次）。

南京脑科医院 24 小时热线：025-83712977。

江苏省心理学会公益心理援助热线：400-8080-132（服务时间：周一至周五 15:00—21:00，周六、周日：9:00—18:00）。

全国免费 24 小时心理危机干预热线：手机用户可拨打 010-82951332，固定电话用户可拨打 8008101117。

全国 24 小时免费心理咨询青少年服务热线：12355。

（2）医疗类资源

医疗类资源主要是精神卫生医疗机构。目前，很多学校与家庭、精神卫生医疗机构建立协同机制，共同开展心理健康宣传教育，及早发现大学生严重心理问题，畅通预防、转介、干预就医通道，及时转介、诊断、治疗。

如果个人可能存在某种精神障碍，可以前往专门的精神疾病专科医院或综合医院的精神科诊断和治疗。以南京为例，其拥有我国最早的神经精神病专科医院——南京脑科医院，该院承担着南京市、江苏省乃至全国神经、精神疾病的医疗、康复、预防、教学、科研、司法鉴定等任务，还承担着相关政府指令性工作及突发应急事件的心理救援等处置任务，在国家重大城市任务和突发公共卫生事件处置中，发挥社会维稳作用。

总之，大学生要充分运用身边的心理资源，及时寻求帮助，积极处理问题，提高心理素质。

小贴士

如何看心理门诊？

（1）患者应准备好当地医院的化验单和检查单、病例。这样方便医生排除特殊的疾病或者看以往的病情分析，可以帮助患者节约很多费用和时间，并且一些重复的检查就可以不做了。

（2）患者应提前想好本次就诊目的。精神心理科的就诊时间长，有时候不能一次解决全部问题，医生至少会分几个层次进行：主要的诊断，目前想解决的最基本问题，短期问题解决后想解决的长期问题，查找病因，心理干预，药物治疗等。

（3）患者不要有考验医生的想法。很多患者都有这样的想法：看看这个医生和那个医生是不是一样的想法。如果患者有这种想法，容易隐瞒医疗信息，造成误诊。

（4）心理门诊涉及个人隐私，要有保护意识。个人隐私需要医生和患者共同保护。就诊时，不要不请就入，这样不仅会影响其他病人的安全感，也会干扰医生的诊疗思路。

（5）心理门诊需要预约。心理门诊一般都采用预约制，患者要遵守预约制，预约后如果计划有变要提前告知医生。预约既可以防止患者过度等待，又能提高医生的诊断效率。

（6）心理门诊的工作方法主要是交流。心理咨询大多数是通过言语对话来进行的，但有的患者不能安心交流，更多的是想得到医疗建议。医生除了进行常规的医疗检查，还会采取中立的态度，通过交流获取更详尽的信息，更加客观地帮助患者。

心理训练营

心理训练游戏一：正性思维 PK 负性思维

活动目的：通过游戏活动，大学生能够明白，在很多时候，造成心理问题的往往不是事件本身，而是自己对事件的评价与解释。人的想法和解释改变了，不良情绪和行为就会跟着改变。

活动时间：15 分钟。

活动引入：每个人的头脑中都涌动着大量的自动思维，如以下情况。

（1）老师喊我到办公室谈话，完蛋了，准不是什么好事。

（2）我是语文课代表，这次语文考试只得了 75 分，太丢人了。

（3）遇到同班女同学，向她打招呼却没有被理会。小王："她可能正在想事情，没看到我们。"小李："她怎么这样？太傲慢了吧，故意不理我们。"

这些自动思维在很大程度上影响着人们的情绪。自动思维分为正性和负性，其出现往往是无意识的、迅速的，人们在大部分时间都意识不到它们的存在。负性思维具有以偏概全、过分概括等特点，长期的负性思维模式会导致人产生心理障碍。

活动步骤：

（1）全体成员两两一组，小组中一个成员找出自己的负性思维，另一个成员帮助其用正性思维替换。体验结束后，双方互换角色，继续体验。

（2）互相分享正性思维与负性思维带来的心理感受。

读者可按表 9-3 进行自我探索。

表9-3 自我探索活动表

顺序	主题	活动内容	目的
1	前期准备	小组承诺书、问卷调查	说明自我拓展要从了解自身开始
2	相识	热身操、胸卡填涂、问与答	成员之间进行初步的认识，减少拘谨感
3	回顾	人以群分、无家可归、心有千千结	认识到人有归属的需要、有不同的划分模式、心结终究能打开
4		人生曲线、生命线	回顾自己走过的人生历程，并重新认识这段人生历程对人生的意义
5	自我觉察	我是谁？我的原生家庭	检查对自己的了解程度，并客观认识影响自我成长的因素
6		人际关系中的我	从多种角度认识自我，并寻找理想与现实的差距，以及改变现实的可能性
7		自画像	以非语言的方式自我表达，了解自我的心理空间
8		人生盾牌 我是一个独特的人	了解自我对成败得失及人生的看法，认识到自己是独特的个体，可拥有独特人生
9		T恤展览	自己的设计是独一无二的，学会自我欣赏
10	自我价值	澄清价值观	了解在自己的生命中什么最重要，学会把握人生中最重要的东西
11		临终遗言	了解自己的一生中还需要做什么，哪些可以现在就开始做
12		精神拍卖	认识到人生有很多机会，要当机立断，否则就将成为遗憾
13	自我展望	命运在我手中	认识到每个人都必须为自己的抉择和行为负责
14	挑战	同舟共济	向"不可能"挑战，培养敢于尝试的勇气
15	结束 真心英雄	问卷调查、把心留住、握手告别	总结整个活动的收获，送上对他人的祝福和期望，感谢一起走过的日子

 心理测试

抑郁症自评

读者可按表9-4进行抑郁症自评。

表9-4 抑郁症自评量表（问卷）

症状	分值			
	偶尔	有时	经常	持续
1. 我感到情绪沮丧，郁闷（1234）	1	2	3	4
*2. 我感到早晨心情最好（4321）	4	3	2	1

续表

症状	分值			
	偶尔	有时	经常	持续
3. 我要哭或想哭（1234）	1	2	3	4
4. 我夜间睡眠不好（1234）	1	2	3	4
*5. 我吃饭像平时一样多（4321）	4	3	2	1
*6. 我的性功能正常（4321）	4	3	2	1
7. 我感到体重减轻（1234）	1	2	3	4
8. 我为便秘烦恼（1234）	1	2	3	4
9. 我的心跳比平时快（1234）	1	2	3	4
10. 我无故感到疲劳（1234）	1	2	3	4
*11. 我的头脑像往常一样清楚（4321）	4	3	2	1
*12. 我做事情像平时一样不感到困难（4321）	4	3	2	1
13. 我坐卧不安，难以保持平静（1234）	1	2	3	4
*14. 我感到未来有希望（4321）	4	3	2	1
15. 我比平时更容易被激怒（1234）	1	2	3	4
*16. 我觉得决定什么事很容易（4321）	4	3	2	1
*17. 我感到自己是有用的和不可缺少的人（4321）	4	3	2	1
*18. 我的生活很有意义（4321）	4	3	2	1
19. 假若我死了，别人会过得更好（1234）	1	2	3	4
*20. 我仍旧喜爱自己平时喜爱的东西（4321）	4	3	2	1

测验步骤：采用 1～4 分制计分，评定时间为过去的一周或一个月，将各题得分相加，得出分值，再乘以 1.25，换算出标准分（T 值）。

结果解释：抑郁症自评量表标准分的分界值为 53 分，其中 53～62 分为轻度抑郁，63～72 分为中度抑郁，72 分以上为重度抑郁。

 项目思考

1. 如何识别正常心理与异常心理？
2. 心理咨询有哪些方式？

项目十
向阳而生——生命的探索与成长

10

📖 项目目标

科学认知生命，唤起生命意识。

理解生命困境，应对心理危机。

把握人生方向，探寻生命意义。

📖 导学案例

小孙从小就是"学霸"，在某名校读了两年书，学习成绩不差，家里的条件也在小康之上，他各方面的表现按"世俗标准"来评判，那都是"比较出色的"。但他却感到人生毫无意义，对生活感到十分迷茫。

据调查，在该大学像小孙这样的本科生，其中有30.4%厌恶学习或认为学习没有意义，还有40.4%认为活着和人生没有意义，最极端的就是放弃自己。这些特别优秀的年轻人，在成长过程中没有明显创伤，生活优渥、个人条件优越，却感到内心空洞，感受不到生命的意义和活着的动力。

案例分析

案例揭示了大学生生命价值感的缺失。北京大学心理健康教育与咨询中心专家指出，"空心病"是一种新型的心理问题，正在大学生中间蔓延。这是由大学生生命观缺失所导致的，表现为觉得人生毫无意义，对生活感到十分迷茫。因此，生命教育是每个人的必修课。它唤醒、培养人们的生命意识与生命智慧，引导人们追求生命的价值，活出生命的意义。

📖 知识讲坛

任务一　认识生命

生命如此短暂，我们没有时间争吵、道歉、伤心。我们只有时间去爱。

——马克·吐温

一、生命的内涵

什么东西到处都有，却无比珍贵？什么东西一去不复返？什么东西既脆弱又强大？什么东西是有限的，却能创造无限的可能？答案是生命。在地球漫长的发展过程中，生命的出现可以称得上是最伟大的奇迹。

（一）生命的定义

广义的生命是一个经历从生到死过程的主体。这个定义不仅包括我们通常认为的生物体，如动物、植物等，还包括可以进行自我复制和繁衍的真菌、细菌、氨基酸结构等。随着科技的发展，未来还可能包括一些非传统的生命形式，如人工智能等。狭义的生命则更加具体，强调的是生命体的感知、响应和自主行动能力，通常指人类、动物。

对于生命的定义，不同学科的科学家提出过不同定义。生物学中的生命，是指具有一系列特性的实体，生命活动包括能量的代谢、生长、适应环境、响应刺激、繁殖以及通过自然选择进行演化。

心理学中的生命的内涵比生物学要丰富得多。人是一个复杂的特殊的生命体，因为人是生物体中的高级动物，不仅有生物的机能特征，还具有其他任何一种生物都不具备的社会特征和心理特征。动物的生存是为了繁衍后代，而人的生存目的则比繁衍后代丰富得多，人有更多的心理需求和社会需求。

以上只是关于生命的定义的一部分观点，实际上还有许多其他的观点。目前为止，生命仍没有公认的定义，因为我们对生命的理解还在不断深入。

（二）生命的结构

人的生命可以分为3种结构：生物性、心理性（精神性）和社会性。这3种结构分别对应3种基本的生命活动：生理活动、心理活动和社会活动。

1．生物性生命

这一点是人和动物共有的属性，人首先是作为生理性的生命而存在的。生命的生物性是指具有繁殖能力的、不断成长的、不可逆的、新陈代谢的、有刺激与反应的特点。

2．心理性（精神性）生命

这一点是人和动物不同的属性。人有高于动物的意识活动，有超越生物性生命的精神世界。墨家说："生，刑与知处也。"大致意思是生命是形体与心理的合二为一。人除了生物需求之外，还有心理需求。从心理性（精神性）看，心理活动构建了一个个独特的"自我"，即每个人都有自己的精神世界，这让每个人都是独一无二的。

人类的生存不仅仅是为了维持生命，人类还会思考如何更好地生活。只要人类在世界上存在，人类的大脑就不会停止思考，人类就应该创造、超越并更好地认识和改造世界。这种思考和行动是人类文明进步的基石。

3．社会性生命

人的生命发展的各个环节都是在社会环境里进行的，所以人的生命承载了社会属性。那么，人的本质是什么呢？正如马克思所言："人的本质不是单个人所固有的抽象物，在其现实性上，它是一切社会关系的总和。"马克思认为在自然属性和社会属性中，社会属性是人的本质属性。每个人在一生中都会思考"怎么活得有价值"等问题，这些问题就是人对社会价值的一种需求。人的社会性生命是人类进步的动力源泉。

📄 **拓展阅读**   让生命影响生命

在草原的一个泥潭处，三个骑着马的牧民看到一匹马深陷其中，马只露出了马头和肚子以上的部位。三个牧民停下来，对这匹马的处境深表同情，他们察看地形，并想着怎么把它救出来。这匹马用无助的眼神看着他们，仿佛在请求帮助。

他们决定采取行动，用绳子套住马的脖子，然后骑上自己的马，一起用力拉扯。经过一番努力，他们终于成功地把那匹马从泥潭中拉了出来。那匹马摇摇晃晃地站了起来，然后向他们摇了摇尾巴，仿佛在表示感谢。

这个故事让我们深深感受到生命陪伴生命、生命影响生命、生命唤醒生命的意义，感受到生命的力量。

二、生命的历程

（一）生命的诞生

人的生命来之不易。你来到这个世界是一个极小概率的事件。一个人的生命始于一个成熟卵子和一个精子的结合。女性一生会排出 400 ～ 500 个成熟卵子。每个成熟卵子都有 2 亿个精子相互竞争着与它结合，最终只有一个成熟卵子和精子结合形成了受精卵，生命才开始孕育。受精卵在母亲的子宫中经过 280 天左右的孕育，才会有新的生命诞生。由此可见，每个人来到这个世界实属不易。每一个生命本身就是一个奇迹，生命的诞生也是一个非常奇妙的过程。

（二）生命的发展

人的生命历程是指人从孕育、出生、成长直至死亡的整个存在和活动过程。人的生命全过程就是由一次次的生命活动所组成的。

早在两千多年前，我国古代先哲就总结出，每个人的生命都要经历生、长、壮、老、已（即出生、成长、壮盛、衰老、死亡）这 5 个阶段。

从发展心理学角度看，人的生命历程可分为 8 个阶段：婴儿前期、婴儿后期、幼儿期、童年期、青春期、成年前期、成年中期和成年后期。

每个阶段具有不同的发展特点，每个阶段也都有相应的心理任务和心理危机（见表 10-1）。心理危机是指由每个阶段人的生理成熟条件与社会文化环境、社会期望之间的冲突和矛盾所决定的发展危机。例如，成年前期的主要心理任务是建立亲密关系，如果没有建立，就会产生孤独和隔阂。

表 10-1　生命发展各阶段的心理任务和心理危机

阶段	年龄	心理任务	心理危机
婴儿前期	0 岁～ 1.5 岁	建立信任感	怀疑
婴儿后期	1.5 岁～ 3 岁	建立自主性	羞耻感和怀疑
幼儿期	3 岁～ 6 岁	发展自我控制力	内疚感和过度依赖
童年期	6 岁～ 12 岁	学会学习技能	劣等感和认同困惑
青春期	12 岁～ 18 岁	建立身份	角色混乱和自我孤立
成年前期	18 岁～ 25 岁	建立亲密关系	孤独和隔阂
成年中期	25 岁～ 50 岁	贡献于家庭和社会	无所成就感和中年危机
成年后期	50 岁以上	回顾人生	绝望和失落

各个阶段的心理任务成功与否，决定了我们的人格特征是积极的还是消极的。成功而合理地解决每个阶段的危机或冲突将促使个体形成积极的人格特征，有助于发展健全的人格；否则，个体就会形成消极的人格特征，导致人格向不健全的方向发展。每个人的生命历程都遵循着以上发展阶段，每个人都创造着各自生命的精彩。

人生就像一首诗

林语堂

　　我以为从生物学的观点看起来，人生读来几乎像一首诗。它有其自己的韵律和拍子，也有其生长和腐坏的内在周期。

　　它的开始就是天真烂漫的童年时期，接着便是粗拙的青春时期，粗拙地企图去适应成熟的社会，具有青年的热情和愚憨，理想和野心；后来达到一个活动很剧烈的成年时期，由经验获得利益，又由社会及人类天性上得到更多的经验；到中年的时候，紧张才稍微减轻，性格圆熟了，像水果的成熟或好酒的醇熟那样地圆熟了，对于人生渐渐抱了一种较宽容，较玩世，同时也较慈和的态度；以后便到了衰老的时候，内分泌腺减少它们的活动，如果我们对老年有着一种真正的哲学观念，而照这种观念去调整我们的生活方式，那么，这个时期在我们的心目中便是和平、稳定、闲逸和满足的时期；最后，生命的火光闪灭了，一个人永远长眠不再醒了。

　　我们应当能够体验出这种人生的韵律之美，像欣赏大交响曲那样地欣赏人生的主旨，欣赏它急缓的旋律，以及最后的决定。这些循环的动作，在正常的人体上是大概相同的，不过那音乐必须由个人自己去演奏。

　　在一些人的灵魂中，那个不调和的音符变得日益壮大，结果竟把主要的曲调淹没了。那不调和的音符声响太大了，弄得音乐不能再继续演奏下去，于是那个人开枪自击，或跳河自杀了。那是因为他们缺少一种良好的自我教育，弄得原来的主旋律被淹没了。如果不然的话，正常的人生便会保持着一种严肃的动作和行列，朝着正常的目标而迈进。

　　在我们许多人之中有时断音或激越之音太多，因为速度错误，所以音乐甚觉刺耳难听；我们也许应该有一些恒河的伟大音律和雄壮的音波，慢慢地永远地向着大海流去。

　　一个人有童年、壮年和老年，我想没有一个人会觉得这是不美满。一天有上午、中午、日落，一年有春、夏、秋、冬四季，这办法再好没有。

　　人生没有什么好坏之分，只有"在那一季里什么东西是好的"的问题。如果我们抱着这种生物学的人生观念，循着季节去生活，那么，除自大的呆子和无可救药的理想主义者之外，没有人会否认人生确是像一首诗那样地生活过去的。

三、生命的特点

　　生命是人类活动的前提，因此它是一切的基础。只有拥有生命，人们才能去了解和探索这个世界。那么，生命有哪些特点呢？

（一）生命具有规律性

1. 生命的唯一性

每个人的生命都是唯一的。俗话说"人死不能复生"，生命对任何人来说都只有一次。

2. 生命的有限性

这是由生命的生物属性决定的，也许精神生命会得以传承，但我们的肉体是无法永恒存在的。

就像沙粒在沙漏中慢慢流逝，我们的生命时光也在悄然流逝，并且一去不返。

3. 生命的阶段性

个体都要经历出生、成熟、衰老、死亡的过程。这个过程是一个连续的过程，包含生命发展的各个阶段。生命的每个阶段都有要完成的发展任务和要解决的冲突。

4. 生命的独特性

每个人都有自己独特的指纹，也没有一个人与我们有完全相同的思想和情感，每个人的思想、意见、品位、才能和情感都是独一无二的，就像世界上没有两片树叶完全相同一样。生命的独特性意味着我们不仅要尊重每个人的个性，还要尊重每个人的需要和价值。

生命的唯一性、有限性、阶段性和独特性都是生命发展的客观规律，都是生命的规律性的体现。

🔖 拓展阅读　　　　　　**孔子"因材施教"的故事**

孔子是中国古代伟大的教育家和思想家，他认为每个人都有自己擅长的领域和独特的才能。因此，他提出了"因材施教"的教育理念，强调根据每个人的特点和能力进行教育。

孔子有一位名叫颜回的学生。颜回聪明伶俐，善于思考。孔子对他的教育方式是引导他深入思考，发展他的逻辑思维和哲学思考能力。

有一位叫曾参的学生，擅长记忆，但不太善于思考。孔子对他的教育方式是让他多读书，积累知识，通过记忆来增强他的理解力。

另有一位学生子贡，他口才出众，善于辩论。孔子对他的教育方式是让他参与辩论，从而提升他的辩论技巧，增强他的说服力。

还有一位名叫子路的学生，他性格刚烈，行动果断。孔子对他的教育方式是引导他修身养性，注重内心的修养。

孔子"因材施教"的故事告诉我们，只要找到适合自己的学习方式和发展方向，每个人都可以成为有才能的人。这就是生命独特性的体现。

（二）生命具有可塑性

1. 生命的不确定性

生命具有规律性，但生命也有不确定性。生命的不确定性体现在以下几个方面。

健康：尽管我们可以通过健康的饮食和锻炼来维护自身的健康，但疾病和伤害往往是无法预见的。

人际关系：我们可能会遇到新朋友，或者与老朋友产生分歧；我们的家庭关系和恋爱关系也可能会发生变化。

职业：我们可能会面临工作变动，例如被解雇或晋升；我们也可能决定改变职业道路，例如回学校进修或者创业。

经济状况：市场波动、失业、意外支出或投资失败都可能影响我们的经济状况。

全球事件：政治变动、自然灾害或大规模流行性传染疾病等都会带来不确定性，影响我们的生活。

这些都是生活中不可避免的、难以预料的。美国作家马克·吐温曾经说过："生活本身就是一种冒险，所以要勇敢地去面对。"这句话鼓励我们接受生活中的不确定性，并积极应对。

2. 生命的自主性

生命的自主性使人们有能力在面对生活中的不确定性时，依据自己的价值观和目标做出决策，调整行为，创造理想的生活，并从中学习和成长。生命的自主性主要体现在以下几个方面。

选择权：人们有权利做出自己的选择，无论是日常生活中的小事，还是关乎人生方向的大事。这种选择权使人们能够根据自己的价值观和目标来决定自己的行动。

适应能力：面对生活中的挑战和变化，人们有能力调整自己的行为和态度，以适应新的环境和情况。这种适应能力体现了人类生命的灵活性和韧性。

创造力：人们不仅可以接受现实，还可以通过自己的努力改变现实。这种创造力使人们能够创造出符合自己期望的生活。

反思能力：人们有能力反思自己的行为和决策，从而学习和成长。这种反思能力使人们能够不断提升自我，追求更高层次的满足。

反思能力是个人成长的重要驱动力，它可以帮助我们从经验中学习，调整行为，并不断提升自我。以下是一个例子。

假设你是一名学生，你在最近的一次数学考试中得分不高。你可能会感到失望，甚至沮丧。但是，如果你具备反思能力，你会选择从这次失败中学习，而不是让它打击你的信心。

首先，你会回顾你的学习过程和学习策略，试图找出可能导致失败的原因。也许你发现自己没有足够的时间复习所有的课程内容，或者你在解题时没有充分理解题目的要求。

然后，你会根据这些反思来制定新的学习策略。也许你会决定提前开始复习，或者寻求老师和同学的帮助来更好地理解题目要求。

最后，你会将这些新的学习策略应用到实践中，并观察结果。如果你的成绩有所提高，那么你就知道这些学习策略是有效的；如果成绩没有提高，那么你可以再次反思并调整学习策略。

通过这个过程，你不仅提高了自己的数学成绩，更重要的是，你学会了如何从失败中学习，如何调整学习策略以达到目标，这些都是对个人成长至关重要的能力。因此，反思能力对于个人成长具有重要意义。

每一次面对不确定性，都是一个学习、成长和适应新情况的机会。我们可以增强自己的适应能力和抵抗力，从而学会在无法预知的、不可控的客观环境中，把握可控的人生。

心理学家通过期望效应实验告诉我们，期望激发行为，行为塑造性格，性格改变命运。因此，生命具有可塑性，这是人类生命宝贵的特点。在现实生活中，我们可以有意识地觉察他人的期望，回忆过去成功的情境和感觉，反复强化与积极体验的连接；我们还可以有意识地选择积极的语言，比如"我可以，我能行，试一试"，通过创造积极期望，塑造内在信念，在实践行动中提升自我。

辩证看待生命的规律性和可塑性，这才是科学的生命观。

（三）生命具有超越性

生命的超越性是指人类生命具有无限的发展潜力，能够超越外界环境的影响，从而创造出新的可能性。著名心理学家阿德勒曾经说过："你的成功和幸福，与其他任何人无关，所有的一切都取决于你自己。"这句话深刻地体现了生命具有超越性。他认为，每个人都有无限的可能性和潜力去发展和提升自我。

生命的超越性主要体现在以下几个方面。

物质层面的超越：我们通过学习和实践，不断提升自己的知识水平和技能，从而实现自我价值的提升。

精神层面的超越：我们通过反思和自省，提升自己的道德水平和情感智慧，从而实现自我价值的提升。

社会层面的超越：我们通过与他人的交往和合作，实现自我价值的提升，并为社会做出贡献。

生命层面的超越：我们通过对生命的理解和尊重，实现对生命本质的认识和超越。

人类可以通过学习、实践和反思，不断突破自我、超越自我，实现自我价值的提升。每个人都有自己独特的方式来实现生命的超越。这是一个持续的过程，需要我们积极面对挑战，勇于探索未知，始终保持对真理的追求。

 拓展阅读

积极的人生不设限——生命战士尼克

尼克·胡哲（Nick Vujicic）1982年12月生于澳大利亚墨尔本，天生没有四肢，这种罕见的现象在医学上被取名为"海豹肢症"。他是"没有四肢的生命"公益组织的创办者、著名演讲家。虽然他天生没有四肢，但他勇于面对身体残障，创造了生命的奇迹。

曾经有一个小男孩瞪大眼睛打量了尼克很久，最后终于吐出一句："你总算还有个头。"

这是尼克在他演讲时必讲的一个小插曲。只要看一眼尼克，你就会立刻理解为什么小男孩会这么说，进而感叹为什么上帝要创造这样的生命。

他天生没有四肢，只有一只长着两根脚趾的小脚；他上学后饱受嘲笑，却在自杀的最后一刻选择活下去；他被选为中学学生会副主席，并获得大学本科双学位；他可以骑马、冲浪，用小脚发短信的速度一如常人；他喜欢用他的头和肩膀拥抱别人；他立志成为演讲家，用自己的经历去激励他人；他遍访34个国家，演讲1500余场，令无数人激动落泪；他的座右铭是"没手，没脚，没烦恼"。所有看过他的视频或听过他演讲的人，无不发自内心地佩服这个曾被预言"永远得不到爱"的人。他已经成为世人心目中与命运顽强斗争的象征。

任务二　生命意义追寻

我们是自己生活的主角、创造者及艺术家。

——阿德勒

一、生命的难题

生命在诞生到成长的过程之中，会得到温暖和庇护、关爱与支持，同样也会面临各种难题，衍生无数的困惑。科技的迅速进步和社会发展转型，不仅带来生产力的大幅提升，也导致人们思维方式和认知方式的急剧变迁。大学阶段是青春后期心理社会化的重要阶段，是世界观、人生观、价值观形成的关键时期，也是青年人心理动荡最激烈、心理冲突最尖锐的生命困惑期。

（一）生命困顿与心理危机的产生

1. 生命困顿

生命困顿，泛指我们在人生过程中遇到的生活挫折、生命痛苦和人生险境。个体遇到无法避免的生命困顿时，运用寻常应对方式难以解决和处理，这给当事人的生命成长过程带来困扰，并导致他出现暂时性的心理失衡状态。

拓展阅读

　　《人生四分之一危机》是由克里斯蒂·海斯勒根据若干位青年的经历写下的一本书，书的副标题为：二十几岁的年轻人讲述他们的压力、迷惘与奋斗。她认为，现代年轻人都体验过或者陷入"人生的四分之一危机"。20多岁的人正处于"夹心"阶段：夹在青年和完全成年之间，学校和工作之间，他们长大的家庭和将要组建的家庭之间。这个阶段可能充满了不稳定、不确定感，没有预测力以及充满极端的自我怀疑；也许你根本没有想到20多岁的人生竟是如此艰难。你的第一份工作、第一段恋爱关系或者第一处公寓都可能不尽如人意。但是，根据自己的计划过你的生活是成为成年人的一部分……付出耐心，假以时日，你的人生会逐渐改变甚至超乎你的想象。

2. 心理危机的产生

　　心理危机的产生是一个复杂的过程，往往并非由单一因素导致。应激-易感模型认为，心理危机是应激因素、保护性因素与易感因素三者之间相互影响的过程（见图10-1）。

　　应激因素是个体面临、感知和评估的压力源和触发因素，易感因素是指个体自身的内在素质，构成了危机的心理基础，而保护性因素在应激-易感模型运行过程中起调节作用。因此，同样的心理危机，发生在不同的人身上，在不同的因素作用下，其结果都会不一样。

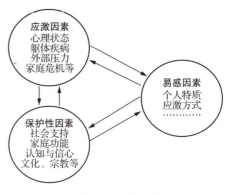

图10-1　心理危机产生的应激-易感模型

拓展阅读

　　弗兰克尔在《追寻生命的意义》一书中描述了他在集中营的生活。他看到了不同类型的人：一类人会主动寻求死亡，认为活着太痛苦了，还不如主动结束自己的生命；一类人会主动寻求生存，认为环境再恶劣，也要尽可能活下去，这种日子总会结束的；还有一类人被动地生存。这3类人面临的是同样痛苦、残酷、生命随时受到威胁的集中营生活，反应却不尽相同。

　　如果个体长期处于困顿状态且不能自拔、越陷越深，就容易产生习惯性的无助感，会对自己解决心理危机失去希望和信心，甚至对生命存在的意义产生怀疑和动摇。自杀行为，是心理危机得不到有效干预而放弃生命的最极端表现。

（二）帮助他人，守护生命

相关的调查研究表明，个体自杀行为会导致社会成员的社会行为选择模式发生改变，每一次自杀事件发生，至少影响周边 6 个人的身心健康。当我们发现有同学、朋友陷入心理危机无力自拔时，应尽可能施以援手，帮助他们走出生命泥沼，挽救生命。

有自杀倾向的人从产生动机到实施行为，这是一个逐步形成的过程，因此，从观察其言行、情绪状态入手，可以审视其自杀意念和企图，从而达到早期预防的目的。

言语表露是有关自杀企图的重要信息。当发现有人流露出无助、无望的情感，与亲朋无端告别，或者有不想活着的表述，甚至直接谈及死亡的方法、地点时，切不可忽视或者视为玩笑，而是应该给予关注并进一步询问。让他们感觉到有人关心自己，这是非常重要的。

自杀之前有行为征兆。多数自杀者会出现突然的行为改变，比如中断与人交往，有条理地安排后事，或者危险行为增加，等等。但也有人自杀前表现得异常平静，反而不像以往那般有情绪波动。有人自杀前甚至表现出莫名的兴奋，这些表现可能令周围的人麻痹大意。另外，有时自杀的预兆出现与自杀行为发生有较长的时间跨度，容易令人忽视。

真正坚定自杀信念的人在自杀群体中的比重较小。部分冲动型自杀者只是一时心理受困。即便在自杀未遂者中，也很少有真正决意将自杀进行到底的人，他们通常会在生死之间徘徊犹豫，痛苦迷茫。

没有什么比生命更重要，任何对未来感到特别痛苦、绝望或者想要结束生命的警示信号都值得被关注。如果发现同学有潜在的危险，一定要及时沟通，或者带领同学寻求专业帮助。

（三）学会自助，珍惜生命

自我干预是预防心理危机的决定性因素，每个人都是自我生命的第一守护人。防止自杀的最佳人选是自己，因为任何形式的自杀干预，只有转变为自我干预才能真正发挥作用。

自杀根本上源于人的绝望心理。选择自杀，表面上在追求并体验自由意志，实质上是对自由意志的放弃，是自身对于生命的失望和无能为力。

生命有着脆弱的一面。心理危机的最终爆发，很多情况下是负面情绪不断积累和强化的结果。因此，我们应该时常对自己的心理状态保持觉察。针对负面情绪，可以遵循情感走向，不强行改变，而是理性接受负面情绪的存在；或者通过转移注意力，淡化负面情绪对于内心的影响。一方面，人作为生命主体，可以通过多种尝试来发掘生命潜能，继而重建自我信念；另一方面，可以通过降低期望值，实现自我合理化。俄国作家契诃夫在《生活是美好的》一文中写道：生活是极不愉快的玩笑，不过要使它美好却也不很难。为了不断地感到幸福，那就需要善于满足现状；或者很高兴地感到"事情原本可能更糟呢"。学一学阿 Q 精神，选择各种理由把自我生活的状况合理化，尽量减少自我否定和内心痛苦，可以帮助恢复自我的心理平衡。

生命只有一次，不会逆转，也不可能重启。在危机状态下，生命健康和安全高于一切，必要时可以为生活按下暂停键，通过休息和治疗调整状态，让生命复原、成长和前行。

📖 拓展阅读　　"想一想，死不得"，燕子矶头，来自民国的棒喝还在警醒轻生者

于锋

登上如今的燕子矶，在山顶处，你可以看到一块 1 米多高的石碑，上面写着"想一想，死不得"，落款者是著名教育家陶行知先生。

1927年，著名教育家陶行知先生在南京北郊创办晓庄师范学校。这里距燕子矶很近。某日，陶行知在和一个人力车夫闲聊时，听说了一件怪事：当天早上，一个女学生雇了这人力车夫的车子来燕子矶。女学生不仅付了车钱，还把身上所有钱都给了车夫，然后一人登上燕子矶。车夫觉得蹊跷，在矶下等了好久，但一天过去了，女学生再也没有出现。

此事深深触动了陶行知。他想：如果女孩子在跳江之前，想一想父母，想一想自己的未来，想一想自己还有很多路可以走，就不会如此轻率了。他和晓庄师范职员邵仲香商量后，到木工房请人做了木牌，写了上述的字，将木牌牢牢地插在燕子矶头最高处的石缝中。木牌犹如对自杀者的当头棒喝，很快就发挥了作用，被百姓称为"救命碑"。

很多人在木牌前反躬自问，再次认真思索人生的价值和意义，从而回心转意，打消投江自尽的念头。邵仲香回忆，很多本来想自杀的青年男女登上矶头后，在木牌前徘徊很久，最终决定不干傻事。

打消念头，决定不自杀的人中还包括一些名人。1980年，复旦大学名教授陈子展曾这样回忆："我在南京上大学时得了胃溃疡。一次我正在读书，一阵阵剧痛袭来，简直使我要发疯了，我便无可奈何地来到燕子矶，想跳江了却一生。我抬头望去，只见木牌上写着'想一想，死不得'，我猛醒，终于打消了轻生的念头。"

著名剧作家陈白尘先生在《初游燕子矶》中写道：1924年，他因患淋巴腺结核病，有些郁闷，医生让他服药，并劝他"出外旅行游览，以宽胸怀"。他便来到南京，游览燕子矶。他登上燕子矶，"俯瞰万里长江在悬崖下滚滚东去，而东风拂衣，也颇有飘然欲飞的愿望。无怪乎许多爱国志士、殉情男女和绝望青年都选择这一胜地来投江了。"

游览中，拉陈白尘而来的那位四十多岁人力车夫总是跟在他身后，而且劝他不要在矶顶多停留；这引起他的不快，怀疑这位车夫怕他不给钱而从小路逃走。在拉他回城的路上，车夫讲出了实情，原来车夫看他一个人，以为他想不开，要来燕子矶寻死。车夫提醒他："你没看见山上那块劝人猛回头的木牌子嘛。"

这一说，让陈白尘深受感动，多年后都难以忘怀，他把这次经历写进了《初游燕子矶》一文。当然，陈白尘写下这位车夫，是为了记住"在南京认识的这第一位朋友"，想到他，"我身上总感到有些温暖"。

民国时期的"想一想，死不得"那块木牌，到20世纪90年代就已经朽坏，上面的墨色也基本褪尽。园林部门在木牌所在地重新立了这块1米多高的石质"劝诫碑"，上面镌刻六个大字"想一想死不得"，落款就是陶行知先生。

"想一想，死不得"碑树立在燕子矶头，它提醒人们要珍爱生命，善待生命，任何时候都不能丧失对生活的信心，千万不要放弃生命。

二、生命的态度

（一）认识生命的神圣

《周易·系辞》中写道"天地之大德曰生"。无论是神话传说还是科学理论成果，都告诉我们：生命是大自然经过亿万年发展所孕育的奇迹，生命的神圣性值得每一个人去尊重。这种生命尊重意识反映了一种积极向上的生命价值取向。正如法国思想家阿尔贝特·施韦泽（Albert Schweitzer）在《敬畏生命》一书中所说："善是保持生命、促进生命，使可发展的生命实现其最高的价值，恶则是毁灭生命、伤害生命，压制生命的发展。"

只有拥有对生命的敬畏之心，我们才会时时处处感受到世界的美丽。大自然在我们面前呈现出无限生机：地上搬家的蚂蚁、枝头鸣唱的鸟儿、高原上奔跑的羚羊、大海中戏水的鲸等，无不丰富着生命世界。有了它们，我们才能获得"鸢飞鱼跃，道无不在"的生命感悟与喜悦。

自然界的生物，无不竭力捍卫着生命的存在。在地下沉睡了千年的古莲，保持着惊人的生命力，等待遇到合适的环境生叶开花；撒哈拉沙漠中，母骆驼为了使即将渴死的小骆驼喝到水潭里的水纵身跳进潭中取水。它们为了生存的机会而战，绽放着生命的光辉。

自然界的生命尚能如此，更何况人类。不屈向上是生命的力量；不畏困难、顽强生长是生命的力量；向着阳光、从不放弃是生命的力量。我们每个人来到这个世界上，无法预测生命的馈赠，唯有将生活的体验与生命的成长结合起来，不让生命因艰难挫折而损耗、退化，勇敢地去面对困难，唤醒内在的生命力量，让生命绽放出别样的光彩。

 拓展阅读

敬畏生命

毕淑敏

我是一个生命，生命的意愿是生存，在生命的中途，她愿意活着。

在我的生命意识中，带着对毁灭和痛苦的惧怕，渴望着更广阔的生存和快乐；我的周遭围绕着同样的生命意识，无论她在我面前表达自己还是保持沉默。

生命意识到处展现，在我自身也是同样。如果我是一个有思维的生命，我必须以同等的敬畏来尊敬其他生命，而不仅仅限于自我小圈子，因为我明白：她深深地渴望圆满和发展的意愿，跟我是一模一样的。所以，我认为毁灭、妨碍、阻止生命是极其恶劣的。

尊敬生命，在实际上和精神上两个方面，我都保持真实。根据同样的理由，尽我所能，挽救和保护生命达到她的高度发展，是尽善尽美的。

在我内部，生命意识懂得了其他的生命意识。她渴望透过自身达到整合，成为一个整体。我只能坚持这样一个事实，生命意识透过我展示了她自己：成为与其他生命意识相互依存的一员。

我经验过向一切生命意识表达同等敬畏的不可遏止的冲动，如同尊敬自身的一样。通过这种经验形成了我的伦理观。一个人遵从这种冲动，去帮助所有他能够帮助的生命，并且畏惧伤害任何活着的生灵，这个人才是符合伦理的。

如果我把一个昆虫从泥坑救出来，我的生命对另一个生命做出贡献，那么对立于生命自身的生命分隔现象就消失了。

不论何时不论何种方式，我的生命对另一个生命贡献出他自身，我的生命意识就经历了一个从有限到无限的融合的愿望，在这个愿望中，所有的生命是一个整体。

绝对伦理要求在生命中创造完美。她不可能完全实现；这一点倒无所谓。对生命敬畏的感觉是绝对的伦理。它使生命序列的保持和提升顺利运作。

（二）体会生命的幸福

人的幸福感是生命中最重要的高级情感之一，它体现了人们对自身生活满意程度的认知评价。幸福感来源于个人对生活的不同感受，具有较强的主观性：有人把拥有财富与权力当作幸福，有人觉得工作顺利、家人健康就是幸福，有人认为提高修养、充实内心意味着幸福。幸福和人的需要直接相关，我们可以从人的不同层次需要来解释生命中的幸福感。

1. 生理性幸福：满足自然生命

幸福不是虚幻的概念，而是有物质和生理的基础。人生于世，享受阳光、空气和四季变换，这就是自然生命本身的真实与满足。

正如海伦·凯勒在《假如给我三天光明》一书里写道："我想知道为什么有些人在森林里面走了一个小时却什么也没有看到。我一个看不见任何东西的盲人却看见了无数的事情。我看到一片叶子上对称的美感，我看到了银杏树表面那种光滑的触感，我看到了树枝上那种粗糙的凹凸不平。我作为一个看不见的盲人可以给那些能够看见的人一个启示：去善用你的眼睛就像你明天将会失明一样；去聆听美妙的天籁、悦耳的鸟鸣、奔腾的交响曲，就像明天将会失聪一样；去用心抚摸每一个物件，就像明天将会失去触觉一样；去闻花香，去品尝每一口饭菜，就像明天你将永远无法闻到香味和品尝味道一样。"

还有一些生命本能产生的需要，比如健康的身体、洁净的空气和水、美味的食物、舒适得体的衣物、良好的睡眠、亲密关系、繁衍后代等，这些需要一旦得到满足，都会让人产生幸福感。

在生活困窘匮乏的时候，幸福感往往和我们占有的物质成正比，不断给自己增添各种物品，不断在生活享受中做加法——添置衣物，购买房、车……从一无所有的状态到不断拥有的过程，确实能给人幸福的感觉。但如果沉浸于浅层的生理享受，把物质看得高于一切，便陷入了拜金主义、享乐主义的误区，让幸福的内涵变得低级和狭窄。

2. 精神性幸福：丰富精神生命

经济学上有个很有趣的现象：当一个国家的人均国内生产总值到达8000美元之后（2019年，我国人均国内生产总值首次超1万美元），人们的幸福感就不会再随着经济的增长而成正比地提升。而精神的富有，会使人心灵得到满足，产生强烈的愉悦感和幸福感。

人类最宝贵的禀赋是可以运用大脑进行学习和思考，希腊哲学家苏格拉底说过："人类最大的乐趣莫过于学习。"人们通过学习，探索未知、创造未来，成为世界的主宰。学习和实践的过程，也是好奇心和求知欲得到满足的过程，更是充分发挥自身才华的过程。正如罗素所说："真正令人满意的幸福总是伴随着充分发挥自身的才能来改变世界。"

除了知识的增加和能力的提升，情感与道德体验也是精神性幸福的重要组成，是人内在生命力的源泉。有数据显示，相对于收入和行业，更多人开始关心家庭，包括与家人的关系、在家里度过的时间等，这些成为幸福感的判断标杆之一。此外，利他行为也能让我们更幸福，比如帮朋友做点小事、走在路上回答问路者的询问等，都能提升助人者的幸福感。

3. 社会性幸福：扩展生命宽度

"社会幸福感是指个体对自己与他人、集体、社会之间的关系质量以及对其生活环境和社会功能的自我评估。"根据苗元江等学者的总结，社会幸福感包括"社会整合、社会贡献、社会和谐、社会认同、社会实现"5个维度，在对幸福的认定与获取上，该观点强调社会因素，认为个人的幸福不可能脱离社会，而是与社会的幸福相一致的。

人是社会的重要成员，当一个人为社会做出贡献，赋予世界一些价值，这个过程既体现了自身的潜力和发展轨迹，也体现了人对社会的当前状况和未来发展充满希望，并意识到自己就是社会发展的潜在受益者。

社会幸福感真正体现了"人是一切社会关系的总和"，将幸福感讨论的立足点从个体转为社会，并置于更为广阔的文化历史、社会环境之下，这扩展了个体生命的宽度，真实反映了个体乐观自信地融入社会、适应环境的积极状态。

拓展阅读

如果世界是 100 个人的村庄
池田香代子

如果我们将世界压缩成 100 个人的村庄，那么这个世界将有：57 名亚洲人，21 名欧洲人，14 名美洲人和大洋洲人，8 名非洲人。其中 52 名女性，48 名男性。6 人拥有全村 89% 的财富，而这 6 人均来自美国。80 人住房条件不好，70 人为文盲，50 人营养不良，1 人正在死亡，1 人正在出生。1 人拥有计算机，1 人拥有大学文凭。

从这种宏观的角度再来看世界，我们就能发现：

假如你今天早上起来身体健康，那么你比几千万人都幸运，他们或许看不到明天的日出；

假如你未经历过战争的危险、入狱的折磨、严刑的苦楚、饥饿的痛苦，那么比起在生存线上挣扎的 5 亿人，你幸运多了；

假如你家里还有吃的，你有衣服穿，有房子住，那么你比世界上 75% 的人更富有；

假如你在银行有存款，钱包里有现金，那么你属于世界上 8% 幸运的人；

假如你现在父母双全，这可是非常难得的事；

假如你读懂了上面的文字，意味着与世界上超过 20 亿的文盲相比，你真是幸运太多。

（三）提升生命的质量

生命质量（Quality of Life，QoL）是一个宽泛的概念，包括健康状态、社会关系、经济状况、文化和环境、个人满意度等。

健康状态：个体生命的身体或智力、精神状态，包括身体健康和精神健康两个方面，如是否患有慢性疾病、是否存在心理问题等，是生命的主要质量。

社会关系：包括与家庭成员、朋友和邻居之间的关系，以及在家庭、社区和工作场所中的互动水平，等等。与他人在社会和道德上相互作用，从而体现价值所在，这是生命的根本质量。

经济状况：包括收入、就业、住房和社会保障等因素，这些因素对于个人和家庭的物质基础和生活安全感具有决定性影响。

文化和环境：包括文化发展、教育、居住环境等，这些因素能够增强个人的创造力和提高个人的生活质量。

个人满意度：个人认为自己的生活是否令人满意，也是衡量生命质量的重要指标之一。

有人把生命质量所包含的主要因素归纳为：生存（有寿命、有尊严），生产（有本领、有贡献），生活（有保障、有幸福），生态（有环境、有健康）。

可见，人的生命质量不是用"分数""钱数"和人的地位高低及劳动分工种类来衡量的。人生活的幸福指数和为人类所做的贡献率，是评价生命质量的重要指标。重视身心健康，并通过生命活动改善生活环境、实现生命价值的创造，就是对生命质量的提高。而一切漠视、偏离、损害人的生命发展的行为，比如不良的生活习惯、生活条件恶化、人际关系紧张等，都会降低生命质量，应当引起足够的警惕。

三、生命的意义

生命究竟有没有意义，并非我的责任，但是怎样安排此生，却是我的责任。

——赫塞

关于意义的追寻，是人类不断提出、不断探索又永无确切答案的永恒话题。我们难免会追问内心："我为什么活着？""已经到了 20 岁，我以后要做什么？""生命有何目的？"生命意义是人类个体特有的、主动获得的一种体验。大学阶段正是个体对生命充满迷茫和探索的阶段，对生命意义的寻求，可以使自己的内心更为充实和丰盈。

（一）生命意义的来源

生命意义的来源，是指人们在人生过程中借以获得意义感的具体事件。

拓展阅读

心理学家欧文·亚隆在美国精神疾病治疗协会所做的一次演讲中，引用了一个令人难忘的故事，这个故事来自艾伦·卫理斯和他的那只叫蒙提的狗。故事是这样的。

如果我弯腰捡起一根棍子并扔出去，它马上就跑到我前面。于是一件有重大意义的事情发生了：它有了一个使命……它从来不会对这个使命做出评估，它只是让自己投身于执行这个使命，不管我把棍子扔得有多远，它都会跑过去或游水过去，穿越任何障碍，去得到那根棍子。

得到棍子之后，它把棍子叼回来——因为它的使命不只是得到棍子，而是要把棍子带回来给我。当它靠近我的时候，它会慢下来，以便把棍子交给我，这就算是完成了使命。然而，它并不喜欢完成了使命之后，让自己处于等待的状态。

于我于它都是一样，我们都需要服务于某种高于自身的东西。在我准备好之前，它必须等待。它很幸运有我为它投掷那根棍子，而我也在等待……

在我们之中有谁没有怀抱这种希望：要是有谁为我投掷我的那根棍子就好了。要是知道某个地方真的存在着一种生活目的，而不只是感觉到有某种生活目的，那该让人感到多么踏实呀。

我们人生的使命到底来自哪里？生活的目的将会在何方通过何种方式显现？存在主义认为"存在即意义"，人本主义提出"生命意义来自个体需要不断满足和自我实现的过程"，相对主义则认为"生命意义的决定因素是信念产生的过程"，而积极心理学倡导"意义在于积极的追寻"，生命意义的内涵之丰富，即使是研究者也很难给出全面准确的定义。心理学家斯蒂格（Steger）提出了生命意义的二维模型："拥有意义"指个体对自己活得是否有意义的感受程度（强调结果），"追寻意义"则是指个体对意义的积极寻找程度（强调过程）。

对于每一个个体来说，生命意义可能来自工作中的成就，可能来自自我实现与超越，也可能来自亲密关系。程明明等人的研究发现，我国民众的生命意义来源包括 5 个维度：社会关注，自我成长，关系和谐，生活享受及身心健康。大学阶段，有的同学会片面地将生命意义的来源锚定在某一个方面，认为成绩好、活动能力强、有人爱，或者择业成功，生命才有意义。但人的生命内容本该是多元和丰富的，而非通过一个点、一个方面来加以界定。除了学业、事业、人际关系，兴趣特长、身心健康、人格完善、服务他人、有益于社会等，都可以是生命意义的来源。相比于执着结果，不断成长、认识自我的过程本身就已经构成了生命意义。

对生命意义的追求，并没有固定模式，只有靠我们自己去界定。随着年龄的增加，看待生命的角度和目标不断变化，每个人在每个阶段，都有独属于自己的生命意义。在生命旅途中，当我们发现它、拥有它，生命之舟就有了方向。

（二）生命意义意味着什么

大量的研究证明，生命意义不仅对个体的生存至关重要，也是健康和幸福不可或缺的元素。

1. 生命意义能充实积极情绪

生命意义对个体的幸福体会至关重要：一方面，它能充实个体的主观幸福感和其他积极情绪；另一方面，个体可以通过发现生命意义，实现创伤后的恢复和心理调节。

 小贴士

奥地利大学教授维克托·弗兰克尔（Victor Frankl）认为，当人们感觉不到生命意义时，就会用其他途径加以替代，比如追求权力、谋求物质上的成功和浸没于所谓享乐生活，导致虚无主义和享乐主义。长此以往，就会陷入"存在的虚空"，从而引发"存在性"神经症。这类症状会引起情绪绝望，产生抑郁、攻击性以及成瘾问题，严重的会导致人的自毁。在心理治疗中，人们可以通过自我的恢复和建立发现生命意义，从而避免和治疗"存在性"神经症，而探索生命意义的过程也就是完善自我的过程。

2. 生命意义有助于增进身体健康

生命意义感能强化个体对于健康的积极态度，促进良好健康习惯的养成，提高身体机能。同时，对生命意义的发掘能增强个体的认知功能，并提高心理弹性，缓解生活中的负面影响。

3. 生命意义能有效应对压力

生命意义也是个体的一种压力应对资源，面对压力事件，高生命意义的个体会选择更具适应性的应对方式，削弱因生活满意度降低而受到的损害。

（三）探寻生命意义的途径

1. 生命价值的实现

个体存活在世界上，就会有各种需求，并在满足自身各种需求的基础上确立各种目标、理想，个体正是在实现一个个奋斗目标和理想的过程中实现自己的生命价值。通过自我价值的实现，一方面，个体意识到生命的"有用性"，找到了生命意义的来源；另一方面，个体生命的存在无法脱离群体的、社会的环境，社会内个体之间的生命也总是相互联系的。生命的价值不仅在于自我实现，也在于自身对于其他生命发展的意义。

生命是有限的，却能创造无限的可能。个体要实现价值最大化，最好的方式就是将完善自我与奉献社会有机结合起来：对内表现在全面地提升个人的各方面的属性，不断地完善自我；对外表现在参与社会生产，推动生产力水平提高，推动社会发展、人类进步。

2．生命的传承与发展

人在世界上生活，自觉传承着生命和文明成果，这是个体和社会得以延续、发展的保证。其价值不仅仅在于延续人类这一物种，更在于延续社会物质产品和精神文化：生产力发展以及文化传承与创新。

各民族的优秀文化都是无数先辈奋斗的结晶，这些文化的传承也是一个民族生命力的重要表现，人类的文明正是在传承中得以创造发展。"为天地立心，为生民立命，为往圣继绝学，为万世开太平。"宋代理学家张载表达了对文化传承的重视：生命的价值也包含着对过往历史文化精髓的继承和弘扬。

3．体验生命的精彩

人的生命历程，从出生到死亡，包括与自我、与他人、与自然、与社会之间纷繁复杂的关系，充满着成功与失败、满足与失望、幸福与不幸、快乐与痛苦。每个人对生命历程的体验是客观的，也是主观的，每个人都在体验独一无二的人生。

意义存在于体验之中。体验是人与自己和世界产生联结的生活过程。生命在广阔壮美的大自然里、在纷繁复杂的人性里、在人类创造的伟大文明与艺术里体验，人们在真实的体验中理解生命、感悟生命，让自己的生命充满质感和实感。

生命的唯一、短暂，更使得人们珍视生命历程和对生命历程的体验。电视剧《士兵突击》中，许三多说"有意义的事就是好好活"，人有必死的结局，但是活着就是存在的理由。

生命的有限性，还激励着我们采取更为积极的应对方式，督促我们更加认真地工作，获得成就感，以此赋予生命更多的意义，留下自己生命的痕迹。当人类卓越的精神留存，远远延展至生命的长度之外，遨游于天地与自然、过去与未来之间，便实现了对生命有限性的超越。

心理训练营

心理训练游戏　我的生命之树

活动目的：以隐喻的方式理解和表现自己的生命历程以及自己与周围世界的关系。

活动准备：大张的画纸和彩色笔以及生命树隐喻含义的说明。

活动步骤：

（1）教师介绍生命树的隐喻含义：树根代表你的过去，包括你从哪里来，你的家庭背景，童年经历，等等；树干代表你的现在，包括你的个性特点，拥有的知识、技能以及优势等；树枝代表你的目标、理想；树叶代表对自己重要的人际关系；果实代表收到过的重要礼物（不一定是实物）；大地代表你现在生活的地方。

（2）如果用一棵树代表你，你觉得它会是什么样子的呢？请学生根据以上说明，按照自己的想法画出你的生命树（不必在乎美观与否），可以选择涂色，也可以选择不涂。这棵树应该包括树根、树干、树枝、树叶、果实和大地这6个部分。

（3）教师指导学生为自己的生命树标注 6 个部分的隐喻含义。做标注时，先回想自己的生命历程，记录尽量简洁，例如时间、人物、地点、经过。

（4）标注完成后，请学生分享他们的生命树，讲述自己的生命故事，同时思考以下两个问题。

① 在绘制生命树的过程中，你有什么感受？

② 通过聆听别人的生命故事，你对生命或对自己有什么新的发现？

心理测试

下面有 30 道题目，按照表 10-2 中所示评分标准（1～7 分，表示有意义的程度逐渐增加），对每一道题目进行评分。该量表由程明明、樊富珉等人于 2011 年编制，为自评量表，用于测量个体生命意义的来源。

表 10-2 评分标准

1分	2分	3分	4分	5分	6分	7分
完全没意义			有意义			非常有意义

1. 有健康的身体。（   ）
2. 有快乐的心情。（   ）
3. 保持积极乐观的心态。（   ）
4. 保护环境。（   ）
5. 孝敬父母。（   ）
6. 养育子女。（   ）
7. 达到一定的目标。（   ）
8. 关心国家大事。（   ）
9. 有亲密和知心的朋友。（   ）
10. 有良好的人际关系。（   ）
11. 有美满的爱情。（   ）
12. 生活在和谐的社会中。（   ）
13. 社会公正。（   ）
14. 先人后己。（   ）
15. 给他人带来快乐。（   ）
16. 得到他人的帮助。（   ）
17. 贡献社会。（   ）

18. 做自己想做的事。（　　　）

19. 合理安排和管理时间。（　　　）

20. 有工作和事业（或学业）。（　　　）

21. 获得受教育机会。（　　　）

22. 独处思考。（　　　）

23. 获得提高自我能力的机会。（　　　）

24. 有人生的理想和目标。（　　　）

25. 有基本的物质生活保障。（　　　）

26. 帮助他人。（　　　）

27. 有富裕的物质享受。（　　　）

28. 得到他人或社会的认可与尊重。（　　　）

29. 从事有创造性的活动。（　　　）

30. 人与自然和谐的关系。（　　　）

计分方式：本量表分为5个维度，将每个维度各题得分相加，得到各维度的总分，然后用各维度的总分除以各维度的题目数得到各维度的平均分。

5个维度及相应的题目如下。

社会关注：4、8、13、14、15、16、17、26、30。

自我成长：7、19、20、21、22、23、24、29。

关系和谐：5、6、9、10、11、12。

生活享受：18、25、27、28。

身心健康：1、2、3。

结果评定：根据5个维度的平均分，可以判断出每个人的生命意义来源，单一维度的平均分越高，说明个体的生命意义更多来源于这个维度。

项目思考

（1）我们的生命是如何发展的？

（2）如何理解生命的特点（例如可塑性）？请举例说明。

（3）你认为什么是生命的意义？你如何在日常生活中体现这种意义？

参考文献

[1] 刘梅，刘静洋，赵楠，等. 大学生心理健康教育 [M]. 2 版. 北京：清华大学出版社，2018.

[2] 樊富珉，费俊峰. 青年心理健康十五讲 [M]. 北京：北京大学出版社，2006.

[3] 桑志芹. 爱情进行时：爱情心理发展 [M]. 北京：高等教育出版社，2008.

[4] 韩翼详，常雪梅. 大学生心理辅导：适应·发展·超越 [M]. 杭州：浙江大学出版社，2003.

[5] 瓦西列夫. 情爱论 [M]. 赵永穆，范国恩，陈行慧，译. 北京：三联书店，1984.

[6] 格里格，津巴多. 心理学与生活 [M]. 16 版. 王垒，王甦，等译. 北京：人民邮电出版社，2003.

[7] 吴少怡. 青苹果红苹果：大学生性问题 [M]. 北京：高等教育出版社，2008.

[8] 应力，岳晓东. E 海逃生：网络成瘾及其克除 [M]. 北京：高等教育出版社，2008.

[9] 米勒. 爱情心理学 [M]. 郭辉，等译，北京：人民邮电出版社，2010.

[10] 冉超凤，黄天贵. 高职大学生心理健康与成长 [M]. 2 版. 北京：科学出版社，2008.

[11] 敖凌航，张少平. 大学生心理健康教育 [M]. 武汉：武汉大学出版社，2011.

[12] 刘欣. 大学生心理健康教育教程 [M]. 南京：东南大学出版社，2012.

[13] 陈桂兰. 大学生心理健康辅导教程 [M]. 北京：高等教育出版社，2011.

[14] 吉家文. 新编大学生心理健康 [M]. 天津：南开大学出版社，2012.

[15] 龙瑞全，戴益信. 大学生心理健康教育 [M]. 镇江：江苏大学出版社，2014.

[16] 布彻，米内克，胡利. 异常心理学 [M]. 13 版. 耿文秀，等译. 上海：上海人民出版社，2014.

[17] 张纪梅. 大学生心理健康教育 [M]. 北京：人民卫生出版社，2010.

[18] 蔡伟华，黄娟. 大学生心理健康教育 [M]. 武汉：华中科技大学出版社，2018.

[19] 崔艳. 大学生心理健康教育 [M]. 2 版. 大连：东北财经大学出版社，2016.

[20] 张萍，彭德珍，于婷. 大学生心理健康教育 [M]. 重庆：重庆大学出版社，2022.

[21] 张亚歌. 情商认知与提升 [M]. 郑州：河南大学出版社，2020.

[22] 化保力. 情商高的人就是不一样 [M]. 北京：地震出版社，2021.

[23] 庞丽娟. 管好情绪，你就管好了整个世界 [M]. 北京：中国华侨出版社，2020.

[24] 韩方希，王月琴. 大学生心理健康教育 [M]. 北京：科学出版社，2013.

[25] 柯晓扬，张玲. 心灵的成长：大学生心理健康教育 [M]. 上海：上海交通大学出版社，2020.

[26] 胡岳. 大学生心理健康与调适 [M]. 北京：科学出版社，2018.

[27] 李霞. 积极心理学视角下的生命教育研究 [M]. 芜湖：安徽师范大学出版社，2021.

[28] 夏翠翠. 大学生心理健康教育 [M]. 3 版. 北京：人民邮电出版社，2022.

[29] 马云献，孙青青. 大学生心理健康教育 [M]. 北京：高等教育出版社，2022.

[30] 周莉，刘海娟. 大学生心理健康教育 [M]. 3 版. 北京：中国人民大学出版社，2020.

[31] 汪丽华，何仁富. 大学生心理健康与生命教育 [M]. 北京：北京师范大学出版社，2014.

[32] 朱爱胜，陈昌凯. 心理健康教育 [M]. 南京：南京大学出版社，2020.

[33] 王文科. 大学生生命与心理健康教育 [M]. 北京：北京理工大学出版社，2020.

[34] 郑晓江，钮则诚. 解读生死 [M]. 北京：社会科学文献出版社，2005.

[35] 弗兰克尔. 活出生命的意义 [M]. 吕娜，译. 北京：华夏出版社，2018.

[36] 郑晓江. 生命与死亡：中国生死智慧 [M]. 北京：北京大学出版社，2011.

[37] 周家华，王金凤. 大学生心理健康教育 [M]. 2 版. 北京：清华大学出版社，2007.

[38] 马建青，等. 大学生心理危机干预的理论与实务 [M]. 杭州：杭州出版社，2011.

[39] 杨小丽，孙宏伟. 大学生心理健康教育 [M]. 北京：科学出版社，2017.

[40] 苏斌原，李江雪，叶婷婷，等. 青少年网络成瘾治疗研究的新进展 [J]. 广州大学学报（社会科学版），2014，13（12）：23-29.

[41] 梁大卓，当代大学生心理健康教育 [M]. 西安：西安电子科技大学出版社，2015.

[42] 桑志芹. 大学生心理健康教育 [M]. 南京：南京大学出版社，2019.

[43] 唐琳. 网络环境下大学生心理健康教育研究 [M]. 成都：西南交通大学出版社，2018.

[44] 陈娟. 大学生心理健康：体验与训练 [M]. 重庆：重庆大学出版社，2017.

[45] 思贤. 图解超越挫折心理学 [M]. 北京：中国华侨出版社，2018.

[46] 阳志平，彭华军. 积极心理学团体活动课操作指南 [M]. 2 版. 北京：机械工业出版社，2016.

[47] 汪艳丽，刘学惠，张小菊，等. 高职学生心理素质教育 [M]. 北京：经济管理出版社，2015.

[48] 闫明，高洪娟，周国莉，等. 揭开幸福的密码：大学生心理健康教育与心理素质训练 [M]. 南京：河海大学出版社，2015.

[49] 王仁伟，龚云平. 大学生心理健康教育 [M]. 天津：南开大学出版社，2016.

[50] 王晓钧，郭田友，张玮，等. "乐"观人生：积极心理学讲稿 [M]. 北京：高等教育出版社，2016.

[51] 张玫玫，杨秀萍，张滨，等. 性伦理学 [M]. 北京：首都师范大学出版社，1998.

[52] 弗洛姆. 爱的艺术 [M]. 陈维纲，等译. 成都：四川人民出版社，1986.

[53] 彼得森. 打开积极心理学之门 [M]. 侯玉波，王非，等译. 北京：机械工业出版社，2016.

[54] 陈少华，邢强. 心理学基础 [M]. 广州：暨南大学出版社，2016.

[55] 龙瑞全，余图军. 大学生心理健康教育 [M]. 成都：电子科技大学出版社，2017.

[56] 马晓佳. 向内寻找：重塑你的安全感 [M]. 长沙：湖南文艺出版社，2023.

[57] 王芳. 我们何以不同 [M]. 北京：北京日报出版社，2023.